尼采

在世紀的轉折點上

本書獻給不願意根據名聲和輿論去評判一位重要思想家的人們。

CONTENTS

紀念版感言 007
前言 013
第一章　我的時代還沒有到來 017
世紀末的漂泊者 020
新世紀的早生兒 029
誤解和發現 035
他給西方哲學帶來了顫慄 041
第二章　在人生之畫面前 047
哲學和人生 049
首先做一個真實的人 055
為思想而戰 063
哲學家的命運 068
第三章　從酒神精神到強力意志 073
人生的辯護者 075
笑一切悲劇 081
神聖的舞蹈和神聖的歡笑 090
強力意志 095
永恆輪迴和命運之愛 102
第四章　人——自由——創造 109
人是一個試驗 112
意願使人自由 120
評價就是創造 130
第五章　「自我」的發現 137
迷失了的「自我」 140
成為你自己 148
健康的自私 155

第六章　向理性挑戰　163
科學的極限　167
「真正的世界」的寓言　172
理性的原罪　176
挑開意識的帷幕　183
語詞的化石　193
第七章　價值的翻轉　199
上帝死了　202
超於善惡之外　209
忠實於大地　220
主人道德和奴隸道德　228
第八章　人的現狀和前景　241
偉大的愛和偉大的蔑視　241
現代文明的癥結　251
末人和超人　259
第九章　詩人哲學家　269
審美的人生　272
藝術化的本體　278
詩意的思　286
跋：在尼采之後　293
附一　尼采傳略　298
附二　尼采簡歷　315
附三　尼采主要著作　316
後記　317

紀念版感言

任何紀念都是一種提醒，讓人想起被紀念之物已成過去。對於我來說，這個紀念版所提醒的，首先是我生命中二十年光陰的消逝。二十年，人的生命中一個完整的季節，足以使青年變中年，中年變老年。平時日子一天天過，渾然不覺，現在一提醒，驀然回首，那個風華正茂的年代已是遙遠的記憶。

這本書可以算我的處女作，雖然我寫它時已四十歲，不折不扣一個中年人了。此前的漫長歲月裡，我也總在寫點什麼，但真實的想法往往只能訴諸私人日記，不可能公開發表。直到上世紀八十年代，中國開始解凍，上天終於給了我們這一代學人一個遲到的青春。那些日子裡，萬物復甦，百廢待新，我們也彷彿從冬眠中醒來，一個個都覺得自己還年輕。當時我真的年輕，單身住在一間地下室裡，吃最簡單的食物，身上有使不完的勁，內心充滿孤獨感和激情，不到兩個月，一氣寫出了這部十幾萬字的稿子。

現在重讀這本書，我發現它也的確像是一本年輕人的著作，具有年輕人著作的一切優點和缺點。當時的我，雖然讀了尼采的一些作品，還正在翻譯《悲劇的誕生》等著作，但遠未下過系統研究的功夫。對於這位我要論述的哲學家，我幾乎是憑著一種直覺去把握的，相信自己和他有著超越歷史和民族的溝通，完全不顧忌客觀研究所必須保持的距離。在寫作時，我分不清究竟是尼采的聲音在通過我喊出，還是我的聲音在通過尼采喊出。我也不想分清，因為這不重要，重要的是，心中的熔岩終於找到了一個噴發口，我感到前所未有的痛快。

毫無疑問，這樣寫出的一本論述尼采的書，不可避免地染上了我自己的濃郁顏色，以至於當時就有讀者說，讀了這本書，不知道是否懂得了尼采，卻懂得了周國平。不過，現在我依然認為，所發生的事情是強烈的共鳴，是尼采思想對我的經驗的喚醒，在我的經驗中的復活，我基本上沒有誤解他。當然，我對他的理解還很不全面，只看到了他的一個方面，但的確是他的一個重要的方面。

在這本書裡，我主要是把尼采當作一位人生哲學家看待的。讀他的著作，最使我震撼的是他面對人生難題的無比真誠的態度。我自己對人生也有許多困惑，然而，在我生長於其中的那個體制裡，長期以來，意識形態取代了一切思考，人生思考始終處在失語狀態。與尼采相遇，我的最大收穫之一是找回了人性的語言。我彷彿突然發現，我完全不必再用意識形態語言曲折地表達我的人生思考了。耶穌說，把凱撒的給凱撒，把上帝的給上帝。套用此言，把意識形態的給意識形態，把人性的給人性，道理就這麼清楚。尼采是一面鏡子，我從中看清了自己的性質，從此愉快地走上了屬於我自己的哲學之路。

在當時寫的「前言」中，我把尼采的人生哲學歸納為兩點，一是健全的生命本能，二是超越的精神追求。這樣的一個歸納，既是對尼采的理解，也凝聚了我自己的思考。生物性和精神性是人性的兩端，一個人惟有兩端皆發育良好，擁有健康的本能和高貴的靈魂，才是優秀的人。一個社會惟有為產生這樣的人提供合宜的環境，由這樣的人組成，才是美好的社會。可是，在我們的傳統中，本能和精神都受到壓制，我們寧肯犧牲兩端以成全中間的社會性，結果得到的是一種抹殺個人的平庸的社會性。出於切身感受，我心中湧動著為個人的優異正名的強烈願望，而闡釋尼采哲學恰好使我的這個願望得以實現。

書出版後，反響之熱烈出乎我的意料，讀者來信如雪片般飛來，一再被列在大學生最喜愛的書籍之榜首，在新潮青年藝術家群體中也獲得了眾多的知音。之所以會有如此轟動效果，據我自己分析，原因有三。其一，在我國長期的宣傳和教學中，尼采哲學一直遭到全盤否定，被簡單地歸結為法西斯主義的思想淵源和反動的唯心主義、唯意志論。八十年代中期，雖然開始出現了正面評價和研究尼采的零星文章，但這本書畢竟是第一部旗幟鮮明的著作，把一個面目猙獰的政治狂人還原成了一個真誠思考人生問題的個性鮮明的哲學家，評價上的這種巨大逆轉自然會給人以深刻印象。其二，這本書的文字風格不同於一般哲學書，流暢而富於激情，因而能給人以新鮮感，也容易被普通讀者接受。其三，最主要的是，我在書中借尼采之口談了我自己的真實感受和思考。當我對尼采發生巨大共鳴之時，實際上已把尼采在昨日歐洲思考的問題轉換成了我自己的問題，而讀者的巨大共鳴表明，它們也是今日中國許多人面臨的問題，觸及到了轉型時期普遍存在的人生困惑和精神危機。

八十年代後半期的中國，到處籠罩著一種精神浪漫的氛圍，這本書的受歡迎是此種氛圍的一個反映。在那個年代，國門開放不久，從前被堵在門外的現代西方思潮一股腦兒地湧了進來，人們陶醉於各種新的或似乎新的思想、理論、觀念，尼采、佛洛伊德、沙特、海德格皆是激動人心的名字，談論他們成了一種時尚。在回顧那個年代時，學界有不同的評價，一些人譽之為新啟蒙，另一些人斥之為躁動，我認為這兩種看法都有道理。隨著體制的轉型和時代場景的突變，人們普遍感到，在人生觀、價值觀以及社會科學各個領域，原有的理論資源已經不夠用，因而對新思想、新理論、新觀念懷著一種饑渴。與此同時，文革後復學的中青年學人經過幾年學習和研究，也有了初步的積累。於是，彼呼此應，風雲際會，出現了國外思潮湧入的熱烈場面。當然，正因為一方饑不擇食，另一方功底尚淺，就免不了顯得浮躁。

二十年後的今天，時代場景又一次發生巨變。如果說我們這一代學人已從中青年逐漸步入老年，那麼，與人相比，時代似乎老得更快。當年以思潮為時尚的精神浪漫，已被今天以財富為時尚的物質浪漫取代，最有詩意的東西是金錢，絕對輪不上哲學。回想起那個精神浪漫的年代，真令人有恍若隔世之感。對於今天的青年來說，那個年代已經成為一個遙遠的傳說。

那麼，現在來出版這個紀念版，莫非是為了懷舊？應該不是。尼采所揭示的現代人精神生活的問題，包括傳統價值的崩潰，信仰的空白，自我的迷失，文化的平庸，在今天並不是解決了，反而是更加尖銳了。如果說在轉型初期的當年，我是憑藉熱情和預感去理解尼采的思考的，那麼，在轉型日益深入和艱難的今天，一方面，思潮早已消退，另一方面，病象業已明顯，人們也許可以更加冷靜也更加具體地思考尼采所揭示的問題了。

對於今天的青年，我期待本書會有一種交流的價值。我完全理解你們在今天社會中所承受的巨大生存壓力，無意勸你們仿效我們當年的精神浪漫。但是，讀了這本書，也許你們會同意，浪漫並不限於物質，在財富的時代也應該給精神生活保留一個位置。一個四十歲的青年在本書中向你們說話，希望你們不做二十歲的老人。

二〇〇七年五月

前言

這裡向你介紹一位你肯定久聞其名、但未必知其究竟的人物。

他是一個大學教授，一個詩人，一個哲學家，一個孤獨的漂泊者。他殺死了上帝，但他不是傳說中的那個惡魔。他是一個真實的人。

誰沒有聽說過尼采呢？可是，在聽說過他的人中間，有多少人讀過他的著作呢？如果你不想再根據由來已久的誤解去判斷他，請打開他的書吧。你是一個熱愛人生、帶著淚和笑感受和思索著人生的人嗎？你將被他的同樣的熱情和真誠所感動。你是一個美的追求者和鑒賞者嗎？你將陶醉於他的文字之精美和風格之奇特。你僅僅是一個冷靜的研究者？好吧，如果你在他身上探溯現代西方種種思潮的源頭，至少你不會完全白下功夫。

當佛洛伊德正在醞釀他的精神分析學的時候，他吃驚地發現，尼采早已道出了他的基本思想。雅斯貝爾斯、海德格和一切存在主義者都把尼采看作為他們開拓了道路的人。許多西方作家一接觸尼采的作品，便終身成為尼采迷。而尼采的「重估一切價值」的號召，預示了西方社會價值觀念根本變化的一個時代。不瞭解尼采，就不可能瞭解我們這個世紀的西方哲學思潮、文藝思潮和社會思潮。

尼采不是作為學者、而是作為一個活生生的人從事哲學活動的。他把他的個性完全融到他的哲學裡了。他沒有隱瞞什麼，也沒有編造什麼。讀他的書，你就好像看到了他這個人，優點和缺點一齊呈現在你面前，精華和糟粕同樣耀眼醒目。他的見解或者精闢之至，或者荒謬絕倫。你有時會微笑，有時又會搖頭。你不可能無動於衷，你也不可能贊同他的所有見解。一個馬克思主義者會對他的學說進行科學的考察和批判，一個存在主義者也不會全盤接受他的思想。這個著名的偶像破壞者注定不會成為一個新的偶像，而他期待於後人的也只是愛和理解——他生前最渴望也最欠缺的兩樣東西。

本書把尼采當作一位人生哲學家看待。他最關心的是人生意義問題。由他所開創的從生命哲學到存在主義這個哲學流派並不試圖為所有人制定一種普遍有效的人生立場，在它們看來，哲學的使命乃是投一光束於人的內心，促使每個人去發現他的真實「自我」，去獨立地探尋他的生活意義。如果要說普遍性的原則，尼采只確定兩點：第一要有健全的生命本能，第二要有超越的精神追求。本能和超越。生命哲學發揮了前者，存在主義發揮了後者。在人生這棵樹上，尼采欣賞的是茁壯的根和美麗的花朵。他之厭惡現代文明，是因為現代文明使根萎縮，使花朵凋謝，本能和精神雙重退化，人變得衰弱而平庸了。

願你從本書中得以一窺尼采思想的真實風貌，當然也請你記住，這真相是透過作者眼睛的折射的，也許會走樣。我們只能希望有更多的尼采著作翻譯出版或校訂重版，使更多的人能夠用自己的眼睛去觀察這位獨特的思想家。在此基礎上，實事求是地研究尼采思想的工作就可以真正開展起來了。

第一章　我的時代還沒有到來

世紀末的漂泊者

新世紀的早生兒

誤解和發現

他給西方哲學帶來了顫慄

看哪，在遠處迎候我們的
是死亡、榮譽和幸福！
——尼采

大自然的星空，群星燦爛。那最早閃現的，未必是最亮的星宿。有的星宿孤獨地燃燒著，熄滅了，很久很久以後，它的光才到達我們的眼睛。

文化和歷史的星空何嘗不是如此？

一顆敏感的心，太早太強烈地感受到了時代潛伏的病痛，發出了痛苦的呼喊。可是，在同時代人聽來，卻好似瘋子的譫語。直到世紀轉換，時代更替，潛伏的病痛露到面上，新一代人才從這瘋子的譫語中聽出了先知的啟示。

一百年以前，這位當時默默無聞的德國哲學家，攜帶一把綠色的小傘，一個筆記本，漂泊於南歐的山巔海濱。他的文字，鍾山水之靈秀，清新而雋永；他的思想，抒內心之焦渴，激烈而唐突。然而，世界幾乎把他遺忘了。直到他生命的最後歲月，他才小有名氣，但也不過是小有名氣而已。

尼采在一首詩中寫道：「誰終將聲震人間，必長久深自緘默；誰終將點燃閃電，必長久如雲漂泊。」[1]

他對他身後的聲譽是充滿信心的：

「我的時代還沒有到來，有的人死後方生。」[2]

「總有一天我會如願以償。這將是很遠的一天，我不能親眼看到了。那時候人們會打開我的書，我會有讀者。我應該為他們寫作。」[3]

二十世紀的序幕剛剛揭開，尼采溘然長逝了。今天，當我們這個世紀也已經接近尾聲的時候，倘若要探溯本世紀西方思潮的源頭，我們發現確實不能撇開尼采。漂泊者早已倒下，他的影子卻籠罩了整整一個時代。有人說，在上個世紀的思想家中，若要舉出兩位對本世紀影響最大的

---

1 詩稿。《尼采全集》，萊比錫，1894～1926（F. Nietzsche, Werke, 19 Bände u. 1 Register Band, Leipzig），第8卷，第359頁。該版全集俗稱Grossoktav-Ausgabe（大八開本），以下引此版本簡稱為GA。

2《看哪這人》。《校勘研究版尼采全集》，科利、蒙梯納里編，慕尼黑，1999（F.Nietzsche. Sämtliche Werke. Kritische Studienausgabe. Herausgegeben von Giorgio Colli und Mazzino Montinari. München），第6卷，第298頁。以下引此版本簡稱為KSA。

3 轉引自伽列維：《尼采的生平》，俄文版，1911年，第273～274頁。

人物，當推馬克思和尼采。的確，他們都不是學院式的哲學家，他們的影響都遠遠超出學術界的小圈子，而震撼了整個西方社會意識。

人們對馬克思已經談論得很多，儘管不乏驚人的誤解，現在，請允許我們稍稍結識一下尼采。

世紀末的漂泊者

人的命運真是不同。許多人終其一生，安居樂業，心安理得地接受環境和時運替他們安排的一切，悠然享其天年。可是，像尼采這樣的人，有著一顆不安的靈魂，總是在苦苦地尋求著什麼，精神上不斷地爆發危機，在動盪中度過了短促的一生。

赫拉克利特說：「一個人的性格就是他的命運。」真的，尼采的個性，注定了他的悲劇性的命運。

一八四四年十月十五日，尼采生於德國東部呂采恩鎮附近的勒肯村。他的祖父是一個寫有神學著作的虔誠信徒，父親和外祖父都是牧師。未滿五歲時，父親病死，此後他便在母親和姑母的撫育下度過了童年和少年時代。一八六五年，二十一歲的尼采，在波恩大學攻讀了半年神學和古典語文學之後，斷然決定放棄神學，專修古典語文學。對於一個牧師世家的子弟來說，這不啻是一個反叛的信號，後來他果然成了基督教的死敵——「反基督徒」。與此同時，這個曾經與同學們一起酗酒、浪遊、毆鬥的青年人，突然變得少年老成起來。他退出了學生團體，離群索居，整日神情恍惚，冥思苦想。

這是尼采生涯中發生的第一次精神危機。眼前的一切，這喧鬧的大學生生活，刻板的課程，瑣碎的日常事務，未來的學者生涯，剎時顯得多麼陌生啊。難道人生是一番消遣，或是一場按部就班的課堂考試嗎？他心中醞釀著一種使命感，要為自己尋求更真實的人生。

一八六九年，尼采二十五歲，在李契爾的推薦下，到巴塞爾大學任古典語言學教授。李契爾是一位具有探索者性格和純真熱情的古典語文學學者，先後任教於波恩大學和萊比錫大學，對尼采極為欣賞，始終把他的這位高足帶在身邊。在推薦信裡，他不無誇耀之情地寫道：「三十九年來，我目睹了如此多的新秀，卻還不曾看到一個年輕人像尼采這樣，如此年紀輕輕就如此成熟……我預言，只要上天賜他長壽，他將在德國語言學界名列前茅。」他還把尼采稱作「萊比錫青年語言學界的偶像」，甚至說他是「奇跡」。尼采倒也不負所望，走馬上任，發表題為《荷馬和古典語文學》的就職演說，文質並茂，頓使新同事們嘆服。

也許，這位前程無量的青年學者要安心治他的學問了？

並不！僅僅兩年以後，尼采出版了他的處女作《悲劇的誕生》，這本以全新的眼光研究希臘悲劇起源的小冊子，同時宣告了尼采自己的悲劇生涯的開始。它引起了轟動，既受到熱烈的讚揚，也遭得激烈的攻擊。在正統語文學界看來，一個語文學家不好好地去琢磨柏拉圖古典語言的精妙，卻用什麼酒神精神批判蘇格拉底和柏拉圖，全然是荒誕不經。以青年學者維拉莫維茨為代表的正統語文學家們對尼采展開了激烈批評。尼采發現他的教室空了，不再有學生來聽他的課。

尼采嘗到了孤獨的滋味。但是，他有他的「絕妙的慰藉」——叔本華的哲學和華格納的音樂。

還在學生時代，尼采在一家舊書店裡偶然地購得叔本華的《作為意志和表象的世界》一書，欣喜若狂，一口氣讀完了。後來他回憶說，當時他漫遊在一個願望的世界裡，夢想找到一位真正的哲學家，能夠把他從時代的缺陷中拯救出來，教他在思想和生活中重新變得單純和誠實，也就是「不合時宜」。正當他懷著如此渴望的時候，他發現了叔本華。他覺得，叔本華就像是特地為他寫了這部著作一樣。

到巴塞爾任教以後，尼采結識了當時卜居羅采恩湖畔的華格納。他經常去拜訪這位浪漫主義音樂大師，在華格納身邊度過了他一生中最愉快的時光。

正是在叔本華和華格納的影響下，尼采寫出了那本得罪德國正統語言學界、斷送自己學術前程的著作。

可是，尼采現在又要否定叔本華和華格納了。他的靈魂注定不得安寧，不斷地摒棄曾經推崇的一切，打碎一切偶像，終於面對空無所有的沙漠。他把自己逼到了沙漠裡。

在回顧自己的人生歷程時，尼采說，「通向智慧之路」有三個必經的階段。第一階段是「合群時期」，崇敬、順從、仿效隨便哪個比自己強的人。第二階段是「沙漠時期」，束縛最牢固的時候，崇敬之心破碎了，自由的精神茁壯生長，一無牽掛，重估一切價值。第三階段是「創造時期」，在否定的基礎上重新進行肯定，然而這肯定不是出於我之上的某個權威，而僅僅是出於我自己，我就是命運，我手中抓著人類的鬮。[4]

一八七六年，尼采生命中的「沙漠時期」開始了。他的精神又一次爆發危機，這次的危機如此深刻，以致他不像前兩次那樣，僅僅同學生團體決裂，僅僅受到德國語文學界的譴責，而是要被整個時代放逐了。

4 遺稿。參看GA，第13卷，第39～40頁。

這一年，華格納在德皇威廉一世支持下，在拜洛伊特舉辦聲勢浩大的第一屆音樂節。尼采原先把歐洲文化復興的希望寄託在華格納身上。可是，在拜洛伊特，目睹華格納的「演戲天才」、富裕市民觀眾的庸俗捧場，尼采失望了。他悄悄離開，躲進一片森林，醞釀了一部含蓄批評華格納的書。兩年後，華格納的最後一部歌劇《帕西法爾》的劇本寄到尼采手中，尼采的《人性的，太人性的》一書寄到華格納手中，兩人從此決裂。

這一年，尼采與他大學時代最親密的朋友洛德之間也產生了隔閡，導致了後來的破裂。尼采與洛德，同為李契爾教授的高足，可是兩人志趣迥異。洛德脫不開世俗之路，當學生時也有一番雄心，畢業後，逐漸滿足於平穩的學者生涯和小家庭生活，終於不過是一個平庸之輩。尼采卻始終保持著青年時代產生的使命感。靈魂不同，自然就沒有了共同語言。

這一年，尼采向一位荷蘭女子求婚而遭拒絕。後來他儘管一再試圖為自己覓一配偶，均不成功，終於至死未婚。也在這一年，尼采因健康惡化而停止了在大學授課，三年後辭掉巴塞爾大學教授職務，永遠退出了大學講壇。

決裂，失戀，辭職，這些遭遇似乎偶然地湊到了一起，卻顯示了某種必然的命運。一個精神貧乏、缺乏獨特個性的人，當然不會遭受精神上危機的折磨。可是，對於一個精神需求很高的人來說，危機，即供求關係的某種脫節，卻是不可避免的。他太挑剔了，世上不乏友誼、愛和事業，但不是他要的那一種，他的精神仍然感到饑餓。這樣的人，必須自己來為自己創造精神的食物。

尼采自己說：「當時我所做的抉擇不只是與華格納決裂——我覺得我的本性陷入了一種完全的迷亂，而其中的個別失誤，不管涉及華格納還是涉及巴塞爾的教職，僅是一個徵兆。一種焦躁籠罩了我；我知道是刻不容緩反省自己的時候了。我感到驚恐，一下子看清楚自己浪費了多少時間，——我以古典語文學家為我的全部生存，我的使命，這是多麼無益，多麼草率。我為這種錯誤的謙虛而羞愧……在過去十年裡，我的精神營養徹底停止，我沒有學到任何有用之事，我荒唐地為積滿灰塵的學術破爛而丟掉許多東西。睜著近視眼小心翼翼地爬行在古代詩韻學家腳下——這就是我所做的事情！」[5]

一八七九年，尼采結束了十年教授生涯，從此開始了他的沒有職業、沒有家室、沒有友伴的孤獨的漂泊生涯。

這時候的尼采，三十五歲，已過而立之年，精神上成熟了。許多人的所謂成熟，不過是被習

5《看哪這人》。KSA，第6卷，第324～325頁。

俗磨去了棱角，變得世故而實際了。那不是成熟，而是精神的早衰和個性的夭亡。真正的成熟，應當是獨特個性的形成，真實自我的發現，精神上的結果和豐收。「現在我敢於自己來追求智慧，自己來做哲學家；而過去我只是崇敬哲學家們。」[6]「現在我自己在各方面都努力尋求智慧，而過去我只是崇敬和愛慕智慧的人。」[7]尼采不再是一個古典語文學學者，甚至也不再是一個哲學學者，他成長為一個真正的哲學家即一個獨創的哲學家了，因為，倘若沒有獨立的創造，算什麼哲學家呢？

雅斯貝爾斯說：「尼采一生的主要特色是他的脫出常規的生存。他沒有現實生計，沒有職業，沒有生活圈子。他不結婚，不招門徒和弟子，在人世間不營建自己的事務領域。他離鄉背井，到處流浪，似乎在尋找他一直未曾找到的什麼。然而，這種脫出常規的生存本身就是本質的東西，是尼采全部哲學活動的方式。」[8]

事實上，尼采的主要著作，表達了他的基本思想的成熟作品，包括《朝霞》、《快樂的科學》、《查拉圖斯特拉如是說》、《善惡的彼岸》、《道德的譜系》、《偶像的黃昏》以及未完成的《強力意志》，都是在脫出常規的漂泊生涯中寫出的。

問題在於，尼采的思想受孕於歐洲文明瀕臨深刻危機的時代，他的敏感使他對這種危機徵象有格外真切的感受，他的勇敢使他直言不諱，他的真誠又使他不肯言行不一，因而，這個反對一切傳統價值的哲學家，必不可免地要過一種脫出常規的生活。他的哲學思考方式必然要影響到他的實際生活方式。他向傳統的挑戰必然導致他與世俗生活領域的抵觸。他對這種情形是有清醒的認識的：「我必須永遠做一個殉道者，以度過徹底貸出了的一生。」[9]「當一個人要靠作品來批准自己的一生，他在根基上就變得極為苛求了。」[10]「我的境遇與我的生存方式之間的矛盾在於，作為一個哲學家，我必須擺脫職業、女人、孩子、祖國、信仰等等而獲得自由，然而，只要我還是一個幸運地活著的生物，而不是一架純粹的分析機器，我又感到缺乏這一切。」[11]

尼采並非一個生性孤僻的人，年復一年的孤獨的漂流也並非一件浪漫的樂事。在難以忍受的孤寂中，尼采一次次發出絕望的悲歎：「我期待一個人，我尋找一個人，我找到的始終是我自己，而我不再期待我自己了！」「現在再沒有人愛我了，我如何還能愛這生命！」[12]「向我傳來的

6 尼采致胡克斯，1878年6月。轉引自雅斯貝爾斯：《尼采導論》，柏林，1950（k. Jaspers, Nietzsche. Einführung in das Verständnis seines Philosophierens, Berlin），第46頁。

7 尼采致瑪耶爾，1878年7月15日。轉引自雅斯貝爾斯：《尼采導論》，第46頁。

8 雅斯貝爾斯：《尼采導論》，第41頁。

9 尼采致奧維貝克，1883年2月11日。轉引自雅斯貝爾斯：《尼采導論》，第88頁。

10 尼采致加斯特，1888年4月7日。轉引自雅斯貝爾斯：《尼采導論》，第88頁。

11 尼采致奧維貝克，1886年11月14日。轉引自雅斯貝爾斯：《尼采導論》，第87頁。

友好的聲音如此之少。如今我孤單極了，不可思議地孤單……成年累月沒有振奮人心的事，沒有一絲人間氣息，沒有一丁點兒愛。」[13]在給妹妹的信中，他情不自禁地談到「那種突然瘋狂的時刻，寂寞的人想要擁抱隨便哪個人」！[14]

友誼，尼采是多麼渴望友誼啊。「你神聖的，友誼！我的最高希望的第一縷晨曦……」[15]

可是，這個害怕孤獨、悲歎孤獨的人，同時又嚮往孤獨，需要孤獨。因為「人與人之間的巨大差距迫使我孤獨」[16]；他感到，在人群中比獨自一人更加孤獨。[17]他不肯降格以求，寧願走到沙漠裡與猛獸一起忍受焦渴，不願與骯髒的趕駱駝人同坐在水槽邊。[18]他把孤獨當作自己的家，並且說：「我需要孤獨，也就是說，需要康復，回到我自己，呼吸自由、輕快、活潑的空氣……我的整部《查拉圖斯特拉》是一曲孤獨之頌歌，或者，如果人們理解了我的意思的話，是一曲潔淨之頌歌……」[19]

哪一個心靈正常的人，不需要來自同類的愛和理解呢？然而，哪一個真正獨立的思想家，不曾體會過孤獨的滋味呢？當尼采認清，孤獨乃是真正的思想家的命運，他就甘於孤獨，並且愛自己的命運了。在既自願又被迫的孤獨中，在無家可歸的漂泊中，靠著微薄的教員退休金，尼采度過了他生命中最豐產的十年。倘若不是因為精神失常，這種孤獨的漂泊生涯會延續到他生命的終結。可是，一八八九年以後，他的神智始終處於麻痹狀態，只是在母親和妹妹的護理下苟延無用的生命。他於一九〇〇年八月二十五日在魏瑪去世，而他的生命在一八八九年實際上已經結束了。

新世紀的早生兒

尼采的命運，有時令人想起屈原。這位「眾人皆醉、唯我獨醒」的楚國大夫，當年被腐敗的朝廷放逐，漂泊於瀟湘之際，在世人眼中是個狂人和瘋子。尼采，這位世紀末的漂泊者，又何嘗不被世人視為狂人和瘋子？

---

12 遺稿。GA，第12卷，第324頁。

13 尼采致希德里茨，1888年2月12日。轉引自雅斯貝爾斯：《尼采導論》，第91頁。

14 尼采致福爾斯特—尼采，1886年7月8日。轉引自雅斯貝爾斯：《尼采導論》，第84頁。

15 詩稿。GA，第8卷，第345頁。

16 遺稿。GA，第12卷，第325頁。

17 參看《查拉圖斯特拉如是說》：〈歸家〉。KSA，第4卷，第232頁。

18 參看《查拉圖斯特拉如是說》：〈賤氓〉。KSA，第4卷，第124頁。

19《看哪這人》：〈我為何如此智慧〉8。KSA，第6卷，第276頁。

尼采也的確狂，狂妄得令人吃驚。他的自傳，單是標題就夠咄咄逼人的了：「我為何如此智慧」，「我為何如此聰明」，「我為何寫出如此卓越的著作」，「我為何便是命運」……他如此自信：「在我之前沒有人知道正確的路，向上的路；只是從我開始，才有了給文化指路的希望和使命——我是這條路上的快樂的信使。」[20]他甚至斷言，人類歷史將因他而分成兩個部分，他將取代耶穌成為紀元的依據。

尼采的病歷表明，他的精神病起於器質性腦病。不過，他的發病方式頗有自大狂的意味。當時，他的熟人和朋友們突然收到了他的一批奇怪的信，署名自稱「釘在十字架上的人」和「狄俄尼索斯」。當他的朋友奧維貝克趕到他的漂泊地去接他時，他又唱又舞，說自己是死去的上帝的繼承人。

也許，他的自大是一種心理上的過激反應，因為世人對他的遺忘和誤解，他就愈加要自我肯定？

瘋人的狂言似乎不必理會。然而，狂言裡有真知。尼采對於自己所扮演的歷史角色是有清醒的領悟的。他說：「我輩天生的猜謎者，我們好像在山上等待，置身於今日與明日之間，緊張於今日與明日之間的矛盾裡，我輩正在來臨的世紀的頭生子和早生兒，我們現在應該已經看見不久必將籠罩歐洲的陰影了……」[21]「我輩新人，無名者，難於被理解者，一種尚未被證實的未來的早生兒……」[22]一句話，他把自己視為新世紀的早生兒。孤獨，遺忘，誤解，責難，都從這種特殊的地位得到了解釋。

尼采所預見的「必將籠罩歐洲的陰影」，就是資本主義的精神危機。這一危機在十九世紀已露端倪，在二十世紀完全明朗化，特別是在經歷了兩次世界大戰之後，為西方思想界廣泛地談論著。危機的實質是資產階級傳統價值觀念的崩潰。資本主義有力地促進了自然科學的發展，與之相伴隨，在哲學上便是經驗主義和理性主義半分天下，占據絕對優勢。無論是自然科學，還是經驗主義或理性主義哲學，都從根本上動搖了歐洲人基督教信仰的基礎。代之而起的是對於科學、理性和物質文明的迷信。接著，這種迷信也動搖了，人們發現，科學也有其局限性，單純的物質繁榮只能造成虛假的幸福。歐洲人失去了過去藉以生活的一切信仰，面對傳統價值的荒涼廢墟，苦悶彷徨，無所適從。

在十九世紀，最早敏銳地感覺到這種危機並且試圖尋找一條出路的人，來自左邊的是馬克

20《看哪這人》：《偶像的黃昏》2。KSA，第6卷，第355頁。
21《快樂的科學》343。KSA，第3卷，第574頁。
22《快樂的科學》382。KSA，第3卷，第635頁。

思，來自右邊的是齊克果、杜斯妥也夫斯基和尼采。

馬克思早在四十年代就揭示了資本主義物質繁榮背後的人的異化現象，並且確認，其根源在於資本主義制度本身，在於資本主義的勞動分工和私有制。他從中引出了社會革命的結論。

齊克果、杜斯妥也夫斯基和尼采試圖尋找另一條路。他們訴諸人的內心生活領域，想依靠某種「精神革命」來解決普遍的精神危機。這三個人，出生在不同國家（分別為丹麥、俄國和德國），活動於不同領域（分別為宗教、文學和哲學），基本上不相與聞，各自獨立地得出了某些共同的見解。他們的思想在精神實質上異常一致。尼采在一八八七年讀到陀氏的《地下室手記》法譯本，在此之前他還不知道有陀氏這個人，他描繪自己讀此書時的感覺道：「一種血統本能直接呼叫出來，我的欣喜超乎尋常。」[23]他還讀過《死屋手記》，讚歎陀氏是「深刻的人」，並且說：「杜斯妥也夫斯基是我從之學到一點東西的唯一的心理學家，他屬於我生命中最美好的幸運情形」。[24]一八八八年，尼采第一次聽到齊克果的名字，已經來不及有機會讀他的任何著作了。在這三個人中，若論思想的豐富性和徹底性，還是要推尼采。

如果我們檢視一下半個多世紀以來西方人文思想的文獻，尼采的影響是一目了然的。凡是現代西方思想界所熱衷談論的課題，尼采都以最明確的方式提出來了。他為現代西方思潮提供了一個清晰可辨的起點。

這裡，我們只是簡要地提示一下尼采對於現代思潮的一般影響。

這種影響集中表現在以下四個方面：

第一，尼采首先從基督教信仰業已破產（「上帝死了」）的事實，引出了一切傳統價值必將隨之崩潰（「一切價值的重估」）的結論。他把歐洲人面臨的價值真空指給全體歐洲人看了。在他的時代，這種揭示或許被人看作危言聳聽；可是，到了二十世紀，人們愈來愈強烈地感覺到這種價值真空，愈來愈頻繁地談論起「現代人的無家可歸狀態」了。價值真空意味著人生失去了從前似乎明白而確定的意義，於是人的存在的荒謬性成了現代西方文學和哲學的一個主題。價值真空又意味著人生並無超驗的約束，於是人的自由、人性的開放性和無限可能性也成了現代西方文學和哲學的一個主題。

第二，尼采由舊價值的崩潰進一步引出價值的相對性的結論，強調每個人必須獨立地為自己創造價值，提倡個人至上，自我實現。儘管他沒有使用「異化」的術語，但是他用自己的語言

---

23 轉引自W．考夫曼：《存在主義哲學》，臺灣商務版，第57頁。

24《偶像的黃昏》：〈一個不合時宜者的漫遊〉45。KSA，第6卷，第147頁。

揭露了傳統文明導致個性喪失、自我失落的事實。現代西方思想界紛紛談論現代人的「無名無姓」，熱衷於探討「異化」問題，強調自我的重要性，部分地可以追溯到他。

第三，尼采是最早起來揭示科學理性的局限性的人之一，他也是第一個明確地揭示人的心理中無意識領域並加以細緻剖析的人。在這方面，在他之前儘管不乏先驅者，但都不及他論述得具體而透徹。遍及現代西方文化各領域的強大的非理性主義思潮，如現代派文學藝術，佛洛伊德精神分析學，現象學運動，存在主義哲學，等等，尼采實為始作俑者。

第四，尼采也是現代西方哲學人學主義的創始人之一。他明確主張，哲學以探求人生意義為鵠的。他對人性的看法，以人的超越性為基調，富有現代特點。在他之前，儘管有費爾巴哈首倡哲學人學，但費爾巴哈對人性的看法基本上落入傳統範圍，不足以代表現代的開端。

尼采的若干具體論點，包括強力意志、超人、永恆輪迴這樣的主要論點，對於現代西方思想界的影響不甚顯著，它們只有局部性的影響。尼采的真正意義在於，他首先揭示了現代西方人的基本境遇，提出並且嚴肅思考了激動著現代西方人心靈的重大問題。有人說：尼采所談的問題是人人都能領會的，特別是現代世界中那些迷失方向的人都能領會的。尼采哲學所表達的正是現代西方人在傳統價值崩潰時代的迷途的痛苦和尋求的渴望，也許這就是尼采哲學的生命力之所在。

誤解和發現

蓋棺論定也許適用於二、三流的思想家，可是對於天才並不適用。天才猶如自然，本身包含著巨大的豐富性和矛盾性，為世世代代的爭論留下了廣闊的餘地。有哪一個獨創性的思想家，不是在生前死後戲劇性地經歷著被誤解、被「發現」、又被誤解、又被重新「發現」的過程呢？

尼采生前遭到的更多是冷落。這位以著述為生命的思想家，不得不一再自費出版他的著作，並且只售出極其可憐的數目。他的別具一格的著作《查拉圖斯特拉如是說》，在今天幾乎是盡人皆知的了，可是在當時卻差不多無人置理。尼采悲歎道：「在從心靈深處發出如此呼喊之後，竟然聽不到回音，這真是可怕的經歷……這把我從活人的土地上拔了起來。」[25]「對於我的《查拉圖斯特拉如是說》，我的朋友除了從中看到不能允許的、幸虧是全然無所謂的狂妄，有誰看到了更多的東西呢？……十年了，我的名字被埋葬在一種荒誕的沉默裡，在德國沒有人覺得有責任在這沉默前替我的名字辯護。」[26]尼采渴望被人發現，可直到一八八七年，「使我異常痛苦的是，在這十五年裡，仍然沒有一個人『發現』我，需要我，愛我。」[27]

25遺稿。GA，第14卷，第305頁。
26《看哪這人》：《華格納事件》4。KSA，第6卷，第363頁。
27尼采致奧維貝克的信。轉引自雅斯貝爾斯：《尼采導論》，第89頁。

一八八八年春天，當尼采瀕臨精神崩潰的邊緣之時，他終於被世界「發現」了。丹麥文學史家勃蘭兌斯在哥本哈根首次講演尼采哲學，接著又撰文預言尼采在知識份子中將享有盛譽。他稱尼采是一位「文化哲學家」，讚揚他恢復了「對於自由人的公正態度」。此後，法國藝術哲學家泰納也「發現」了尼采，讚美他的「勇敢和優雅」。使尼采感到欣慰的是，在俄國、奧地利、瑞典、丹麥、法國、美國，都有人讀他的著作，談論他的思想了。

尼采的某些主要論點，如超人說，在他生前即已遭到誤解，以致他不得不一再加以辨正。他還預感到身後的被誤解，因而在他精神失常的前夕，他認為有義務替自己作傳，如此宣告：「聽哪！我是某某人。千萬不要把我錯認了！」[28]尼采珍惜身後的名譽，至於在世時遭到誤解，在他看來倒是不可避免的命運。「我們可曾為我們的被誤解、誤認、混淆、誹謗、誤聽和置若罔聞而抱怨過？這正是我們的命運。還要延續多久呵，我們姑且謙虛點說，到一九〇一年吧。這也正是我們的優異，倘若我們希望另一種樣子，我們未免太缺乏自尊了。」[29]在他看來，偉大的思想家正是憑藉被誤解的程度而成其偉大的。

說來真是一種諷刺，在二十世紀，尼采之名聲大振正是緣於最驚人的誤解。只要提起尼采，誰不知道他是一個「法西斯主義思想家」呢？

事出有因。希特勒常常到魏瑪去參觀尼采博物館，並且讓記者拍攝他出神地瞻仰尼采胸像的鏡頭，大事張揚他對尼采的尊敬。他還把《尼采全集》當作賀禮贈給墨索里尼。納粹文人樂此不疲地頌揚尼采，一時間尼采儼然成了第三帝國的直接思想先驅。

然而，現已查明，尼采的妹妹在把尼采思想法西斯化上起了重要作用。尼采死後，他的這位嫁與一個反猶太主義者的妹妹，壟斷了尼采著作的版權和全部遺稿。她在編輯、出版最早一版《尼采全集》時，對遺著部分作了篡改，試圖把尼采裝扮成反猶太主義者。[30] 無論如何，單憑尼采思想被納粹利用這個事實，把尼采判為法西斯主義的「預言家」[31]，是根據不足的。納粹不是同樣也利用了費希特、黑格爾、歌德、海德格等人的思想嗎？

德國種族主義和反猶太主義是法西斯主義理論的兩塊基石。那麼，且讓我們來看看尼采在這兩個問題上的看法吧。

28《看哪這人》序。KSA，第6卷，第257頁。
29《快樂的科學》371。KSA，第3卷，第622頁。
30 參看施萊希塔：《尼采事件》，慕尼黑，1959（Schleichta, Der Fall Nietzsche, München）；蒙梯納里：《尼采研究》，柏林／紐約，1982（M.Montinari. Nietzsche Lesen. Berlin / New York）。
31 參看勃倫蒂涅爾：《尼采哲學與法西斯主義》，上海湘鋒出版社，1947。

尼采從事哲學活動的年代，正值德國剛剛統一，第二帝國成立伊始，鐵血宰相俾斯麥執掌帝國實權（一八七一～一八九〇），推行對外擴張、稱霸歐洲的政策。德國民族沙文主義狂潮甚囂塵上，當時的德國國歌唱道：「德國，德國高於一切……」那麼，尼采捲進了這股狂潮沒有呢？非但沒有，而且他以最鮮明的態度反對了這股狂潮。

尼采寫道：「……我們久已不夠是『德國的』了，就『德國的』這詞當今所流行的和被賦予的意義而言；我們不向民族主義和種族仇恨說這詞，不能喜歡民族的心靈生瘡，血液中毒，而眼下歐洲各民族正因之而如同防止瘟疫一樣彼此隔離和封鎖。於此我們是太無成見，太惡毒，太任性了，也太明事理，太多閱歷了。我們寧肯隱居山林，袖手旁觀，『不合時宜』，神游於已往或將來的世紀，藉此我們才能平息內心的憤怒，這憤怒起於我們意識到我們被判定為一種政治的目擊者，這種政治使德國的精神荒蕪，又使它自命不凡，並且是一種渺小的政治……我輩無家可歸者，我們按種族和血緣來說，比起『現代人』來，是過於多樣且混雜了，所以很少被誘惑去參與騙人的種族自炫和騷亂，在今日德國這成了德國信念的標誌，而且在這『歷史意識』的民族身上令人覺得加倍虛偽和不正派。」[32]

針對俾斯麥的尚武備戰政策，尼采還寫道：「獲取權力要付出昂貴的代價，權力使人愚蠢……德國人，一度被稱作思索的民族，如今他們還思索嗎？德國人現在厭倦精神，德國人現在猜疑精神，政治吞噬了對於真正精神事物的任何嚴肅態度。『德國，德國高於一切』，我擔心，這已是德國哲學的末日……」在國外，有人問尼采：「德國有哲學家嗎？德國有詩人嗎？德國有好書嗎？」尼采感到臉紅，然後鼓足勇氣回答：「有的，俾斯麥！」[33]

直到他神智清醒的最後時日，在他最後的文字之一即他的自傳中，他仍不改初衷，一如既往地抨擊德國民族沙文主義及其反猶太主義。他說：「我尤其要攻擊德意志民族，它在精神事物上變得越來越遲鈍，本能越來越乏弱，越來越『正派』，它以令人嫉妒的胃口同時吞下了相反的東西：『信仰』和科學，『基督教的博愛』和反猶太主義，求權力（求『帝國』）的意志和謙卑的福音……」他指責德國學者成了「政治的傀儡」，嘲笑「我是德國人」成了一種論據，「德國高於一切」成了一種原理，斷言德國人的良心上積累了「近四百年來對文化所犯下所有重大罪行」。他自稱是「卓越的德國之蔑視者」。[34]他一再表示，他在德國遭到最多的誤解。類似的議論真是俯拾皆是。

尼采對於兩千年來歧視猶太人的做法深為不滿，並且對於猶太人的素質有高度的評價。[35]他

32《快樂的科學》377。KSA，第3卷，第630頁。
33《偶像的黃昏》：〈德國人缺少什麼〉1。KSA，第6卷，第103～104頁。
34《看哪這人》：《華格納事件》1、2、4。KSA，第6卷，第357～358、359、362頁。
35參看《朝霞》205。

決非一個反猶太主義者。

用不著多加說明，就可以看出，把這位第二帝國時期德國民族沙文主義的堅決反對者歪曲成第三帝國德國種族主義的奠基人，有多麼荒唐。順便說說，以上引文也清楚地表明，把尼采的強力意志說解釋為鼓勵人們攫取政治權力，至少是一種誤解。尼采恰恰是反對一味獲取和擴張政治權力的。[36]尼采之厭惡第二帝國的政治，正是厭惡政治權力欲的惡性膨脹和民族沙文主義的甚囂塵上（這二者在這裡是一回事），在他看來，這樣的政治恰恰扼殺了文化。他的著眼點是文化。為文化計，尼采主張統一歐洲民族，並且自稱是「好的歐洲人」，「歐洲的繼承者」。

毋庸諱言，在尼采的著作中，確有大量言論可供種族主義者利用。尼采喜歡用譬喻寫作，在有些場合，他使用「種族」一類詞來喻指人的一定類型，我們不可望文生義。但是，在另一些場合，他又確實表現出對貴族血統的崇拜心理，甚至十分可笑地炫耀自己的波蘭貴族血統[37]，據後人考證，這種炫耀其實並無根據。他還主張優生學，要求把婚配唯一地當作改良種族的手段。尼采思想中的糟粕集中地體現在這種濃烈的貴族主義傾向上，是我們必須加以批判和剔除的。

納粹利用了尼采思想中的某些糟粕，更多的則是曲解了尼采的基本思想如強力意志說的原意，把他打扮成法西斯主義的先驅。第二次世界大戰後不久，西方思想界已經開始澄清因納粹的濫用而造成的對尼采的誤解。徘徊於大戰廢墟中的西方人，又一次「發現」了尼采。應該承認，這個被重新發現的尼采，更加符合他的真實面貌，抓住了他的更本質的特徵。

他給西方哲學帶來了顫慄

波特萊爾的詩集《惡之華》出版之際，雨果有一句名言，說這部詩集給法國文學帶來了「新的顫慄」。雅斯貝爾斯用類似的語言形容尼采和齊克果對於現代西方哲學的影響，說「他們給西方哲學帶來了顫慄」[38]。波特萊爾出生和活動的年代，比尼采早二十年左右，這兩個人，在西方文化史上的地位的確十分相近。如果說波特萊爾是西方現代派文學的先驅，那麼，尼采就是現代西方哲學的先驅。

當然，尼采的出現並非歷史的偶然。他的富有現代特色的非理性主義哲學觀點，在德國古典哲學中即可發現其思想淵源。康德在《實踐理性批判》中提出意志為自身立法即意志自由的公式，已經為唯意志論哲學提供了一個起點。費希特把康德的意志自由論加以徹底發揮，認為意志

---

36 德文Macht一詞，兼有力量、威力、權力等含義，為了更符合尼采的原意，本書把der Wille zur Macht譯作「強力意志」。

37 參看《看哪這人》：〈我為何如此智慧〉3。KSA，第6卷，第268頁。

38 雅斯貝爾斯：《理性與存在》。轉引自考夫曼：《存在主義哲學》，第199頁。

是自我所創造的世界因果鏈條的首要環節，自我憑藉意志創造非我、限制非我並且最終揚棄非我，回到「絕對自我」。不過，在費希特那裡，意志即是目的觀念，尚具理性性質，意志的支配作用只是思維能動性的表現。謝林進一步強調：「歸根到底，除了意志之外不存在別的本質。意志是原初的存在。」[39]他的哲學已經富有非理性主義色彩，斷然否認憑藉理性思維可以把握世界本體，把直觀、首先是審美直觀看作認識絕對的唯一途徑，對於尼采有著重要影響。叔本華的哲學構成了從德國古典理性主義向現代非理性主義過渡的最後一個環節。他取消康德的「自在之物」，代之以意志，把世界歸結為生命意志的客體化，進而把生命意志歸結為無目的的衝動和掙扎。這樣，意志與目的脫離干係，完全失卻了理性性質。但是，叔本華的非理性主義仍然不徹底，因為他在美學領域裡保留了理性主義色彩甚濃的康德的「無利害關係」說和柏拉圖的「理念」說，在倫理學領域裡對意志持否定立場。所以，他也仍然屬於一種過渡。只是到了尼采，非理性主義貫穿到哲學的一切領域，這個過渡才算完成。

在尼采的時代，他的哲學也並非一個孤立的現象。僅在德國，宣導「無意識哲學」的哈特曼，新康德主義弗萊堡學派的代表人物文德爾斑，都是與他年齡相仿的同時代人，他們的學說都具有明顯的非理性主義傾向。尼采曾經向他的學生推薦過施蒂納的著作，他本人可能也受過施蒂納的影響。

但是，給西方哲學帶來顫慄的是尼采。尼采哲學更少學究氣，更加明快地觸及了人生和時代的種種根本問題。尼采哲學也包含著更加廣闊的可能性，從而為生命哲學、實證主義、實用主義、現象學、存在主義、佛洛伊德主義、歷史哲學等現代西方主要哲學流派提供了思想起點或重要啟發。

尼采哲學在現代西方的復興，首先是同存在主義哲學的興起聯繫在一起的。現在，無論是存在主義哲學家自己，還是研究存在主義哲學的專家，都公認尼采是存在主義的直接先驅，或者乾脆就把他看作一個早期存在主義者。美國哲學家考夫曼指出：「在存在主義的演進過程中，尼采占據著中心位置：如果沒有尼采，雅斯貝爾斯、海德格和沙特是不可思議的。」[40]事實正是如此。

雅斯貝爾斯於一九三六年出版《尼采導論》一書，於一九五二年出版《尼采和基督教》一書，系統闡述尼采哲學。他稱尼采和齊克果是「我們這時代具有卓見的哲學家」，唯有他們看清了時代的變化。又稱尼采是人類精神最深入的探索者之一，是富於創造精神的「哲學家導師」。雅斯貝爾斯之研究尼采，並非出於學理上的興趣，他自己承認，他的《尼采導論》一書是「對於

39 謝林：《論人的自由的本質》。轉引自海德格：《尼采》，第1卷，倫敦，1981（M.Heidegger, Nietzsche, Volume1, London），第34頁。

40 考夫曼：《存在主義哲學》，第16頁。

導致存在哲學誕生的思想背景的探索」。在他看來，正是尼采的「一切價值的重估」的公式，為存在主義掃清了道路，尼采的方法使我們脫離每一個固定有限的立場，使我們的思想相繼湧起。

海德格於一九三六年到一九四〇年在弗萊堡大學講述尼采哲學，同時和稍晚一段時期內又完成了一些關於尼采的講演和論文，於一九六一年結集出版了兩卷集巨著《尼采》一書。他認為，尼采是一切時代最偉大的哲學家之一，而且是西方最後一位偉大的形而上學家。針對德國哲學界否認尼采是一個嚴格的思想家的流行見解，他強調，儘管尼采「不屬於只思考抽象的、虛幻的、遠離生命的事物的哲學家之列」，但是「尼采的思想是在哲學古老的主導問題即『什麼是存在』的廣闊範圍內進行的」。41

法國存在主義哲學家沙特、卡繆也都推崇尼采，對他有所論述。

在現代西方哲學流派中，存在主義無疑是對於思想和文化影響最大的流派之一。造成存在主義在兩次大戰之間和之後風行西方的緣由，即信仰危機和價值真空，早已潛伏於上世紀後期，並成為尼采思想形成的契機。存在主義哲學所關心的問題，如存在的意義和無意義，自我的失落和尋求，內心生活的充實和空虛，使千百萬現代西方人為之苦惱和激動的，正是由尼采首先敏銳地感受到並且提出來。因此，尼采哲學伴隨著存在主義的興起而復興這一事實，最雄辯地證明了它的現代意義。

對於現代西方思想和文化具有巨大影響的另一流派是佛洛伊德的精神分析學。佛洛伊德主義儘管就其本義來說不是一種哲學，而屬於心理學範圍，但是它已經如此深刻地滲透到現代哲學之中，因而不能不視為現代西方哲學思潮的一個有機組成部分了。佛洛伊德對於尼采極為讚佩，據他的傳記作者鍾思記載，他常常說尼采「比其他任何活過或者似乎活過的人更能深刻地認識自己」。[42]佛洛伊德自己在自傳中也談到，尼采是一位「其猜測、直覺不期然與精神分析學的許多千錘百煉的發現相同的哲學家」，為了獨立地完成自己的學說，他逼迫自己在相當長的時間內不去讀尼采的著作。[43]事實上，尼采對於深層心理的開掘，確實預示了精神分析學的建立。精神分析學家阿德勒和榮格，還在相近的意義上採用尼采的「強力意志」概念，以表示心理複合體的一個要素。

只要我們想一想存在主義哲學和精神分析心理學對於現代西方文化包括現代派文學藝術的強大影響，我們就可以明白，尼采的影響決不限於哲學領域。何況作為一個「詩人哲學家」，尼采還直接影響了許多現代作家，為此可以開出一長串名單：茨威格，湯瑪斯．曼，蕭伯納，赫塞，

41海德格：《尼采》，第1卷，倫敦，1981，第4～5頁。
42轉引自考夫曼：《存在主義哲學》，第14頁。
43《佛洛伊德傳》，臺灣志文出版社，1980，第68頁。

里爾克，紀德，霍普，馬爾羅，傑克．倫敦，魯迅……

在歷史哲學領域裡，尼采給了斯賓格勒以重大影響。斯賓格勒稱尼采是「能把當代全部有決定意義的問題抓在手裡」的唯一哲學家，他說：「在尼采首先寫出『重估一切價值』這句話以後，我們生活其中的這個世紀的精神運動才最後找到了自己的公式。」他自己承認，尼采給了他質疑的能力，他的歷史哲學是「把尼采的展望變成了一種概觀」。[44] 斯賓格勒的基本思想，即文化循環論，是有尼采的永恆輪迴說和關於現實是一有機體的思想作為其準備的。

直接受到尼采影響的現代哲學家還有費英格、齊美爾、狄爾泰、克拉蓋斯、馬克斯．舍勒等人。還有人把尼采尊為心理社會學的始祖。

由此可見，哪怕為了弄清現代西方思潮的來龍去脈，也決不能忽視對尼采的研究。當然，尼采影響之大並不意味著這種影響全然是積極的。羅素在談到尼采的影響時說：「假如他的思想只是一種疾病的症候，這疾病在現代世界裡一定流行得很。」[45] 這是資產階級陣營中心裡比較健康的一位思想家的看法，可供我們參考。

---

44 斯賓格勒：《西方的沒落》，商務印書館，1963，第6頁。
45 羅素：《西方哲學史》下卷，商務印書館，1982，第319頁。

第二章　在人生之畫面前

哲學和人生

首先做一個真實的人

為思想而戰

哲學家的命運

憂鬱的心呵，你為何不肯安息，
是什麼刺得你雙腳流血地奔逃……
你究竟期待著什麼？
——尼采

在人類所有的學科中，沒有比哲學的命運更奇特的了。這門最古老的學科，兩千多年來，竟然在自身的對象是什麼這個緒論性質的問題上，至今眾說紛紜，不能定論。有趣的是，這絲毫無損於哲學的生存，假如別的學科總是糾纏於自己的對象問題，恐怕早就要夭折了。

這樣的命運幾乎是哲學的本性之必然。哲學不是「對智慧的愛」嗎？愛的火焰在哪裡燃燒，智慧的光芒就在哪裡照耀。在一切時代，在一切哲學家那裡，哲學都被視為對人類最高問題的透徹思考。可是，在不同時代，對於不同的哲學家，何種問題堪稱最高，理解又是多麼不同。每一個時代都有自己的病痛和苦惱，每一位哲學家都有自己的追求和渴望。當然，不管理解如何不同，人類始終為某些重大的根本性問題激動著，所以欲對之作透徹思考的哲學也始終存在著，並將永遠存在下去。

一個哲學家對於哲學對象和使命的看法，往往同他對於人生價值的追求糾結在一起，其中滲透著他的個性。如果這位哲學家的個性與時代精神有很高程度的一致，他的看法就同時體現著時代精神。在重大轉折的時代，幾乎總有敏感的哲學家提出新的哲學觀，試圖改變哲學研究的方向，對後來的哲學思潮發生深遠的影響。

把尼采推上哲學家之路的並非單純的學術興趣，而是對於人生意義的苦苦尋求。哲學不是他的職業，不是他的業餘愛好，而是他的整個生命。他的不肯安息的心靈，被人生之謎折磨著，驅策著，永遠找不到歸宿。是的，連哲學也不是歸宿，而只是這顆心靈探索和漂流的永無休止的過程本身。對於這樣一位哲學家來說，哲學與人生不可須臾分離，探求人生意義成了哲學唯一的使命。尼采個性中對於人生追求之真誠，與資本主義世界普遍價值危機的時代背景結合起來，使尼采成了二十世紀西方哲學中人學主義潮流的一位開啟者。

哲學和人生

回顧西方哲學史，我們可以發現，哲學思考的重心經歷了由本體論到認識論的轉移。泰利斯以世界的始基是水的命題開始了最早的哲學探討，從而富有象徵意味地揭開了人類哲學思考中的本體論階段。在古希臘，早期哲學家們關心的主要問題是世界的本質究竟是什麼，試圖尋找世界的「多」中之「一」，變中之不變。一些人歸結為質料（水、氣、火、種子、原子），另一些人歸結為形式（數、存在、理念）。到了近代，自從培根把解決認識「工具」問題當作自己的中心任務以後，哲學思考的重心開始向認識論轉移。英國經驗論者與大陸唯理論者爭論的主要問題是知識的來源問題。康德第一個自覺地把認識能力本身當作哲學研究的對象，確定哲學的使命是「叫我們看清楚我們理性的本性」，使「理性對它自身的認識」變成「真正的科學」。可以把近代西方哲學看作哲學史上的認識論階段。

那麼，哲學思考重心的轉移是否就到此為止了呢？顯然不是。

如果說，在近代，人們發現，要探明世界的本質不能光靠哲學的沉思，而必須依靠各門科學的共同努力，哲學則應當通過對認識過程、認識方法、認識能力的研究為科學提供某種指導，那麼，在現代，人們進一步發現，如果對於人自身的本質缺乏瞭解，就不可能闡明人類認識的本性。何況人並非一團思維，人生在世不僅僅是為了認識外部世界，人的自我價值和情感生活也是不應忽視的。

也許人們對哲學中是否正在進行著一場人學變革還有爭議，但是，對於人的問題的世界範圍的哲學興趣卻已經是一個確鑿的事實。當我們探溯這一潮流的源頭時，我們又遇到了馬克思和尼采。

在上個世紀，最早提出哲學人學思想的哲學家是費爾巴哈。凡是讀過費爾巴哈著作的人，都會被其中洋溢著的美好的人情味所感動。這位哲學家熱愛人，熱愛自然，痛恨宗教和思辨哲學，終身為論證人的價值和塵世幸福而熱情地著書立說。在他看來，哲學應當把心情的對象即最能激起人的情感的事物當作自己的對象，而人就是這樣的對象。他明確地宣布：「新哲學將人連同作為人的基礎的自然當作哲學唯一的、普遍的、最高的對象，因而也將人學連同自然學當作普遍的科學。」[1]可是，費爾巴哈畢竟不能突破舊哲學的眼界，作為一個素樸的感覺論者，他既不能像馬克思那樣向外深入到人的社會生活中，也不能像尼采那樣向內深入到人的心靈生活中，而是基本上停留在人的感官生活的水準上。所以，在思辨哲學向現代人學哲學的轉變中，他只能起一種過渡的作用。

馬克思批判了費爾巴哈對於人的直觀的抽象的理解，繼承了他的哲學人學的思想，建立了歷史唯物主義的人學理論。在馬克思看來，「現實的歷史的人」是哲學研究的對象和出發點，而哲學的真正使命是人的解放。馬克思的人學思想到了本世紀三十年代才開始引起研究者的廣泛重

1《費爾巴哈哲學著作選集》上卷，三聯書店，1962，第184頁。

視，並且對於現代西方思潮發生了深刻影響。

現代西方哲學對於人的研究沿著兩個方向發展。一是馬克思所開闢的宏觀社會學方向，著重揭示社會的人的實踐本性。一是尼采所開闢的微觀心理學方向，著重揭示個體的人的非理性本性。當然，二者也互相滲透，出現合流，例如在法蘭克福學派的理論中。這兩個方向相對於近代僅僅從感性或理性方面理解人的傳統，都是重大的轉折。

尼采的哲學觀有一根本的出發點，就是認為任何一種哲學與從事哲學思考的人的個性不可分離。他說：「倘若人有一種個性，他也就必定有他的個性的哲學：不過其間有著顯著的區別。那化為哲學的，在一個人是他的缺點，在另一個人則是他的富有和力量。前者必須有他的哲學，無論是作為支柱、安慰、藥物、拯救、昇華還是對自己的疏離；對於後者，哲學只是一種美麗的奢侈品，至多是一種凱旋著的謝忱的狂喜，這狂喜最後也仍只好將自己用宇宙的大寫字母書寫在概念的天空上。」[2] 哲學或者作為個性缺陷的補救，或者作為個性豐滿的慶祝，總之是發於個性又體現了個性的。

哲學誠然與個性密不可分，可是，很久以來，二者之間的這種血肉聯繫被切斷了，使哲學失去了生命。所以，當尼采從叔本華的哲學中重新發現了這種聯繫，他是多麼欣喜若狂呵。他稱讚叔本華的哲學「是一種個體化的哲學，由個人僅僅為了自己而建立，以求獲得對自己的不幸和需要、自己的局限之洞察，並探究克服和安慰的手段」。借叔本華哲學為題，尼采發揮出他自己對於哲學的對象和使命的一番看法來。他說：「叔本華的偉大之處，就在於他站在整幅生命之畫前面，解釋它的完整的意義。」而別的哲學家往往只是詳析畫面上所用的顏色和材料，在枝節方面發表贊成或反對的博學的意見，提出條分縷析的懷疑和反駁。他得出結論：「每一種偉大哲學的要求，就是作為整體始終只是說道：這是生命之畫的全景，從中學知你的生命的意義吧。」自然產生哲學家和藝術家的用意就是「想藉此使人的生存變得有道理和有意義」。[3]

尼采後來否定了叔本華哲學，但是並沒有否定他在一八七四年關於叔本華所說的這些話。他自己承認，他不過是像柏拉圖利用蘇格拉底一樣地利用了叔本華作為表達思想的工具。他所說的這一切僅與他自己有關，是他內心歷程的記錄，是他對於自己的期許。[4]

說到哲學關心人生問題，也許可以追溯到蘇格拉底。蘇格拉底首先要求把哲學的注意力從自然事物轉移到人事，以「認識自己」為哲學之使命。但是，尼采偏偏對蘇格拉底最為不滿，他向

2《快樂的科學》序。KSA，第3卷，第347頁。
3〈作為教育家的叔本華〉3、7。KSA，第1卷，第356、357、404頁。
4參看《看哪這人》：《不合時宜的考察》3。KSA，第6卷，第320頁。

歐洲理性主義傳統挑戰正是從蘇格拉底首先開刀的。問題在於，蘇格拉底把人生問題歸結為道德問題，所謂「認識自己」就是「要關心改善自己的靈魂」；又把道德歸結為知識，提出「美德即知識」的命題。兜了一個圈子，人生的意義被歸結為知識。這正是尼采最不能容忍的，所以他把蘇格拉底看作造成兩千年來歐洲哲學偏離人生根本的罪魁禍首。

尼采自己是從一個美學問題即悲劇的起源問題開始他的哲學活動的。可是，美學僅僅是他思考人生問題的特殊角度。受叔本華影響，他對人生持悲觀看法，但又不能忍受一個無意義的人生，於是想從美學上找到突破口，靠藝術和審美賦予人生以意義。《悲劇的誕生》正是他試圖擺脫叔本華的影響、創立自己的哲學的一個開始。他早期從審美狀態的分析提出酒神精神，後來由酒神精神脫胎出強力意志，都是為了給人生意義問題提供一個解答。

哲學本是關涉人的靈魂的事情，它是活生生的個人對於人生意義的不懈尋求。無個性的人不能愛，離開人生意義的尋求無所謂智慧。智慧不等於知識，哲學家不等於飽學之士。一個天文地理無不通曉的人，他的靈魂卻可能一片黑暗。真正的哲人是尋求著人生智慧的探索者。可是，在尼采看來，哲學早已迷途了，兩千年來一直徘徊在知識的密林裡，看不見智慧的光。他推崇前蘇格拉底時代的哲學家，特別是赫拉克利特，引以為自己的先驅者。自蘇格拉底以後，他只佩服少數幾個哲學家，如蒙田、巴斯卡，認為他們身上尚存哲學愛智慧之真諦。在人生的根本追求被遺忘的時代，尼采的用意是要哲學迷途知返，回到自己的根基，對人生的意義提出質問和回答。尼采的呼聲越過世紀的山峰，在存在主義哲學中激起了悠長的迴響。海德格和沙特為哲學確定的任務就是揭示個人存在的結構和意義，他們的全部哲學活動都是為了促使個人聚精會神於體驗自己存在的意義。

首先做一個真實的人

這裡有兩個人。一個人靠哲學謀生，掛著教授的頭銜，高踞哲學的講壇，讀書破萬卷，熟記前人思想，可謂學問高深。另一個人，姑且說吧，只是個流浪漢，讀過不多幾本哲學書，比起前者來望塵莫及，但是他天性敏感，熱愛人生，情不自禁地思考著人生的種種根本問題，百折不撓地求索著人生的真諦，要他不這樣做，就等於叫他去死。

問你，誰是哲學家？

尼采的回答必是後者。在尼采看來，一個人要配稱哲學家，「他不僅必須是一個大思想家，而且也是一個真實的人」。[5] 毋寧說，做一個真實的人，這是成為哲學家的首要條件。然而，這

5〈作為教育家的叔本華〉7。KSA，第1卷，第410頁。

也是最難達到的條件：「要真實——很少人能做到！即使能做到的人，也還是不想做！」[6]因為真實是要付出可怕的代價的呵。

那麼，怎樣才算一個真實的人呢？尼采常常把真正的哲學家同「學者」進行對比，我們從這種對比中可以更加明白尼采的要求。

尼采自己是做過十年學者的人，因此當他說他精通「學者心理學」時，大約不算誇大其辭。在他的著作中，我們隨時可以遇見對於學者形象的描繪和對於學者心理的剖析。

讓我們先從《查拉圖斯特拉如是說》的〈學者〉一節中摘錄比較完整的一段話：

「這是真的，我離開了學者們的屋子，並且砰然關上了我身後的門。

我的靈魂饑腸轆轆地坐在他們的桌旁已經太久；我不像他們那樣志在砸開堅殼，剝取知識。

我愛自由和新鮮土地上的空氣；我寧願睡在牛皮上，勝似睡在他們的體面和尊嚴上。

我太熱了，被自己的思想灼燙著，常常因此而窒息。於是我不得不到戶外去，離開一切塵封的屋子。

但他們冷漠地坐在陰涼的暗影裡：他們只願做觀眾，留心不坐到太陽曬烤臺階的地方去。

如同那些站在街上呆望過往行人的人，他們也如此期待和呆望別人想過的思想。

一旦有人捉住他們，他們立即像麵粉口袋那樣在自己四周揚起灰塵，而且不能自已。可是，誰會猜到他們的灰塵來自穀粒，來自夏日田野的金色歡樂呢？……

……他們的手指知道一切的穿針、打結、編織，他們如此製造著精神的襪子！

他們是好鐘錶，只須記著及時給他們上發條！於是他們報時無誤，同時發出一種謙虛的噪音。

他們如同磨盤和杵臼一樣地工作著，只要向他們投放穀粒就行！——他們擅長磨碎穀粒，製成白粉！……」[7]

這裡已經把學者與真正的哲學家（以「我」即查拉圖斯特拉的形象出現）兩相對照得很鮮明了。第一，學者天性扭曲，真正的哲學家卻天性健康，「愛自由和新鮮土地上的空氣」。第二，學者「冷漠」，真正的哲學家卻熱情而真誠，「被自己的思想灼燙著」。第三，學者無創造性，如磨盤和杵臼，只會咀嚼別人的思想，真正的哲學家卻富於創造性。

在尼采看來，「學者」類型的產生不能歸咎於個人，而是整個偏重科學理性的教育制度和瑣細分工的產物。科學在自助時傷了它的僕人，把自己的冷漠乾枯的性格刻印在他們身上了。學者

6《查拉圖斯特拉如是說》：〈舊榜和新榜〉。KSA，第4卷，第251頁。
7《查拉圖斯特拉如是說》：〈學者〉。KSA，第4卷，第160～161頁。

們過早地獻身於科學，使他們的本性遭到扭曲，長成了精神上的駝背。[8] 一個人當了學者，就一輩子坐在墨水瓶前，蜷曲著腰，頭垂到紙上，在書齋沉重的天花板下過著壓抑的生活。試看少年時代的朋友，原先聰穎活潑，一旦他占有了一種專門學問，從此就被這項學術占有了，在這小角落裡畸形生長著，做了他那專業的犧牲品。[9] 按照尼采的理解，一個哲學家，就是一個為人生探尋和創造意義的人。學者的人性已被扭曲，他自己的人生已無意義，又如何能成為一個賦予人生以意義的哲學家？

哲學的使命還要求哲學家絕對真誠。真正的哲學問題關乎人生之根本，沒有一個是純學術性的，哲學家對待它們的態度猶如它們決定著自己的生死存亡一樣。一般人無此緊迫感，他們的認識無非出於利益、愛好、無聊或習慣。可是，迴響在哲學家耳旁的聲音卻是：「認識吧，否則你就滅亡！」對於他來說，真理如同用刀子切入了他的皮肉中去一樣。[10]

尼采寫道：「我們哲學家不像普通人可以自由地將靈魂與肉體分開，更不能自由地將靈魂與思想分開。我們不是思索的蛙，不是有著冷酷內臟的觀察和記錄的裝置，——我們必須不斷從痛苦中分娩出我們的思想，慈母般地給它們以我們擁有的一切，我們的血液、心靈、火焰、快樂、激情、痛苦、良心、命運和不幸。生命對於我們意味著，將我們的全部，連同遇到我們的一切，都不斷地化為光明和烈火，我們全然不能是別種樣子。」[11]

尼采還寫道：「一個思想者是切身地對待他的問題，在其中看到他的命運、他的需要以及他的最高幸福，還是『不切身地』對待，僅僅以冷靜好奇的觸角去觸動和把握它們，其間有最顯著的區別。在後一場合，可以斷言，是毫無成果的。」[12]

真誠意味著把自己的全部生命投入到思想中去，這樣的人的思想是「一部熱情的靈魂史」，其中充滿著「在思想的熱情中燃燒著的生命所具有的升沉和震動」。[13]真正的哲學家懷著巨大的熱情，「不斷生活在最高問題的風雲中和最嚴重的責任中」，他的生活「全然不是靜觀的，局外的，漠然的，安全的，客觀的」。[14]

一個真誠的作家決不會自欺欺人，故弄玄虛，因為他是「為自己而寫作」。[15]尼采談到自己

8參看〈作為教育家的叔本華〉2。
9參看《快樂的科學》366。
10參看《朝霞》460。
11《快樂的科學》序。KSA，第3卷，第349～350頁。
12《快樂的科學》345。KSA，第3卷，第577～578頁。
13《朝霞》481。KSA，第3卷，第285～286頁。
14《快樂的科學》351。KSA，第3卷，第587頁。
15參看〈作為教育家的叔本華〉2。

的作品時說：「每一個字都源自深刻的、內在的體驗；其中不乏最痛苦的體驗，有一些字甚至是用血寫的。」[16]

可是，學者往往缺乏真誠，且不說那些借文化謀私利的人，就是自命為了愛知識而求知識的「純粹的求知者」，也不過是「精巧的偽善者」。因為真正的愛必定與死相伴，願為所愛者去死，而他們卻像月亮一樣，自命清高，無欲地淡視著人生。一旦灼熱的太陽升起，月亮的愛就到了末路。這太陽，就是熱愛人生的真正的哲學家。[17]

真正的哲學家全身心地治理哲學問題，把他的活生生的個性融到哲學思考之中，如此形成的思想必是創造性的，因為，倘若創造性不是獨特個性的體現，又是什麼呢？尼采認為，一個哲學家必備兩種相關的特性：他須「初始地看察事物」，他本身須「是一個初始看到的事物」。也就是說，他的個性是獨特的，他看事物的方式也是獨特的。他不讓種種觀念、意見、書籍插在自己與事物之間，他的天性未受俗見的污染，他永遠保留著看事物的新鮮的第一眼。[18]可是，學者的本性卻是非創造的。「在任何時候，天才和學者都是互相敵對的。後者想要殺死、解剖和理解自然，前者想要用新的活潑的自然來加強自然。」[19]學者治學靠一種「愚鈍式的勤勉」，埋頭於書籍，一點一滴地搜集著各門科學的現成結論，靠別人的思想度日。真正的思想家嚮往閒暇，以便自由地從事創造，玩味自己的思想。平庸的學者卻害怕閒暇，因為他沒有自己的思想，一旦空閒，便覺無聊，於是書籍和學術成了他驅除無聊的蒼蠅拍。[20]

在《快樂的科學》一書〈學者的由來〉一節中，尼采列舉了學者的種種類型：祕書型的學者只知整理種種材料，使之系統化；律師型的學者全力辯護其對於所研究的問題的權利；牧師型的學者一心讓人們信仰他的信仰；猶太學者運用邏輯迫使人們贊同他的意見。所有這些人，不思創造性地解決問題，只圖以各自的方式證明自己從事著正當的工作。[21]

尼采最反對死讀書。他寫道：「學者僅以『翻』書本為業……最後就完全喪失了獨立思考的能力。如果不翻書，他就不思考。當他思考時，他是在對一個刺激（一個他讀到的思想）做反應，——最後他就只會做反應了。學者把自己的全部力量用來贊同和反對，用來批評業已產生的思想，——他自己就不產生思想了」，結果「成了必須去擦它才生出火花即『思想』的火柴」。尼采說這話是有切身體會的，當他因眼疾而不得不停止閱讀時，他突然產生一種輕鬆之感，他從書

16《看哪這人》：《不合時宜的考察》3。KSA，第6卷，第320頁。
17 參看《查拉圖斯特拉如是說》：〈純潔的知識〉。
18 參看〈作為教育家的叔本華〉7。
19〈作為教育家的叔本華〉6。KSA，第1卷，第400頁。
20 參看〈作為教育家的叔本華〉6。
21 參看《快樂的科學》349。

籍中解脫出來，有工夫自己思考了。他真切感到，對於一個哲學家來說，最重要的是獨立思考，自己來創造，說出非他不能說出的話來。一個有創造力的人把太多的時間耗在閱讀上，是一種浪費。「在破曉的黎明時分，在精力最飽滿、最洋溢的時候，拿起一本書來讀——我把這叫做墮落！」[22]他認為，自我教育是造就一個思想家的唯一途徑：「沒有教育者。——作為思想者，一個人應當只談自我教育。」[23]書籍、知識、他人的思想都只能拿來為我所用，而不應當成為目的本身。

總之，一個哲學家首先必須是一個真實的人，即一個天性健康、真誠、有創造能力的人。這是由哲學的對象和使命所決定的。既然哲學的對象是人生，使命是賦予人生以意義，那麼，唯有天性健康才能正確地領悟人生，唯有真誠才能忠實地探求人生的意義，而人生的意義又要靠它的尋求者來創造。學者之不能勝任哲學的使命，正由於他同人生處在一種根本錯誤的關係中，他漠視人生，遠離人生，虛度人生。所以，尼采斷定：「一個學者決不可能成為一個哲學家。」[24]一個真誠的人生尋求者可能走錯路，但是他對待人生的態度是正確的；一個「學者」也許不犯錯誤，但是他對待人生的態度本身即是最大的錯誤。所以，尼采輕蔑地說：「即使我走著我自己的錯路，我也仍然走在他們頭頂上面。」[25]

為思想而戰

古希臘哲人第歐根尼聽到有人稱讚某哲學家，便問道：「他究竟拿出了什麼偉大的成果？學了這麼多年哲學，竟沒有損人！」

美國作家愛默生說：「要提防當偉大的上帝讓一位思想家到這世界上來的時候，一切東西都有危險了。」

尼采也說：在現代，「哲學似乎已經變成了一種可笑的東西」，而其實它應該是「可怕的」。[26]哲學家應該是「給一切帶來危險的可怕的炸藥」。[27]

哲學，以探索人生真諦為使命的哲學，在它面前難道存在什麼禁區嗎？世俗的「禁區」，流行的觀念，傳統的信仰，既然它們往往掩蓋或歪曲了人生的真相，闖入「禁區」不正是哲學的責

22《看哪這人》：〈我為何如此聰明〉8。KSA，第6卷，第292～293頁。
23《人性，太人性的》第2卷第2部267。KSA，第2卷，第667頁。
24〈作為教育家的叔本華〉7。KSA，第1卷，第409頁。
25《查拉圖斯特拉如是說》：〈學者〉。KSA，第4卷，第162頁。
26〈作為教育家的叔本華〉8。KSA，第1卷，第427頁。
27《看哪這人》：《不合時宜的考察》3。KSA，第6卷，第320頁。

任嗎？「如同我一向所理解和體會的，哲學乃是自願生活在冰雪中和高山上，探究生存中一切陌生和可疑的事物，一切歷來被道德所禁止的事物。」[28]人生，即是人的全部價值，人生的意義，即是人的最高問題。哲學家對於人生的問題探根究底，絕無偏見，一切理論，一切信仰，不論它們是受權勢保護的，還是為多數人接受的，抑或是他自己一度鍾愛的，哲學家都要敢於追問它們的根據，敢於用人生的尺度加以衡量，決定取捨。他對於一切既定的價值都要重新加以估量，以批判的眼光考察一切，凡是未經如此考察的決不輕易相信。在尼采看來，這才是本來意義上的哲學研究。

但是，並非所有的人都敢於正視人生的，許多人一輩子靠自欺欺人的幻想活著，而把試圖打破這種幻想的人視為仇敵。權勢者為了維護統治，也著力培植民眾的迷信，對敢於向迷信挑戰的思想家嚴加鎮壓。所以，一個真正的哲學家不但必須是一個真實的人，為了有勇氣做到真實，還必須是一個堅強的戰士，「為你們的思想而戰」。[29]

哲學的墮落，莫過於依附權勢，迎合民眾的迷信。如此做的人也許贏得一時的名聲和地位，成為「知名的智者」，可是尼采稱他們是駕在權勢者鐵騎前面用來媚惑民眾的小驢。與他們相反，真正的哲學家，「自由思想者」，儘管遭到權勢者和民眾的放逐，生活在寂寞之中，卻是在懸崖峭壁築巢的雄鷹。[30]尼采瞧不起黑格爾和康德，在他看來，這兩人只是把自己那個時代的信仰系統化並為之辯護；真正的哲學家卻要用刀子對他們時代的美德的胸膛進行解剖。哲學家有責任戳穿形形色色的謊言，「和千百年來的謊騙相敵對」。[31]

哲學家必須是精神上的強者。偉大的思想，與美麗的女子有相同的趣味，決不肯讓萎靡的弱者來占有自己。[32]「人是嚴格按照勇氣所許可前進的程度，嚴格按照力的尺度，而接近真理的。強者必須認識和肯定現實，恰如弱者出於虛弱必定怯懦而逃避現實一樣。」[33]只有強者才有認識的自由，弱者卻需要生活在欺騙之中。精神的強者出於內在的豐滿和強盛，與一切相嬉戲，玩弄至今被視為神聖不可侵犯的事物，藐視至高無上者。[34]只有這樣的強者才能真切體驗到人生的意義，從人生的痛苦中發現人生的歡樂。他的精神足夠充實，在沙漠中不會沮喪，反而感覺到孤獨的樂趣。他的精神足夠熱烈，在冰窟中不會凍僵，反而感覺到凜冽的快意。這也就是尼采所提倡的酒神精神。

28《看哪這人》序。KSA，第6卷，第258頁。

29參看《查拉圖斯特拉如是說》：〈戰爭與戰士〉。KSA，第4卷，第58頁。

30參看《查拉圖斯特拉如是說》：〈知名的智者〉。

31《看哪這人》：《華格納事件》4。KSA，第6卷，第364頁。

32參看《快樂的科學》345。

33《看哪這人》：《悲劇的誕生》2。KSA，第6卷，第311～312頁。

34參看《快樂的科學》382。

尼采一再強調，真正的思想家必定愛他的仇敵，愛思想的交戰。好的思想家不是真理的壟斷者。「即使我們狂妄到認為我們的一切意見都是真理，我們也不會希望它們單獨存在。」[35]因為真理須有強敵，能拚搏，否則我們會覺其無聊。為思想而戰，無論勝敗，均非思想家個人的事情，而是真理的事情。[36]

哲學家精神上的強大，來自生命力的旺盛和對人生的熱愛。尼采十分感歎有些哲學家，到了老年便迷信特殊地位和特殊權力，以權威的身分裁決真理，從世俗的特權中尋求滿足。對於他們，曾經為之激動的思想領域內的勝利和光榮，作品中的不朽，讀者心靈中的顫慄和歡欣，統統不算什麼了。這是精神衰老的標誌。[37]精神上真正的強大怎麼能夠憑恃外在的權力呢？真正的精神強者又怎麼會充當思想的暴君呢？一個思想家的力量表現在禁絕思想，豈非莫大的諷刺？在尼采看來，事情恰恰與此相反：「輿論的壓迫愈嚴重，自由愈是遭到威脅，哲學就愈有尊嚴。」[38]當然，提高哲學的尊嚴的決非壓迫者一方，而是被壓迫者一方。順便說說，尼采對於哲學家的看法，也為對他的強力意志說的誤解提供了一個反證。真正的哲學家，精神上的強者，誠然是強力意志充沛的人，然而他的強力意志所追求的決非統制思想的權力，相反是思想自由的權利——一個真實的人的天賦權利，在它面前，一切與之敵對的權力都必定傾倒。

尼采認為，權力和職業是敗壞哲學的兩個因素。因此，他提出了以下要求：

「我認為這是文化的要求：取消對哲學的一切國家的和學院的認可，從根本上廢除國家和學院所不能勝任的甄別真偽哲學的任務。讓哲學家們始終自發地生長，不給他們以任何獲取公職的希望，不再用薪金鼓勵他們，甚至更進一步，迫害他們，歧視他們——你們便會目睹一種奇景！……轉瞬間萬物皆空，鳥雀俱飛，因為要擺脫壞哲學家是很容易的，只消不再優待他們就可以了。比起以國家的名義公開庇護任何一種哲學——不管它自以為是怎樣的哲學——來，這無論如何是一個更好的建議。」[39]

哲學家也是人，也要吃飯。尼采的意思總不該是讓哲學家統統餓死。他是有感於時弊（或者說積弊），反對把哲學政治化和職業化。在十九世紀的德國，有欽定官方哲學家的風氣，黑格爾就是一個例子。許多冒牌哲學家，或者為了謀取權勢，或者為了混碗飯吃，混在哲學家的隊伍裡。極有諷刺意味的是，多少偉大的哲學家，生前貧困潦倒一生，死後卻養活了一代又一代的冒牌哲學家。可以萬無一失地料定，一旦哲學無利可圖，這些冒牌哲學家就會爭先恐後地拋開

35《朝霞》507。KSA，第3卷，第297頁。
36參看《朝霞》370。
37參看《朝霞》542。
38〈作為教育家的叔本華〉8。KSA，第1卷，第425頁。
39〈作為教育家的叔本華〉8。KSA，第1卷，第421～422頁。

哲學，另謀出路。剩下的是什麼人呢？是那些真正熱愛人生、熱愛思考因而也真正熱愛哲學的人，這樣的人懷著蘇格拉底那樣的信念：「一種未經思考過的人生是不值得過的。」（不過，按照尼采的要求，思考的方式和結論應該不同於蘇格拉底。）貧困也罷，迫害也罷，都不能阻止他們作這種思考。他們視哲學為生命，一旦停止對人生的反思，便感到光陰虛擲，雖生猶死。在尼采看來，這樣的人才算真正的哲學家。

哲學家的命運

「帶著你的愛和你的創造走進你的孤獨吧，我的兄弟；以後正義才會跛足隨你而行。」[40]這是尼采為一切創造者預言的命運，哲學家也不例外。

亞里斯多德說：人要獨居，必須是野獸或天神。尼采補充說：「忽略了第三種情形：必須同時是二者——哲學家」。[41]野獸獨居，因為它桀驁不馴。天神獨居，因為它充實自足。哲學家既桀驁不馴，又充實自足，他是人類這群居動物中的不合群者、孤獨者。

說來奇怪，哲學家致力於尋求人生的意義，這種尋求反而給他自己的人生帶來如許苦難。有什麼辦法呢？他太敏感了，如同某些對於即將來臨的天氣變化極其敏感的動物一樣，是他的痛苦造成了他的先見之明。[42]

他也太挑剔了。一般人為薪金而工作，滿足於日常的勞作和消遣，他卻寧死不做他不感興趣的工作，永遠不肯滿足。比起俗人來，他是不明智的，為情感所驅策，不計利害安危。他有特殊的價值觀念，他的趣味往往在於例外的事情，一般受冷遇的事情。哲學家可曾時髦過嗎？[43]

哲學家甚至不應該結婚，因為愛情的利他會變成家庭的自私，男子為了兒女會忘掉世界。「凡有心於最高的哲學思維而又結婚的人，都是可疑的。」[44]兒女一生下來，許多哲學家就死去了。笛卡爾、霍布士、萊布尼茨、洛克、休謨、康德、叔本華不是都沒有結婚嗎？尼采自己不是也沒有結婚嗎？

在一般人眼裡，哲學家太與眾不同了，而與眾不同就是過錯；太不可理解了，而不可理解就是荒謬。人不是應當處處隨和從俗，才皆大歡喜；事事合乎常理，才讓人放心嗎？多少哲學家

40《查拉圖斯特拉如是說》：〈創造者之路〉。KSA，第4卷，第82頁。
41《偶像的黃昏》：〈格言與箭〉。KSA，第6卷，第59頁。
42參看《快樂的科學》316。
43參看《快樂的科學》3、42。
44轉引自威爾都蘭：《古今大哲學家之生活與思想》，中譯本，1930，第658～659頁。

生前被周圍的人們視為或危險或可笑的怪人！

哲學家的命運已經包含在他的性格和使命之中，他的真誠，他的勇敢，他的創造性，注定了他的孤獨。人的天性中皆有創造的潛力，可是大多數人不肯去挖掘，因為懶惰，也因為獨創是一副沉重的鎖鏈，「對於戴著這副鎖鏈的非凡之人來說，生命就喪失了一個人在年輕時對它夢想的幾乎一切，包括快樂、安全、輕鬆、名聲等等；孤獨的命運便是周圍人們給他的贈禮；無論他想在哪裡生活，那裡立刻就會出現荒漠和洞穴。」[45]因為害怕這樣的命運，一般人退縮了，聽任創造的潛力泯滅。哲學家不肯退縮，果然報應不爽。

一顆平庸的靈魂，並無值得別人理解的內涵，因而也不會感受到真正的孤獨。相反，一個人對於人生和世界有真正獨特的感受，真正獨創的思想，必定渴望理解，可是也必定不容易被理解，於是感到深深的孤獨。最孤獨的心靈，往往蘊藏著最熱烈的愛。熱愛人生，忘我地探索人生真諦，在真理的險峰上越攀越高，同伴越來越少。孤獨是一顆值得理解的心靈尋求理解而不可得，它是悲劇性的。無聊是一顆空虛的心靈尋求消遣而不可得，它是喜劇性的。寂寞是尋求普通的人間溫暖而不可得，它是中性的。然而，人們往往將它們混淆，甚至以無聊冒充孤獨……

「我孤獨了。」啊，你配嗎？

哲學家之所以孤獨，是「因為他們感到有一條可怕的鴻溝，把他們同一切傳統分離開來，置於恆久的光榮之中」。[46] 這是虛偽包圍中的一個真實的人的孤獨，這是向一切傳統挑戰的思想戰士的孤獨。

尼采平生最厭惡小市民階層，不耐煩也不相信可以改造了他們的猥瑣卑劣。因此，他要求愛真理的人離開小市民聚集的「市場」，逃到孤獨中去。孤獨，也是真正的思想家避免無謂犧牲、保存自己的避難所。「不要再伸臂反對他們！他們是無數的，而你的命運也不是做一個蠅拍。小人和卑鄙者是無數的。雨點和雜草已經使一些雄偉的建築倒塌了。」[47]

可是，孤獨又是一個充滿危險的避難所。長久的孤獨會使人精神沮喪，意志瓦解，會使人病弱，懊傷，屈服。只有像貝多芬、歌德這樣最堅強的天性，才能堅持住；可是「即使在他們身上，許多特徵和滿面皺紋也顯示了那令人筋疲力盡的鬥爭和掙扎的後果：他們的呼吸越來越沉重，他們的聲音很容易過於粗暴」。[48] 社會無情地迫害這些偉人，連他們的孤獨也構成為罪狀。

45〈作為教育家的叔本華〉3。KSA，第1卷，第359頁。
46《偶像的黃昏》：〈一個不合時宜者的漫遊〉。KSA，第6卷，第148頁。
47《查拉圖斯特拉如是說》：〈市場的蒼蠅〉。KSA，第4卷，第66頁。
48〈作為教育家的叔本華〉3。KSA，第1卷，第352頁。

尼采對於偉人的最後命運持悲觀的看法，認為這樣的人的「毀滅是規律」，他們「在地球各個角落裡等待，全然不知要等多久，更壞的是空等一場」。49

不過，不要以為哲學家的一生只是苦難。孤獨者自有一般人想像不到的陶醉和歡欣……

在思辨哲學的故鄉，尼采宣導一種有血有肉有歡笑有眼淚的人生哲學。與思辨哲學相適合的是學院哲學家，「學者」，「知名的智者」。與尼采所宣導的人生哲學相適合的，卻是一種完全新型的哲學家，他們是「真實的人」，「自由思想家」，「知識的戰士」，「不合時宜者」，往往為他們所處的時代所不容，生活在孤獨之中，不妨稱之為「荒野」哲學家。兩種對立的哲學觀，兩種對立的哲學家形象，表明了一種正在成熟的時代要求：哲學，再也不能不關人生的痛癢，作為無色透明的純粹抽象的王國而存在了；它應當關心人和人的內心世界，有豐富的個性色彩，與迷惘的現代人一起走上凶吉未卜的探索之路。它不能為人生之謎提供萬應不變的現成答案，但是它應當具有探索的真誠和勇氣，反映出探索途中的曲折和悲歡。

49《善惡的彼岸》269、274。KSA，第5卷，第223、227頁。

第三章　從酒神精神到強力意志

人生的辯護者

笑一切悲劇

神聖的舞蹈和神聖的歡笑

強力意志

永恆輪迴和命運之愛

要真正體驗生命，
你必須站在生命之上！
為此要學會向高處攀登，
為此要學會——俯視下方！
——尼采

在歷史上，人生探索的活躍總是發生在價值觀念轉換的時代。其中又有兩種情況。一種情況是，舊的社會結構和信仰體系業已自行瓦解，新的社會力量尚且微弱，社會動亂，個人命運乖促，此時往往會有悲觀主義哲學滋生，例如古羅馬帝國時期斯多葛主義的流行。另一種情況是，新的社會力量已經足夠強大，信心十足，向舊的信仰體系主動發起攻擊，對人類前途滿懷樂觀主義的信念，例如文藝復興時期人文主義思潮的興起。

在十九世紀，資本主義制度經過了兩百年的發展，已經暴露出它固有的矛盾，文藝復興時代的樂觀主義信念已經被證明是少年人的天真幻想。馬克思代表著新的社會力量，他的哲學仍然充滿著樂觀主義的精神，這種樂觀主義以共產主義理論為其依據。尼采不同，他的哲學在根柢上是悲觀主義的，不過又不同於叔本華的純粹消極的悲觀主義，它帶有一種激昂的情調，反映了西方社會中對於舊有價值體系失去信心、但又不乏探索的勇氣的那一部分知識份子的情緒。

尼采在他探索人生問題的一開始，就遇到了叔本華，並且默默接受了他的悲觀主義的前提。這倒也不奇怪。有懷疑才有真誠的探求，一個人能夠如此執拗地追問人生的意義，正是因為他對這意義已經發生了懷疑。但是，悲觀主義只是探索的起點，而不應該是終點。以尋求人生意義為使命的哲學，結果卻是全然否定人生的意義，這不是徹底的失敗嗎？尼采不能容忍這樣的失敗。縱使人生本來沒有任何意義，我們也要賦予它一種意義。為了賦予人生以意義，他開始提出酒神精神，後來又提出強力意志。從實質上看，酒神精神和強力意志是一碼事，兩者都是指生命力的蓬勃興旺。尼采的結論是，用生命力的蓬勃興旺戰勝人生的悲劇性質，這本身就是人生意義之所在。

人生的辯護者

查拉圖斯特拉三十歲了。一天早晨，他與朝霞一同起身，走到太陽前說道：

「你這偉大的星球！倘若你沒有你所照耀的萬物，你的幸福會是什麼！

十年來，你在這裡照臨我的洞穴，倘若沒有我、我的鷹和我的蛇，你想必已經厭倦了你的光和你的路了吧……

看啊！現在我厭倦了我的智慧，如同採集了太多蜜的蜜蜂，我需要伸出的手。」

在說了這番話之後，查拉圖斯特拉開始下山，向人間傳播他十年間積累的思想去了。1

《查拉圖斯特拉如是說》一開頭的這段描寫，很形象地表明瞭尼采的特色。尼采與叔本華，猶如佛教的大乘與小乘。他們都悲觀，但是，叔本華的悲觀是完全出世，否定人生，尼采卻是出世復入世，否定人生然後又力圖肯定人生。

叔本華認為，意志是世界的自在之物，一切現象包括個體的人都是意志的客體化即表象。意志是一種盲目的不可遏止的生命衝動，個人受這種衝動的驅使，不斷地產生欲望。欲望意味著欠缺，欠缺意味著痛苦。所以，一切生命「在本質上即是痛苦」。當欲望休止，又會感到無聊。人生就搖擺在痛苦與無聊之間。不止於此，作為世界本質的生命意志是無限的，它在有限的個人身上必然得不到滿足。人的個體生存的必然結局是死亡。人生如同怒海行舟，千方百計地避開暗礁和漩渦，卻走向必不可免的船沉海底。所以，個人應當「認清意志的內在矛盾及其本質上的虛無性」，自覺地否定生命意志，進入類似印度教的「歸入梵天」、佛教的「涅槃」那樣的解脫境界。2

在尼采的第一部著作《悲劇的誕生》中，我們可以發現叔本華悲觀主義思想的痕跡。在那裡，尼采在解釋古希臘藝術的起源時強調，希臘人之所以需要以奧林匹斯眾神形象為主要內容的史詩和雕塑藝術，是為了給痛苦的人生罩上一層美麗神聖的光輝，從而能夠活下去；之所以需要激發情緒陶醉的音樂和悲劇藝術，是為了產生超脫短暫人生、融入宇宙大我的感覺，從而得到一種形而上學的安慰。在兩種情形下，人生的痛苦和可悲性質都被默認是前提，而藝術則被看作解救之道。

在淺薄的科學樂觀主義和虛假的基督教樂觀主義流行的時代，悲觀主義自有其深刻之處。尼采認為，始自蘇格拉底的科學樂觀主義相信科學至上，知識萬能，憑概念指導生活，其實只是浮在人生的表面，並不能觸及人生的根柢。[3] 至於基督教相信在現實的世界之外還有一個「真正的世界」，它賦予人生以神聖的意義，這種信仰貌似樂觀，其實是一種壞的悲觀主義，因為它用「真正的世界」否定了現實世界的價值。只有一個世界，就是我們生活於其中的世界，這個世界「根本不是神聖的，而且用人類的尺度衡量從來不是理智的、仁慈的或公正的」，它是「非神聖的，非道德的，『非人性的』」。[4] 可是，我們一旦否定了基督教的「來世」及其賦予人生的虛假意義，並且正視現實人世的真實面目，「叔本華的問題立刻以可怕的方式擺在了我們面前：人生

1《查拉圖斯特拉如是說》序。KSA，第4卷，第11頁。
2參看叔本華：《作為意志和表像的世界》，第56、57、68、71節。
3參看《悲劇的誕生》15、24。

到底有一種意義嗎？」[5]叔本華敢於直截了當地提出這個問題，否認人生的神聖性，正表明了他的誠實。在這個意義上，悲觀主義未嘗不具有積極的性質。它推翻了虛假的意義，沉重地走上了尋求真實意義的道路，對於尋求的結果不敢懷抱僥倖心理。

但是，悲觀主義終究是消極的，它敗壞了生活的樂趣，所以尼采稱之為「死的說教」。[6]人的個體生存誠然有其悲劇性質，作為理性的存在物，他能知無限，追求永恆，作為有限的生物，他又是必死的，這種難堪的矛盾只有在人身上才存在。在這世界上，每一個人的生命都是短暫的，遲早要萬劫不復地失去。然而，倘若一個人被悲觀主義所俘虜，時時想著人生的虛無，他豈能生活下去？倘若人類都聽從「死的說教」，豈非人類也要滅亡？叔本華沒有自殺，只能說明他的理論並不徹底，沒有貫徹到自己的人生實踐中去，而深受他的思想影響的中國清末學者王國維卻真的自殺了。至於人類的絕大多數，儘管明知人生固有一死，仍然喧鬧忙碌地生活著，追求著，足見生命本身有著死亡的陰影摧毀不了的力量。

尼采說：「人人都爭先恐後奔向這未來，——可是，死和滅寂是這未來唯一確定和人人共同的事情！多麼奇怪，這唯一確定和人人共同的事情對人們幾乎毫無影響，他們離自己與死相鄰的感覺最為遙遠！看到人們完全不願思考死的思想，我感到高興！我很想做點事情，使生的思想對於他們百倍地值得思考。[7]

尼采自己似乎也從悲觀主義的夢魘中擺脫出來了：「我從我的求健康、求生存的意志創造了我的哲學……正是在我的生命力最低落的年頭（指患重病——引者），我終止做一個悲觀主義者了；自我恢復的本能禁止我有一種軟弱消沉的哲學。」[8]

尼采發現，一個人倘若有健全旺盛的內在生命力，他是不會屈服於悲觀主義的。悲觀主義是生命力衰退的表現，屈服於悲觀主義有如屈服於霍亂，表明機體已經患病。[9]這種人看見別人快樂便生傷感，好像看見病孩垂死前還依然玩著玩具一樣；他們在一切玫瑰花叢下看出隱藏的墳墓。[10]總之，問題全在於生命力：你健康，你就熱愛生命，嚮往人生的歡樂；你羸弱，你就念念不忘死亡，就悲觀厭世。一個要在人世間有所建樹的人最忌悲觀主義：「看破紅塵——這是巨大的疲勞和一切創造者的末日。」[11]尼采還有著飽滿的生命力，他要度一個偉大的人生，於是他向

4《快樂的科學》346。KSA，第3卷，第580頁。
5《快樂的科學》357。KSA，第3卷，第600頁。
6參看《查拉圖斯特拉如是說》：〈死的說教者〉。
7《快樂的科學》278。KSA，第3卷，第523頁。
8《看哪這人》：〈我為何如此智慧〉2。KSA，第6卷，第267頁。
9參看《偶像的黃昏》：〈一個不合時宜者的漫遊〉36。KSA，第6卷，第135頁。
10參看《朝霞》330。
11遺稿。GA，第12卷，第251頁。

悲觀主義宣戰了。他把叔本華歸入頹廢者之列，終生都在抨擊他。他唱了一輩子生命的頌歌。他成了一位「人生的辯護者」。[12]

當然，人生仍有其悲痛的方面，而且這悲痛是深沉的，但是歡樂比悲痛更深沉。生命是一派歡樂的源泉，只有對於損傷的胃，對於悲觀主義者，它才是有毒的。[13] 尼采愈來愈覺得，人生何其豐富，令人欣羨，而且神祕。他要拚命地去感受生命……

對於人生的肯定，來自愛。「我們愛生命，並非因為我們習慣於生命，而是因為我們習慣於愛。」[14]「你想望，你渴求，你愛，只因此你才讚美生命！」[15]「對生命的信任已經喪失：生命本身變成了問題。——但不要以為一個人因此而必定變成一個憂鬱者！甚至對生命的愛也仍然是可能的，——只不過是用另一種方式愛。這就像愛一個使我們生疑的女人……」[16] 尼采常常把生命譬作一個女子，一個嫵媚的女子，她無恆，不馴，恣肆，允諾著也抗拒著，羞怯而又嘲諷，同情卻又誘惑，因而更具魅力。她使你受苦了，可是你又怎麼會不願意為她受苦呢？所以受苦也成了一種快樂。她誠然有她的罪惡，可是當她自道其惡時，她尤為迷人。你也許會恨她，而當你恨她的時候，你其實最愛她。[17] 在愛裡總有著瘋狂。大愛不求回報，反而只求報答。生命已經把自己奉獻給我們，我們應該時時想著給予最高的報答。只有帶著惡意而不是帶著愛觀察人生的人，才會抱怨生命給予他的歡樂太少。自己對於歡樂毫無貢獻，就不應當意欲歡樂。這貢獻，就是對生命的愛。如果說生命是歡樂的源泉，那麼，愛就是生命之歡樂的源泉，愛化痛苦為歡樂，化缺陷為美德。熱愛人生的人對生命滿懷感激之情，肯定人生的全部，連同它的苦難和悲劇……

到這裡，我們開始接觸到了尼采的酒神精神的實質。

笑一切悲劇

在尼采之前，黑格爾在《精神現象學》中已經用酒神崇拜來標誌藝術發展的一個階段，雅可比、布克哈特、荷爾德林、弗．施萊格爾、華格納也都談到過作為一種審美狀態的酒神現象或醉的激情。尼采在《悲劇的誕生》中解釋希臘悲劇的起源和本質時加以發揮，倡酒神精神說。他很為他破天荒把酒神現象闡發為形而上學而感到得意，自稱為「酒神哲學家」。事實上，酒神精神也的確是尼采哲學的特色之所在。

12參看GA，第6卷，第201頁。
13參看《查拉圖斯特拉如是說》：〈舊榜和新榜〉。KSA，第6卷，第258頁。
14《查拉圖斯特拉如是說》：〈讀和寫〉。KSA，第4卷，第49頁。
15《查拉圖斯特拉如是說》：〈舞蹈之歌〉。KSA，第4卷，第140頁。
16《快樂的科學》序。KSA，第3卷，第350頁。
17參看《快樂的科學》339。

人生的悲劇性方面，本是一切人生哲學不應當回避的方面。膚淺的樂觀主義回避這個方面，虛假的樂觀主義掩蓋這個方面，適見其膚淺和虛假。叔本華式的悲觀主義承認人生的悲劇性，這是它比上述樂觀主義深刻和真實的地方。但是，同時它又屈服於人生的悲劇性，得出了否定人生的結論。現在，尼采第一要承認人生的悲劇性，從而與膚淺的或虛假的樂觀主義相反對；第二要戰勝人生的悲劇性，從而與叔本華式的悲觀主義相反對。為此他提出了酒神精神。他自己認為，他的酒神精神是超越於悲觀主義和樂觀主義的空洞論爭之上的，是同時反對兩者的。酒神精神所要解決的，正是在承認人生的悲劇性的前提下，如何肯定人生的問題。它旨在確立一種對待人生悲劇的積極立場，但是尼采首先從悲劇藝術著手。

在叔本華那裡，世界意志之客體化為個別存在物的形式被稱作「個體化原理」。他認為，個人正是因「個體化原理」而受意志的奴役，在審美狀態中，個人暫時擺脫了「個體化原理」，從而暫時擺脫了意志的奴役，成為無意志的純粹認識主體。悲劇的意義更是要人們看穿「個體化原理」，認清生命的原罪，從而放棄整個生命意志。所以他說，悲劇是生命意志的鎮靜劑。[18]他的悲劇觀是以否定生命為歸宿的。

尼采從叔本華那裡繼承了意志是世界的本質和「個體化原理」是現象的形式的觀點。但是，叔本華把悲劇看作由否定「個體化原理」進而對整個生命意志的否定，尼采卻把悲劇看作通過否定「個體化原理」而對整個生命意志的肯定。悲劇不是生命的鎮靜劑，相反是生命的興奮劑和強壯劑。悲劇之所以給人以「個體毀滅時的快感」，是因為它「表現了那似乎隱藏在個體化原理背後的全能的意志，那在一切現象之彼岸的歷萬劫而長存的永恆生命」。[19] 悲劇是「個人的解體及其同太初存在的合為一體」，[20] 它給人一種「形而上的安慰」：「不管現象如何變化，事物基礎之中的生命仍是堅不可摧和充滿歡樂的。」[21]「存在的一切必須準備著異常痛苦的衰亡，我們被迫正視個體生存的恐怖」，但是，在悲劇的陶醉中，「我們在短促的瞬間真的成為原始生靈本身，感覺到它的不可遏止的生存欲望和生存快樂……縱使有恐懼和憐憫之情，我們仍是幸運的生者，不是作為個體，而是眾生一體，我們與它的生殖歡樂緊密相連。」[22] 尼采用古希臘神話中的酒神狄俄尼索斯的形象，來命名這種個人解體而同作為世界本體的生命意志合為一體的神祕的陶醉境界，稱之為酒神境界。因為在他看來，原始的酒神祭，那種無節制的濫飲，性的放縱，狂歌亂舞，表現了個體自我毀滅和與宇宙本體融合的衝動，正顯示了悲劇藝術的起源。

18 參看叔本華：《作為意志和表像的世界》，第51節。
19《悲劇的誕生》16。KSA，第1卷，第108頁。
20《悲劇的誕生》8。KSA，第1卷，第62頁。
21《悲劇的誕生》7。KSA，第1卷，第56頁。
22《悲劇的誕生》17。KSA，第1卷，第109頁。

尼采認為，叔本華在邏輯上是不徹底的。既然生命意志是世界的本質，它就是永恆的，必然時而毀滅個體生命，時而又產生個體生命。這表明了自然界本身生命力的強大。在悲劇中，通過個人的毀滅，我們正應該體會到宇宙生命的豐盈充溢才是。個體生命的毀滅本身是生命意志肯定自身的一種形式。悲觀主義因為個人的毀滅而否定整個生命，乃是一葉障目。悲劇之所以能通過個體的毀滅給人快感，其祕密就在於它肯定了生命整體的力量。尼采欣喜於發現這個祕密，自命是「第一個悲劇哲學家」，是「悲觀主義哲學家的極端的對立者和反對者」。23

既然宇宙生命本身生生不息，個體生命稍縱即逝，那麼，要肯定生命，就必須超越個人的眼界，立足於宇宙生命，肯定生命的全體，包括肯定其中必定包含的個人的痛苦和毀滅。這是酒神精神的真髓。

「一個如此解放了的精神，懷著喜悅和信賴的宿命論立於天地之間，深信僅有個體被遺棄，在整體中萬物都被拯救和肯定——他不再否定……但一個這樣的信念是一切可能信念中最高的，我名之為酒神精神。」24

「甚至在生命最異樣最艱難的問題上肯定生命，生命意志在生命最高類型的犧牲中為自身的不可窮盡而歡欣鼓舞——我稱這為酒神精神……」25

尼采一再強調，酒神精神達到了肯定的極限，它肯定萬物的生成和毀滅，肯定矛盾和鬥爭，甚至肯定受苦和罪惡，肯定生命中一切可疑可怕的事物。總之，肯定生命的整體。[26]

很顯然，叔本華的悲觀主義哲學與尼采的悲劇哲學或酒神哲學有一個共同的出發點，就是把生命意志看作世界的本質。但是，一旦進一步追問這生命意志的本質，他們就分道揚鑣了。叔本華的生命意志是一種純粹消極的「掙扎」，尼采的生命意志卻是一種積極創造的力量。在尼采看來，要創造就必須破壞，破壞意味著個體的災難和毀滅，但這正是創造的必要前提，是宇宙生命整體新陳代謝的必然法則，是健全和豐盈所產生的痛苦。有生必有死，要肯定生命就必須肯定死亡，這樣一種樸素的辯證法被尼采闡發為富有詩意的人生哲學了。

要解決個人生存的意義問題，就必須尋求個人與某種超越個人的整體之間的統一，尋求小我與大我、有限與無限的統一，無論何種人生哲學都不能例外。區別只在於，在不同的哲學中，那個用來賦予個人生存以意義的整體是不同的。例如，它可以是自然（莊子，斯賓諾莎），社

23《看哪這人》：《悲劇的誕生》3。KSA，第6卷，第312頁。
24《偶像的黃昏》：〈一個不合時宜者的漫遊〉49。KSA，第6卷，第152頁。
25《偶像的黃昏》：〈我感謝古人什麼〉5。KSA，第6卷，第160頁。
26 參看《看哪這人》：《悲劇的誕生》2～4；《查拉圖斯特拉如是說》6。KSA，第6卷，第311～313、345頁。

會（馬克思，孔子），神（新柏拉圖主義，基督教），等等。如果不承認有這樣的整體，就會走向悲觀主義（佛教、印度教、叔本華）。尼采以宇宙生命賦予個人生存以意義，要求個人站在宇宙生命的立場上來感受永恆生成的快樂，其中包括毀滅掉有限個體的快樂。由個人的眼光看，這個要求似乎有點玄。不過，如果我們把形而上學語言換成普通語言，就會發現這個要求倒是相當樸實的。尼采的意思無非是：用生命本身的力量來戰勝生命的痛苦，而當你抗爭之時，你就是在痛苦中也會感覺到、百倍強烈地感覺到生命的歡樂。這種抗爭痛苦而生的歡樂，相當於生命本體的歡樂。

尼采要我們看到，痛苦是生命不可缺少的部分。生命是一條毯子，苦難之線和幸福之線在上面緊密交織，抽出其中一根就會破壞了整條毯子，整個生命。沒有痛苦，人只能有卑微的幸福。偉大的幸福正是戰勝巨大痛苦所產生的生命的崇高感。痛苦磨練了意志，激發了生機，解放了心靈。人生的痛苦除了痛苦自身，別無解救途徑。這就是正視痛苦，接受痛苦，靠痛苦增強生命力，又靠增強了的生命力戰勝痛苦。對於痛苦者的最好的安慰方法是讓他知道，他的痛苦無法安慰，這樣一種尊重可以促使他昂起頭來。生命力取決於所承受的痛苦的份量，生命力強盛的人正是在大痛苦襲來之時格外振作和歡快。英雄氣概就是敢於直接面對最高的痛苦和最高的希望。熱愛人生的人縱然比別人感受到更多更強烈的痛苦，同時卻也感受到更多更強烈的生命之歡樂。與痛苦相對抗，是人生最有趣味的事情。[27]

「人是最勇敢的動物……他高唱戰歌征服一切痛苦，而人的痛苦是最深的痛苦。」「人對人生的觀察有多深，他對苦難的觀察也就有多深。」[28]正是在痛苦以及征服痛苦的戰鬥中，人最高限度地感受和享受了生命。所以尼采主張：「從生存中獲取最大成果和最大享受的祕密在於：冒著危險生活！把你們的城市建在維蘇威火山旁！把你們的船隻駛向未經探測的海洋！生活在與旗鼓相當的對手以及與你們自己的戰爭中！」[29]他認為，危險「迫使我們自強」，「人必須有必要強大，才會變得強大。」[30]

尼采還認為，未來的不確定是使人生更具魅力的要素：「我的思想應該向我指示我站在何處，但不應該向我透露我走向何方。我愛對未來的無知……」[31]

面對痛苦、險境和未知事物，精神愈加歡欣鼓舞，這樣一種精神就是酒神精神。悲劇藝術所

27 參看《朝霞》380；《快樂的科學》序以及48、268、318。
28《查拉圖斯特拉如是說》：〈幻覺與謎〉。KSA，第4卷，第199頁。
29《快樂的科學》283。KSA，第3卷，第526頁。
30《偶像的黃昏》：〈一個不合時宜者的漫遊〉38。KSA，第6卷，第140頁。
31《快樂的科學》287。KSA，第3卷，第528頁。

要表達的正是這種精神狀態：「面臨一個強大的敵人，一種巨大的不幸，一個令人疑懼的問題，而有勇氣和情感自由，這樣一種得勝狀態被悲劇藝術家挑選出來加以頌揚。」[32]

酒神精神的本義是肯定生命包括肯定生命必涵的痛苦。為了肯定生命的痛苦，一個人必須有健全的生命力和堅強的意志。由此產生酒神精神的衍義：做一個強者。「『要堅強』這個命令，堅定地相信一切創造者都是強者，乃是酒神式天性的重要標誌。」[33]這裡顯示了酒神精神與強力意志的內在一致。

然而，再堅強的人也可能因致命的痛苦而喪生，或在險境中毀滅。何況人終有一死。最終的失敗是否不可避免呢？尼采認為，具有酒神精神的人在失敗中仍能大笑。「假如你們的偉大事業失敗了，你們自己因此便失敗了麼？假如你們自己失敗了，人類因此便失敗了麼？假如人類失敗了，好吧，隨它去！」[34]「失敗的事情更應保持自尊，因為它失敗了——這更合乎我的道德。」[35]問題在於，抗爭後失敗，失敗後仍不屈服，這不是真正的失敗。生命敢於承受超過其限度的災難，這本身就是一個勝利。尼采的酒神精神很像海明威筆下的硬漢子性格：「一個人並不是生來要給打敗的，你盡可以把他消滅掉，可就是打不敗他。」

那麼，死呢？具有酒神精神的人熱愛生命，可是並不畏懼死亡。他甚至出於對生命的愛而自殺：「當不可能驕傲地活著時，就驕傲地死去。」[36]「自由走向死和在死中自由，當不再能肯定時，做一個神聖的否定者：如此他徹悟了死與生。」[37]這樣的死仍然是生命的勝利，他通過否定自己而肯定了生命。

人生誠然是一齣悲劇，那就把它當悲劇來演吧，演得轟轟烈烈，威武雄壯。愈深刻的靈魂，愈能體會人生的悲劇性，但也愈勇敢。「最富精神性的人們，他們必首先是最勇敢的，也在廣義上經歷了最痛苦的悲劇。但他們正因此而尊敬生命，因為它用它最大的敵意同他們相對抗。」[38]在悲劇藝術中，悲劇英雄用他的毀滅使我們感受到生命本身的不可摧毀，精神為之歡欣鼓舞。在人生悲劇中，我們自己就是悲劇英雄，我們也要歡欣鼓舞地演這悲劇，從自身的痛苦乃至毀滅中體會生命的偉大和驕傲。人生的頂峰是「笑一切悲劇」。[39]酒神精神從藝術舞臺流布到人生舞臺

32《偶像的黃昏》：〈一個不合時宜者的漫遊〉24。KSA，第6卷，第128頁。

33《看哪這人》：《查拉圖斯特拉如是說》8。KSA，第6卷，第349頁。

34《查拉圖斯特拉如是說》：〈高貴的人〉。KSA，第4卷，第364頁。

35《看哪這人》：〈我為何如此聰明〉1。KSA，第6卷，第278頁。

36《偶像的黃昏》：〈一個不合時宜者的漫遊〉36。KSA，第6卷，第134頁。

37《查拉圖斯特拉如是說》：〈自由的死〉。KSA，第4卷，第95頁。

38《偶像的黃昏》：〈一個不合時宜者的漫遊〉17。KSA，第6卷，第122頁。

39《查拉圖斯特拉如是說》：〈讀和寫〉。KSA，第4卷，第48頁。

上來了。

神聖的舞蹈和神聖的歡笑

酒神精神的要義是肯定人生，祝福人生，連同它的悲劇性。要肯定人生，不在它的悲劇性面前逃避、自欺或頹喪，一個人必須足夠堅強。但是，堅強而沉重，或者堅強而陰鬱，仍然不合酒神精神。尼采認為，人生的偉大肯定者應該兼有「堅硬的骨頭和輕捷的足」[40]，合歌者、武士與自由精神為一體。[41]他應當學會「神聖的舞蹈」[42]，學會歡笑。尼采一再談到舞蹈和歡笑，用它們象徵酒神式的人生態度。只有弄清二者的含義，才算領會了尼采的酒神精神。

舞蹈象徵一種高蹈輕揚的人生態度。在尼采筆下，酒神精神的化身查拉圖斯特拉是一個跳舞者，他有著寧靜的氣質，輕捷的足，無往而不在的放肆和豐饒。尼采孕育這個形象的最初徵兆是一條速記的附注：「超過人類和時代六千公尺。」它恰好揭示了舞蹈的象徵意義，便是超越性。

尼采認為，生命和人類都具有自我超越的本性，這種本性集中體現在強者、優秀者身上。人身上的超越性就是神性，而「輕捷的足是神性的第一屬性」。[43]為了飛騰即超越，人應當學會在一切之上站立、行走、奔跑、跳躍、攀登和跳舞。跳舞是飛騰的準備。超越性是戰勝人生的悲劇性的保證。在同人生的痛苦戰鬥時，應當體現出這種超越性。具有酒神精神的人跳著舞越過人生大地上的沼澤和凝重的悲愁。縱使生活之路是苦難之路，可是，一旦我們選定了它，我們就步履輕快地走在它上面。走在自己選定的路上的人必定是跳著舞前進的。相反，步履蹣跚，不正說明內心並不情願，不正是否定生命的一種表徵嗎？

舞蹈所象徵的超越性，尤其是針對人類一切傳統價值的。與「神聖的舞蹈」相對立，尼采用「重力的精靈」象徵人類歷史的墮性，象徵傳統的倫理評價。他視「重力的精靈」為一切創造者的魔鬼和大敵。在人類身上，包括在本來有創造力的人身上，背負了太多不相干的評價，因而步履艱難，生命也因此乏味如一堆沙土。[44]可是，跳舞者能夠跳舞於一切陳舊的戒律之上，超越於善惡之外，用自由的舞蹈踏碎一切倫理，使迄今為止人類心目中的一切所謂偉大都沉淪在下。所以，舞蹈又象徵著精神從一切傳統價值的束縛中解放出來，輕鬆愉快地享受人生，從事創造，而這本身意味著對人生的充分肯定。尼采稱這為「跳舞者的道德」，這種道德使一個人能用他的雙

40《查拉圖斯特拉如是說》：〈晚餐〉。KSA，第4卷，第354頁。
41參看《看哪這人》：《快樂的科學》。
42《查拉圖斯特拉如是說》：〈舞蹈之歌〉。KSA，第4卷，第139頁。
43《偶像的黃昏》：〈四種大謬誤〉2。KSA，第6卷，第90頁。
44參看《查拉圖斯特拉如是說》：〈重力的精靈〉。

足「跳躍在閃著寶石光芒的陶醉之中」。[45]

歡笑象徵一種歡快豪放的人生態度。尼采說：「我聖化了歡笑。」[46]歡笑也是神聖的。人生有兩個方面：歡樂與悲痛。尼采要求在這兩個方面中都能歡笑。一個人不僅對歡樂發笑，而且對失敗、對痛苦、對悲劇也發笑，才是具備了酒神精神。因為由生命本身的眼光看來，悲劇原是生自生命的歡樂和力量的過分豐盈。叔本華認為，人生從整體看是悲劇，從細節看具有喜劇性質。[47]尼采說：不對，從生命整體看，短促的悲劇遲早要歸入永恆生命的喜劇，「無數笑的波浪」終於要把最偉大的悲劇也淘盡。[48]一個人應該感情充溢奔放地活，對一切都興致勃勃，這才是幸福。[49]叔本華曾經把人生比喻成吹肥皂泡，誰都想愈吹愈大，結果卻是不可避免的破裂。[50]有趣的是尼采也把人生比喻為肥皂泡，結論卻正相反：「在愛生命的我看來，蝴蝶、肥皂泡以及與它們相類似的人最懂得幸福。」望著這些輕盈纖巧的小精靈來回翩飛，查拉圖斯特拉感動得流淚和歌唱了。[51]不管生命多麼短暫，我們要笑著生，笑著享樂，笑著受苦，最後笑著死，這才不枉活一生。

與舞蹈一樣，歡笑也是酒神式戰士否定傳統倫理的戰鬥風格。尼采無限嚮往古希臘社會，在他看來，那是一個沒有罪惡感的世界，人們快樂健康地活著，無憂無慮地享受著節慶、宴飲、競技、藝術、攻戰。便是罪惡也有其光榮，而希臘的悲劇藝術就是罪惡與光榮的統一體。[52]可是，敵視生命的基督教倫理把生命的源頭弄髒了，享樂成了罪惡。問題的嚴重性在於，即使反抗舊倫理的戰士也往往免除不了這種罪惡感，一邊戰鬥，一邊自覺在犯罪，因而顯出一副愁苦的臉相。現在尼采要求他們戒除罪惡感，就算對抗舊道德是一種惡吧，它也是一種「歡笑的惡」，「光明的健全的惡」，它居高臨下，向舊道德投去「閃光的侮蔑的大笑」，以大笑殺死「重力的精靈」。[53] 酒神精神的先決條件之一是一種確然的歡快，哪怕是在破壞的時候。[54]

歡快豪放的酒神風格還應該體現在思想家的思考和工作之中。尼采認為，真正的思想家總是在灌輸快樂和生命，決不帶一副懊惱的面色，顫抖的雙手，含淚的眼睛。[55] 一般人以為思想同歡笑和快樂不能相容，實在是一種偏見。尼采諷刺說：「人這可愛的動物一旦好好思考時，似乎總

45《查拉圖斯特拉如是說》：〈七印記〉。KSA，第4卷，第290頁。
46《查拉圖斯特拉如是說》：〈高貴的人〉。KSA，第4卷，第368頁。
47參看叔本華：《作為意志和表像的世界》，第58節。
48參看《快樂的科學》1。KSA，第3卷，第372頁。
49參看《朝霞》439。
50參看叔本華：《作為意志和表像的世界》第57節。
51《查拉圖斯特拉如是說》：〈讀和寫〉。KSA，第4卷，第49頁。
52參看《快樂的科學》135。
53參看《查拉圖斯特拉如是說》：〈讀與寫〉；〈七印記〉第6節；〈蜜的獻祭〉。
54參看《看哪這人》：《查拉圖斯特拉如是說》8。
55參看〈作為教育家的叔本華〉2。

要失去了好心情；變得『嚴肅』了。」[56]而尼采偏要提倡「快樂的科學」，並以此作為他的一本書的標題。他認為：「沒有帶來歡笑的一切真理都是虛偽的。」[57]酒神式的思想家如同遊戲一樣從事偉大的工作，善於「以詼諧談說出真理」[58]。

舞蹈的高蹈輕揚，歡笑的快樂豪放，兩者作為酒神精神的形象體現，表明酒神精神實質上是一種審美的人生態度。事實上，尼采一開始是從闡釋藝術現象著手提出酒神精神的，而當他把酒神精神推廣為一種人生哲學時，其審美的實質保存了下來。尼采自己說，《悲劇的誕生》一書所確認的唯一的評價是審美的評價，他以這種評價與歷來宗教和倫理的評價相反對，並且名之為酒神精神。[59]既然生命本身是一種非倫理的東西，要從倫理的角度為它尋找一種意義就只能是徒勞。相反，大自然遊戲似地創造著也毀壞著個體生命，頗有藝術家的豪興。那麼，個人除了秉承大自然這位「原始藝術家」的氣概，以審美的態度對待生命的喜劇和悲劇，痛快地活，痛快地死，此外還有什麼更好的辦法呢？隨著基督教信仰的瓦解，從前懸在人類頭頂的天堂的幻影消失了，人們發現自己生活在一個毫不仁慈的世界中。在這裡，現世的苦難不能再用來世的福樂補償，死去的靈魂不再有超度的希望。用自然科學的眼光冷靜地看待生老病死現象嗎？可是人有一顆心，不能如此無動於衷。按照叔本華的要求窒息這顆心，滅絕生命欲望嗎？可是這樣一來人生真的全無意義了。尼采不甘心，勉力尋找，終於從審美中找到了人生的意義。用藝術家的眼光去看待人生吧，這樣你就會肯定人生的全部，因為連最悲慘的人生宿命也具有一種悲劇的審美意義。把人生當作你的一次藝術創作的試驗吧，這樣你無論遇到什麼挫折都不會垂頭喪氣了。你要站在你自己的生命之上，高屋建瓴地俯視你自己的生命，不把它看得太重要，這樣你反而能真正地體驗它，享受它，盡你所能地把它過得有意義。仍然聽得出一種悲音，但是與叔本華不同，有了一種力度，增添了一種鏗鏘壯烈的調子。

強力意志

在一定的意義上可以說，《悲劇的誕生》是尼采哲學的真正誕生地和祕密，作為其中心思想的酒神精神是理解尼采全部思想的一把鑰匙。尼采哲學的主要命題，包括強力意志、超人和一切價值的重估，事實上都脫胎於酒神精神：強力意志是酒神精神的形而上學別名，超人的原型是酒神藝術家，而重估一切價值就是用貫穿著酒神精神的審美評價取代基督教的倫理評價。

56《快樂的科學》327。KSA，第3卷，第555頁。
57《查拉圖斯特拉如是說》：〈舊榜和新榜〉。KSA，第4卷，第264頁。
58參看《華格納事件》。KSA，第6卷，第11頁。
59參看〈自我批判的嘗試〉5；《看哪這人》：《悲劇的誕生》1。KSA，第1卷，第17、18頁；第6卷，第310頁。

酒神精神的要義是肯定人生，肯定人生又以生命力的足夠堅強為前提。尼采自己越來越強調酒神精神所包含的力的涵義。他說：「我是第一個人，為了理解古老而仍然豐盛乃至滿溢的希臘本能，而認真對待奇妙的所謂酒神現象：它唯有從力量的過剩得到說明。」[60] 酒神式的陶醉，其本質是「力的提高和充溢之感」[61]，是「一種高度的力感，一種通過事物來反映自身的充實和完滿的內在衝動」。[62] 在這裡，酒神精神與強力意志的內在一致是一目了然的。

集中體現了酒神精神的悲劇藝術尤其表明了這一點：「悲劇快感表明了強有力的時代和性格……這是英雄的靈魂，它們在悲劇的殘酷中自我肯定，堅強得足以把苦難當作快樂來感受。」[63]

能否肯定人生，關鍵全在力量。尼采為了肯定人生，提倡酒神精神。他同樣還是為了肯定人生，倡強力意志說。不懂得酒神精神，就不可能懂得強力意志，甚至會發生荒唐的誤解。

強力意志，德文原文是der Wille zur Macht。其中，Macht為力量之義，但這不是一般的力量，而是強大的力量，因強大而有了支配力、統治力、影響力。介詞zu為追求、趨向之義。直譯應是「求強大力量的意志」、「強化力量的意志」。譯作「權力意志」也未嘗不可，只是要正確理解「權力」的含義。在這裡，「權力」應是廣義的，指一種具有支配作用的強大力量，不能望文生義地把它與權勢、權術乃至政治野心等同起來。其實，尼采自己在這些含義上使用Macht

一詞時，往往持貶斥態度：「權勢的貪欲」，「求權力（求「帝國」）的意志」，「權力使人愚蠢」，「權力的愛好是人生的惡魔」……[64]

強力意志的概念在《朝霞》（一八八一）一書中已經萌芽。在那裡，尼采屢次談到「求強力的欲望」、「強力的感覺」，並以之說明個人的優異、義務與權利、幸福、善惡等現象。[65]

在《快樂的科學》（一八八二）一書中，「求強力的意志」這個概念已經明確形成，值得注意的是，它是在同達爾文的「生存競爭」說相對立的意義上提出來的。尼采學說有時被看作一種社會達爾文主義，其實並不符合尼采的原意。「生存競爭」說以生物的自保欲望和生存資料的匱乏為基礎。尼采說：「自我保存的願望是一種匱乏情境的表現，是生命真正的基本衝動受限制的表現，後者追求權力的擴展，在此追求中，自我保存經常遭到質疑和犧牲……在自然中統治的不是匱乏情境，而是過剩，浪費，甚至到了荒唐的程度。生存競爭只是一個例外，生命意志的一種

60《偶像的黃昏》：〈我感謝古人什麼〉4。KSA，第6卷，第158頁。
61《偶像的黃昏》：〈一個不合時宜者的漫遊〉8。KSA，第6卷，第116頁。
62《強力意志》，圖賓根，1952（Friedrich Nietzsche. Der Wille zur Macht. Tübingen），第811節。
63《強力意志》852。
64參看《快樂的科學》204、262；《偶像的黃昏》：〈德國人所缺如者〉1；《看哪這人》：《華格納事件》1。
65參看《朝霞》112、113、146、189、356、360。

暫時約束；大大小小的競爭到處都是圍繞著爭優勢，爭發展和擴大，爭權力，遵循著求權力的意志，而求權力的意志正是生命意志。」[66]

後來尼采一再批判達爾文的「生存競爭」說及其在社會領域的運用——馬爾薩斯主義。他指責「生存競爭」說是一種「片面的」學說，是一種「武斷」。他指出，馬爾薩斯主義是違背自然事實的，「不應當把馬爾薩斯與自然混為一談」。他反對「生存競爭」說的主要論據有兩條。

第一，以匱乏為基礎的生存競爭只是作為一種例外情形而發生的。「生命的總體方面與其說是匱乏和饑餓，不如說是豐富、奢華乃至荒唐的浪費。凡有競爭之處，都是為強力而競爭。」

第二，即使在生存競爭確實發生的情形下，競爭的結果也和達爾文學派所斷定的相反，總是有利於弱者而不利於強者，物種並不走向完善。因為弱者是多數，而且善於通過忍耐、審慎、偽裝、狡詐來保存自己；強者為了追求強力卻不惜犧牲生命，較容易毀滅。[67]

這裡涉及到尼采提出強力意志的兩個主要根據。第一，對生命性質的估計：生命的總體方面究竟是匱乏還是豐富？強力意志是以自然界中生命的豐富為前提的。第二，對生命意義的認識：生命的意義在於自我保存，還是在於力量的增強和擴展？在尼采看來，真正的強者不求自我保存，而求強力，為強力而不惜將生命孤注一擲，恰恰體現了生命意義之所在。

很顯然，強力意志說不但是反對達爾文主義的，而且也是、毋寧說首先是反對叔本華哲學的。在叔本華那裡，生命意志是一種盲目的應當滅寂的力量。尼采認為，這既誤解了生命的性質，也誤解了意志的性質。

首先，生命是「必須不斷自我超越的東西」。它不能滿足於自身，而要不斷向上，從高於自身的東西那裡去尋求自身的意義和目的。這就是擴展和享受自身所蘊含的力量，藉此它克服了自身的限制。叔本華停留在生命本身，不能為它指出一個高於它的依據，所以得出了生命毫無意義的悲觀結論。「依『求生存的意志』之教條去尋找真理必然落空，這種意志是沒有的！因為不存在者，便不能有願望；已在生存中者，又豈能向生存有願望！只是凡有生命之處，便也有意志，然而不是求生命的意志，而是求強力的意志！」強力意志也還是生命意志，然而它追求的不是生命自身，而是使生命得以超越自身的強力，這種對於力量之強大的渴求恰恰表現了生命永不枯竭的本性，所以尼采稱強力意志為「永不枯竭的增殖著的生命意志」，並認為它是「生命的核心」。68

66《快樂的科學》349。KSA，第3卷，第585～586頁。
67參看《偶像的黃昏》：〈一個不合時宜者的漫遊〉14。KSA，第6卷，第120頁。
68《查拉圖斯特拉如是說》：〈自我超越〉。KSA，第4卷，第147～149頁。

其次，意志就是支配，「在意志的每個動作中都有一個支配著的思想」69，而這意味著意志本身即是內在的強力，它包含著命令和服從的必然性。「求強力」不是意志的附屬物，不是從外面給意志設定的目標，而是意志的本質之所在。在尼采看來，意志不同於純粹欲望，後者只是意志的損耗。叔本華恰恰混淆了兩者，所以才得出了否定意志的結論。一種不求增強自身力量、但求滅寂自身的意志完全是自相矛盾，無異於說意志不是意志。

由此可見，強力意志概念實際上是尼采對於生命、意志、生命意志的本質的一種說明。在他看來，求力量之增強既是生命的本質，又是意志的本質，從而也是生命意志的本質。通過這一說明，尼采為在叔本華那裡無目的無意義的生命意志確定了目的和意義。

強力意志概念在尼采哲學中占有中心地位。一方面，它獲得了本體的意義，尼采用它來說明無機界、有機界和人類社會的一切現象，把萬物生生不息的永恆生成歸結為強力意志。「把存在性質的印記打在生成之上——這就是最高的強力意志。」「這個世界就是強力意志，豈有他哉！」70另一方面，它獲得了最高價值尺度的意義，尼采用它來衡量人類的一切精神文化價值，把真、善、美的評價都看作強力意志的產物。

然而，作為一個人生哲學家，尼采提出強力意志說終歸是為了給人生意義問題一個解答。世界不是但求自我保存的消極生命的堆積，而是「一個奔騰氾濫的力的海洋」，是「永遠在自我創造、永遠在自我毀滅的酒神世界」。它在永恆的生成變化中「肯定自己，祝福自己是永遠必定回來的東西，是一種不知滿足、不知厭倦、不知疲勞的遷化」。[71]那麼，生命的肯定者也應當秉承這世界本體的精神，不是消極地但求生命的保存，而是積極地從事創造，成為精神上的強者。生命的意義不在於活得長久，而在於活得偉大，活得高貴，活得有氣魄。強力意志說所宣導的，首先是這樣一種奮發有為的人生態度，用尼采的譬喻來說便是：「最美好的都屬於我輩和我自己；不給我們，我們就自己奪取：最精美的食物，最純淨的天空，最剛強的思想，最美麗的女子！」[72]總之，一切都要最好的，在一切方面成為最優秀者，最強者。為了成為最優秀者，最強者，必須有自強不息的精神。一個人是否足夠堅強有力，主要看他能否支配自己。「誰不能命令自己，誰就應當服從。有些人能命令自己，可是離服從自己還差得很遠。」[73]這種人決不是強者。強者還應當熱愛戰鬥，在「生活的戰爭學校」裡磨練。他沒有可蔑視的仇敵，卻有值得他驕傲的仇敵。他不畏挫折，未能殺死他的，使他變得更堅強。他很驕傲，而在驕傲受傷時，又生出比驕傲更強大

69《善惡的彼岸》19。KSA，第5卷，第32頁。
70《強力意志》617節，696。
71《強力意志》696。
72《查拉圖斯特拉如是說》：〈晚餐〉。KSA，第4卷，第355頁。
73《查拉圖斯特拉如是說》：〈舊榜和新榜〉。KSA，第4卷，第250頁。

的東西。他有力量奪取的，決不忍受別人給予。爭優勝，能自制，愛戰鬥，富於進取精神，這就是求強力的意志所追求的人生。尼采所要求的是一種富於力感的人生：有力感，才有生命感，才能充分感受和享受生命。「快樂無非就是阻礙對於力感所造成的一種刺激……使力感因而高漲。因此一切快樂都包含著痛苦。」[74]強力意志又顯出了酒神精神的原型。人生的意義全在於生命力最高限度的發揚，痛苦和刺激提高了生命力，加強了力感和生命感，因而也化作了快樂。生命的本質在於強力，追求並且體驗這種強力，也就實現了生命的意義。

永恆輪迴和命運之愛

在尼采哲學中，永恆輪迴的思想引起了許多爭論。有人認為，這一思想是尼采純粹個人的、宗教式的執信，與強力意志說不可並存，不必加以重視。有人認為，這一思想是尼采的一種幻覺，尼采是在這幻覺的折磨下瘋狂的。海德格卻認為，永恆輪迴說與強力意志說有著最內在的統一，忽視永恆輪迴說，就不能正確把握強力意志說的形而上學內容。[75]

尼采自己對於永恆輪迴說異常重視，把它稱為「最深刻的思想」、「沉思的頂峰」。一八八一年八月，這一思想孕育之際，他給朋友寫信說：「一種思想出現在我的視野中，我還不曾見過與它相像的東西……」[76]後來他回憶這個時辰，說他當時的「口味」發生了「突然的深刻的改變」。[77]

永恆輪迴的思想在《朝霞》中已經萌芽，在《快樂的科學》和《查拉圖斯特拉如是說》中作了明確的表述。不管尼采本人開始和後來如何評價這一思想，我們發現，他在陳述這一思想之時，是懷著一種恐怖心情的。

在《快樂的科學》中，尼采把這一思想稱作「最大的重負」，並且讓一個魔鬼在你最孤寂的寂寞中向你說出它來：「這生活，如同你現在經歷和曾經經歷的，你必將再一次和無數次地經歷它；其中沒有任何新東西，而是每種痛苦，每種快樂，每種思想，每種歎息，你生活中一切極細小和極重大的事，都必定對你重現，而且一切都按著相同的排列和順序——就像這樹叢裡的蜘蛛和月光，就像這瞬間和我自己。生存的永恆沙漏將不斷地轉動——而你這微塵中的微塵與它相伴隨！」[78]

74《強力意志》286。
75參看海德格：《尼采》，倫敦，1981，第1卷，第18～23頁。
76致加斯特，1881年8月14日。轉引自雅斯貝爾斯：《尼采導論》，第48頁。
77遺稿。GA，第15卷，第85頁。
78《快樂的科學》341。KSA，第3卷，第570頁。

《查拉圖斯特拉如是說》多次談到永恆輪迴，每一次都帶著夢魘的恐怖氣氛。第一次，查拉圖斯特拉聽到一個預言家如此預言：「一切皆虛空，一切皆相同，一切皆曾經有過！」於是他心懷悲傷，飲食俱廢，接著做了一個惡夢，夢見棺材裂開，迸發出千種轟笑。[79]第二次，查拉圖斯特拉對「重力的精靈」談論永恆輪迴，承認他「懼怕」這個思想，如同做了惡夢，夢醒後獨自「在最恐怖的月光中恐怖」。他稱這思想為「最孤寂的人的幻覺」。[80]第三次，這一思想從查拉圖斯特拉的鷹和蛇口中說出：「萬物消逝，萬物復歸；存在之輪永遠轉動。萬物死滅，萬物復興；存在之年永遠運行。萬物碎裂，萬物復合；存在之祖宅永遠重建。萬物分離，萬物復聚；存在之環永遠忠於自己。存在始於每一瞬間；彼處之球體環繞每一此處旋轉。處處是中心。永恆之路是彎曲的。」[81]它們稱查拉圖斯特拉是「永恆輪迴的教師」，說這是他的「命運」，同時也是他的「危險和疾病」。查拉圖斯特拉默認了，並說這是他的「大痛苦」。[82]

事實上，永恆輪迴並非尼采的創造，尼采所崇拜的古希臘哲學家赫拉克利特就主張過宇宙按照「大年」（由一萬零八百個太陽年組成）而永恆迴圈。尼采自己後來也承認了這種淵源關係。

問題在於，為什麼尼采如此看重這個思想，這個思想又為什麼像夢魘一樣纏著尼采，給他帶來如許恐怖和苦惱呢？如果我們把這個思想放到尼采整個人生探索的背景中來考察，答案就清楚了。

在《查拉圖斯特拉如是說》中，有一支〈墳墓之歌〉，實際上是尼采對自己的青春的悼念。其中說道：青春的夢想和美景，愛的閃光，神聖的瞬間，對幸福的眺望，都過早地消逝了。我的仇敵蠱惑了我最寵愛的歌人，使他奏一曲最可怕的哀歌，用這哀歌刺殺了我的狂歡。可是，我的最高的希望尚未實現，甚至尚未說出，我對此如何能忍受？我如何痊癒並克服這樣的創傷？我的靈魂如何從墳墓中復活？是的，我心中有一種不可摧毀的力，那就是我的意志。它默默前進，不屈不撓，千載不變……[83] 尼采在這裡說的正是叔本華的悲觀主義哲學刺殺了他的青春的夢想和快樂，而他一輩子都在用他那不屈不撓的意志克服這創傷。可是，我們看到，這是一個不癒的創傷，尼采骨子裡始終是一個悲觀主義者。

誠然，尼采為了克服這創傷，曾經花費極大的努力，他的酒神精神和強力意志哲學正是這種努力的產物。然而，在他內心深處，對於人生是否真有意義仍然是懷疑的。「……只有一個世界，這個世界虛偽，殘酷，矛盾，有誘惑力，無意義……這樣一個世界是真實的世界。為了戰勝

79《查拉圖斯特拉如是說》：〈預言家〉。KSA，第4卷，第172頁。
80《查拉圖斯特拉如是說》：〈幻覺與謎〉。KSA，第4卷，第198、200、202頁。
81《查拉圖斯特拉如是說》：〈痊癒者〉。KSA，第4卷，第272～273頁。
82《查拉圖斯特拉如是說》：〈痊癒者〉。KSA，第4卷，第275～276頁。
83參看KSA，第4卷，第142～145頁。

這樣的現實和這樣的『真理』，也就是說，為了生存，我們需要謊言……為了生存而需要謊言，這本身是人生的一個可怕復可疑的特徵。」[84]他還說，悲觀主義是真理，但是人不能靠真理生活。[85]原來，世界和人生本身是無意義的，意義是人賦予的，是人為了生存替自己編造的謊言。

在尼采之前，目的論的宇宙觀早已被推翻，科學家們自得於對宇宙的機械說明。可是，一個熱愛人生的人如何能忍受這樣一個無意義、無目的的世界？難道人類和每一個活生生的個人都是這世界上的純粹偶然的現象，並且終歸要永劫不復地被毀滅掉？尼采自己說：「為了抵制一種全面崩潰和不知將伊於胡底的令人癱瘓的感覺，我提出了永恆輪迴的思想。」[86]他試圖通過輪迴之環，把人與永恆結合在一起。[87]

然而，歸於虛無不可接受，永恆輪迴就可以接受了麼？這真是人生的一大二律背反。一切都照原樣重複一次、兩次乃至於無數次，沒有任何新東西產生，這會使人多麼厭倦，世界的意義何在？人生的意義何在？倘若你現在所做的一切，都不過是重複永恆的過去和未來無數次出現的你所做的，你的奮鬥和創造，你的痛苦和歡樂，豈非全屬無謂而令人沮喪？

尼采提出永恆輪迴說，論據類似於能量守恆定律。他說，世界是一種流轉易形而總量不變的力，置於一定的空間中，因而其組合不可避免地具有重複性。[88]這個論據能否站住腳，且不去說，重要的是他本想藉此逃避人生虛無的陰影，結果卻又陷入了更可怕的夢魘。為了擺脫這個夢魘，尼采訴諸他的「命運之愛」。他勉勵自己，不但不逃避必然，而且接受必然，愛命運，如此永遠做一個肯定者。[89]

正是出於「命運之愛」，尼采愈來愈把永恆輪迴的思想同酒神精神和強力意志結合起來，賦予一種樂觀的色調。他解釋說，肯定萬物的變動和毀滅，肯定矛盾和鬥爭，生成的觀念，酒神哲學中的這一決定性因素，使他達到了永恆輪迴的結論[90]；永恆輪迴是「肯定所能達到的最高公式」。[91]世界是永恆輪迴的強力意志，永恆輪迴恰好證明了力的豐盈和生命的不可摧毀。[92]

但是，永恆輪迴說畢竟罩著悲觀主義的濃密陰影。叔本華的生命意志滅寂說與尼采的強力意

84《強力意志》853。
85參看《強力意志》853；又參看GA，第14卷，第368頁。
86《強力意志》417。
87參看《查拉圖斯特拉如是說》：〈七印記〉1。
88參看《強力意志》696。
89參看《快樂的科學》276。又參看《看哪這人》：〈我為何如此聰明〉10。
90參看《看哪這人》：《悲劇的誕生》3。
91《看哪這人》：《查拉圖斯特拉如是說》1。KSA，第6卷，第335頁。
92參看《強力意志》696。

志永恆輪迴說貌似相反，實則是悲觀主義的兩端。尼采提倡強力意志說原本要給生命一種意義，一種目的，使生命在力的追求中超越了自身，有新的創造。然而，永恆輪迴卻斷絕了超越和創造的可能性。當尼采強調唯有肯定了永恆輪迴之命運才算達到了最高的肯定時，他實際上是說，生命本無意義，人生的肯定者應當按照生命的本來面貌接受生命，把這無意義的生命原原本本地接受下來。在你清醒地看到生命無意義的真相之後，你仍然不厭倦它，不否棄它，依然熱愛它，祝福它，到了這一步，你方顯出你的悲劇英雄的本色，達到了肯定人生的極限。這裡面有一種悲壯的氣概，但是不可否認，悲壯之後也隱藏著一種絕望的沮喪。

尼采終究是矛盾的。當我們循著他的思想線索繼續前進時，我們將常常發現這一點。他提倡思想家應當不斷與自己作戰，他自己就是這樣做的。人們在他的興奮中可以看出一種病態，在他的悲觀中又可以聽出一種激昂。他從深谷攀登上高峰，可是深谷仍然包圍著他。每個思想家的道路上都佈滿著陷阱，我們要提防自己不落入他的陷阱，但是誰有權利嘲笑他曾經落入陷阱呢？任何人都可以否認尼采哲學的任何一個論點，可是沒有人能夠否認，他真誠地思索過人生，他是人生道路上的一位真誠的探索者。

第四章　人——自由——創造

人是一個試驗
意願使人自由
評價就是創造

有著一千條無人走過的路、一千種健康和一千座隱蔽的生命之島。人和人的大地始終未經深究，未被發現。

——尼采

人是天生的猜謎者。他的驚奇的目光所至，無處不是謎，而他置身於其中的宇宙就是一個永恆之謎。可是，到頭來他總是發現，最大的謎還是他自己。人的心靈神游乎四海之外，最後又回到自身，對世間這最奇妙的現象凝神思索。

以探索人生意義為使命的尼采哲學，對於人性問題當然也不能不做出自己的回答。事實上，「人怎樣生活才有意義」這個問題，與「人是什麼」的問題有著最內在的聯繫。一個哲學家對於人生意義的選擇必定以他對人性的某種理解為依據，同時他對人性的理解也必定體現出他關於人生意義的價值觀念。

尼采關於人說過許多悲憤乃至輕蔑的話，如果我們斷章取義地摘出這些話，難免會造成一種印象，認為尼采是一個敵視人類的反人道主義者。然而，這並不符合事情的真相。尼采誠然對人的現狀極為不滿，這種不滿甚至成為他的哲學思考的一個重要出發點。但是我們應該看到，尼采的不滿並非那種冷嘲者的不滿，心中沒有理想的光，一味怨天尤人。相反，這是一位熱望者的不滿，他的不滿正是出於對人性所包含的可能性的高度估價，出於對一種真正的人的形象的熱烈嚮往。

現代西方哲學的許多流派，包括現代西方馬克思主義哲學，對於人性的看法有一個重要特點，就是強調人性的未完成性、開放性和無限可能性，儘管各流派所執論據有所不同。在這一點上，尼采的人性觀恰是富有現代特點的。尼采人性觀的出發點就是人的本質的未定型，由此而有了人的自我超越性，人的自由和創造性。

也許會發生一個疑問：關於超越、自由和創造的思想，豈非同他的悲觀主義相矛盾？是的，的確矛盾。尼采的思想本來就是充滿著矛盾的，不過這是活生生的可以理解的矛盾。也許，在他看來，人的自由和超越的本性與世界的無意義之間的衝突，恰恰構成了人的悲劇性命運？也許，他最後把希望寄託在並不存在的「超人」身上，同樣也是化妝成希望的絕望？

「我放棄了一切，我擁有和寶貴的一切；我什麼也不再留下，除了你，偉大的希望！」[1]

1詩稿。GA，第8卷，第372頁。

「寧願絕望，勝於投降。」[2]

你看，這就是尼采。

人是一個試驗

人是什麼？可以從不同層次上回答這個問題。

從宇宙的角度來看人，尼采斷然拒絕人類中心論的觀念。「在世界上，一小滴生命對於生滅不已的汪洋大海的全部性質來說，是沒有意義的。」[3]「地球上的生命是稍縱即逝的，偶然的，是無結果的例外」，人是「渺小的曇花一現的物種」。[4]這是自然科學的冷靜眼光。這樣看人是不會有任何積極結果的，在宇宙的生成變化中，人和一切事物都只是物質的一種暫時形態。

讓我們把眼光收回到地球上，把人同他的近鄰動物進行比較。尼采說：人是「最殘酷的動物」，「最勇敢的動物」，「作著判斷的動物」，等等。[5]可是，具有本質意義的卻是：人是「尚未定型的動物」。[6]這一點之所以具有本質意義，是因為人正是藉此而同其他動物區別開來，並且戰勝了其他動物。其他動物在物種上都已固定，沒有發展的自由了。人卻不然，他沒有一成不變的既定本質，他可以自己改變自己，塑造自己，創造自己的本質。

尼采一再強調人的本質的不確定性和可塑性。他說：「我們人是唯一這樣的造物，當我們被造得不成功時，能夠把自己塗掉，就像塗掉一個病句。」[7]「人應當把自己看作一個可變的量，其能力在良好環境下也許可以達到最高程度。」[8]「人可以像園丁一樣治理自己的衝動……可是有多少人知道這於我們是自由的呢？多數人豈不是深信自己是完成了的既成事實？大哲學家們豈不是用人性不變論給這種成見蓋上了他們的印章？」[9]「在人身上，創造物和創造者統一起來了。」[10]

強調人的自我創造，這是馬克思、尼采以及許多現代哲學家的共同立場。但是，一旦追問人通過何種途徑自我創造，就發生了根本的分歧。馬克思認為，人是通過勞動自我創造的，「全部

2《查拉圖斯特拉如是說》：〈高貴的人〉。KSA，第4卷，第358頁。

3《人性的，太人性的》第2卷第2部14。KSA，第2卷，第549頁。

4遺稿。GA，第15卷，第364頁。

5參看GA，第6卷，第230、318頁；第14卷，第21頁。

6遺稿。GA，第13卷，第276頁。

7《朝霞》274。KSA，第3卷，第214頁。

8《朝霞》326。KSA，第3卷，第232頁。

9《朝霞》560。KSA，第3卷，第326頁。

10《善惡的彼岸》225。KSA，第5卷，第161頁。

所謂世界史不外是人通過人的勞動的誕生」。[11]尼采則認為，人的自我創造的途徑是評價，而且往往是錯誤的評價。他說：「如果沒有置於道德假定中的誤解，人就仍然是動物。」[12]「人是通過他的錯誤教育成的：第一，他總是不完全地看自己；第二，他給自己加上虛構的特徵；第三，他在一種對動物和自然的錯誤等級秩序中感覺自己；第四，他不斷發明新的價值表，並在一段時間裡把它當成永久和絕對的，於是，時而這種時而那種人類的衝動和狀態居於首位，因為這種評價而被高貴化了。如果除去這四種錯誤的作用，也就沒有了人道、人性和『人的尊嚴』。」[13]

尼采沒有去考察人性形成的客觀社會機制，他注重的是人性形成的內部心理機制。在他看來，既然人是未定型的動物，面臨著向各種不同方向發展的無限可能性，那麼，究竟向何種方向發展，何種可能性得到實現，就取決於人自己的價值定向，評價就具有了決定性的意義。評價，也就是賦予意義，賦予生命以目的。動物只有求生的本能，它只是「盲目而愚昧地執著於生命，沒有任何更高的目的」[14]。人則不然，他要賦予生命以高於生命的目的，他要肯定自己在宇宙中的價值。尼采對於人的這個特徵有著矛盾的評價。一方面，他認為這是人的幻想和錯覺，是人對自己說謊。用宇宙生成變化的眼光看，人毫無價值，可是人偏要誤解自己，以為自己是「不自由的世界上的自由者」，「永恆奇跡的製造者」，「超動物」，「準上帝」，「造物的意義」，「宇宙之謎的謎底」，等等。[15]這樣，人就是「不斷說謊的、藝術的、不透明的動物」。[16]另一方面，尼采又認為這樣的說謊乃人性之必需，人正是通過幻想和誤解而成為人的。生命本無意義，要賦予它以意義，怎麼能不說謊？「為了生活，我們需要謊言」。「『生命應當產生信仰』，如此提出的任務是艱巨的。為了解決這個任務，人必須出自本性地已經是個騙子。」「誤解人生的性質，這是在道德、科學、虔信、藝術所有這些東西背後的最深最高的祕密意圖。」[17]問題在於，人必須為自己的生活確立一個目的，賦予自己的生存以超生物學的意義，他才能像人那樣地生活；當他的生存缺少一個目的、一種意義之時，他就感到自己只是動物。用自然的眼光看，這樣的目的、意義是謊言，是人的自我欺騙。可是，就算是自我欺騙，卻也有其並非虛幻的作用。幻想也能成為真實的動機，產生實在的效果。「通過對自己的起源、自己的獨特、自己的使命的誤解，通過根據這誤解提出的要求，人類抬高了自己，不斷地『超越』了自己……」[18]人類的全部文化價值體系，人

11馬克思：《1844年經濟學—哲學手稿》，人民出版社，1976，第84頁。
12《人性的，太人性的》第1卷40。KSA，第2卷，第64頁。
13《快樂的科學》115。KSA，第3卷，第472頁。
14《作為教育家的叔本華》5。KSA，第1卷，第378頁。
15《人性的，太人性的》第2卷第2部12。KSA，第2卷，第548頁。
16《善惡的彼岸》291。KSA，第5卷，第235頁。
17《強力意志》853。
18《朝霞》425。KSA，第3卷，第261頁。

性區別於動物性的全部高貴品質，實際上都建立在人的生命具有高於生命本身的目的、意義這樣一個「謊言」的基礎之上。

這裡我們應當注意，尼采所說的「謊言」、「誤解」都是從自然界的眼光來說的。他把自然界的「真理」體系與人類社會的「價值」體系區分開來，在他看來，人類中心論在自然界的「真理」體系中只是一個「謊言」，在社會的價值體系中卻是一個不可缺少的前提。如果人類不是自視過高，對於自己在宇宙中的地位懷有特殊信念，就會失去了向上的動力。隨著基督教信仰的崩壞，人類中心論已經喪失了「真理」的資格。「真理」是令人沮喪的：人類並不神聖，既非宇宙的中心，亦非萬物的目的，而只是大自然的偶然產物，並且將必然地歸於消滅。可是，人類並不因此陷於悲觀主義泥潭而不能自拔。因為，尼采解釋說，悲觀主義是「真理」，但「真理」並非最高的價值標準。對於人類來說，求假象、求幻想、求欺騙的意志比求真理、求現實、求存在的意志更深刻，更本原，更「形而上」。[19]人必須有意義才能生存，他也就果然發現了意義。人的這種尋求意義的天性是任何悲觀主義的「真理」摧毀不了的。

人的未定型性和尋求意義的執拗性正是人的偉大之處。「他必定比其他一切動物的總和更多地冒險，革新，反抗，向命運挑戰：他，這偉大的自我試驗者，這試圖最後統治動物、自然和神祇的不知足者，貪婪者，——他，這永不馴服者，永向未來者。」[20]尼采不止一次地把人說成拿自己做試驗的存在物，人的這種特性使人成為「受苦的造物」，[21]因為在探索多方面的可能性時，必然「充滿矛盾的評價，從而充滿矛盾的動機」。[22]但是，儘管痛苦，終歸值得，人因此而更顯其偉大。

然而，人的偉大之處也正是他的危險所在。拿自己做試驗是一件嚴肅的事情，人肩負著對於自己的重大責任。每一次試驗，無論成敗，都會化為自己的血肉，成為人性的組成部分。評價和尋求意義的行為非同小可，選擇一種可能性意味著排斥了其他的可能性。本世紀美國詩人弗洛斯特有一首題為〈未選擇的路〉的短詩，大意是：黃昏的樹林裡分出兩條路，我選擇了其中一條，留下另一條待改日再走。可是我知道每一條路都綿延無盡頭，一旦選定，就不能返回，從此決定了一生的道路。個人的人生之路如此，人類的人性之路又何嘗不是如此？使尼采感慨的是，人類的試驗有著太多的錯誤：「迄今為止，精神如同道德一樣，成百次地試驗而成百次地迷誤。是的，人是一個試驗。唉，許多無知和錯誤化作了我們的軀體！」[23]人類能夠通過價值定向而選

19《強力意志》853。
20《道德的譜系》第3章13。KSA，第5卷，第367頁。
21《朝霞》425。KSA，第3卷，第261頁。
22 遺稿。GA，第15卷，第335頁。
23《查拉圖斯特拉如是說》：〈贈與的道德〉。KSA，第4卷，第100頁。

擇自己的道路，這原是人類超出動物的優越之處。可是，「在與動物的鬥爭中使人贏得勝利的東西，同時卻導致了危險的病態的發展。」[24]這裡涉及到了尼采對傳統道德的看法。他認為，傳統道德的根本錯誤在於否定生命，否定本能，導致人類的病態的虛弱。在尼采看來，人類本來應該好好利用自己的未定型，塑造出更健康更堅強的人性。本能是塑造的基礎，創造生命的意義以肯定生命為前提。可是，在傳統道德的價值觀念支配下，人類的生命力遭到壓制，本能遭到摧殘，結果人不是朝比動物強健的方向發展，反而朝比動物孱弱的方向發展了。他諷刺道：「我擔心動物把人看作它們的同類，但是以最危險的方式喪失了健康的動物理智，——看作瘋癲的動物，嬉笑的動物，啼哭的動物，不幸的動物。」[25]他常常把人喻作一種病：「地球有一層皮膚；這皮膚有病。例如其中一種病就叫做『人』。」[26]傳統價值觀念的另一重大失誤是扼殺人的探索精神和創造特性，「通過編造群氓藉以生長的種種德行」，發展「人類中的畜群」，人又重新變成業已定型的動物。[27]在尼采看來，人類在自己所面臨的種種可能性之中，應當選擇這樣一種可能性，它為新的可能性提供了更加廣闊的天地。也就是說，人應當永遠是不定型的，人的每一個自我創造的行為都同時創造出了再創造的自由。為此尼采提倡一種新型的創造者的道德，這種道德鼓勵個人的進取開拓精神。

如此看來，尼采的人性觀以肯定人的生命本能為前提，以主張人的超越性為歸宿。他之否定舊道德，正是因為舊道德同時否定了這前提和這歸宿。人要為自己的生命提供一種意義，這意義超過生命本身的意義；人的自我創造需要一個目標，這個目標高於人自身：這就是人的自我超越性。「創造一個比我們自己更高的本質即是我們的本質。超越我們自身！這是生育的衝動，這是行動和創造的衝動。正像一切意願都以一個目的為前提一樣，人也以一個本質為前提，這本質不是現成的，但是為人的生存提供了目的。」[28]它「超越人的整個族類而樹立在那裡」。[29]尼采認為，人的價值即在於超越性。「今後能使你們光榮的不是你們從何處來，而是你們向何處去！你們的意志和你們的腳願超越了你們自己，——這將成為你們的新的光榮！」[30]自我超越的目標，尼采曾以種種形象加以譬喻：猶如群鳥奮飛，前赴後繼，欲飛過大海，去到人類日光落沒的未知之地[31]；又如登山者攀登絕頂，欲飛向頭頂清澄幽深的蒼天[32]。總之，那是一個並不明確的目

24遺稿。GA，第13卷，第276頁。
25《快樂的科學》224。KSA，第3卷，第510頁。
26《查拉圖斯特拉如是說》：〈大事件〉。KSA，第4卷，第168頁。
27遺稿。GA，第14卷，第66~67頁。
28遺稿。GA，第14卷，第262～263頁。
29遺稿。GA，第14卷，第261頁。
30《查拉圖斯特拉如是說》：〈舊榜和新榜〉。KSA，第4卷，第255頁。
31參看《朝霞》575。
32參看《查拉圖斯特拉如是說》：〈日出之前〉。

標。尼采後來把它概括為「超人」，不過，連「超人」也只是一種象徵和譬喻，尼采自己並不能說清它的確切含義。其實，尼采強調的是人的自我超越性，人之為人就在於超越自己，至於超越的目標是缺如的。這裡又透露了尼采的悲觀主義隱衷。一個更確鑿的證據是，在《查拉圖斯特拉如是說》這部集中宣揚了「超人」說的著作裡，我們同時可以讀到關於「超人」之虛幻性的悲歎。在那裡，尼采把「超人」看作雲霧中的彩色玩偶，詩人的一個夢幻。33

尼采脫離人的社會歷史進程考察人性，因而不可能為人性的進步指出一個現實的方向。儘管他渴望超越和自由，可是心有餘而力不足，留給我們的只是蒼天般的迷惘和雲朵般的飄忽之感。他告訴我們，人應該永遠不滿足於現狀，人的眼光永遠要投向高處和遠處。至於如何向高處攀登，向遠處走去，那路徑卻不是他所能指點的了。

意願使人自由

決定論與意志自由論之間的爭論是哲學中最古老的爭論之一。同時，它又是最惱人的爭論之一。幾乎沒有一個哲學家不被這個問題所困擾，不在內心中和自己進行著這一場爭論。當然，這並不奇怪，因為問題本身的性質至關重要，直接關係到對人及其在宇宙中的地位的理解。在哲學史上，斷然主張絕對決定論的哲學家有之，斷然主張絕對自由論的哲學家為數微乎其微，而兩者都有著明顯的偏頗性。我們發現，許多哲學家動搖於兩者之間（如斯賓諾莎、伏爾泰由意志自由論轉向決定論），或者試圖在兩者之間尋求某種折衷和結合（如康德、費希特把人分為兩部分，現象界的人受因果律支配，本體界的人有意志自由）。有趣的是，號稱唯意志論哲學家的叔本華和尼采也都並不主張意志的絕對自由，相反是反對意志自由論的。

叔本華承繼康德，認為現象界的人並無意志自由。但是，在康德那裡，意志自由尚作為一個公設替本體界的人保留著，這種自由儘管不可證實，卻是在人的塵世的道德生活中實際顯示出來的。叔本華對於這種本體界的人的意志自由也予以否認，因為在他看來，人根本就屬於現象界，僅是世界意志的個體化形式。每個人的意志即是每個人本來的自我，都是已被決定了的既成物。問一個人的意志能否自由，就等於問他能否成為不是他的另一個人。意志唯有擺脫它的現象形式，回到本體界，作為世界意志，才是自由的。可是，在本體界中並無人的位置。所以，叔本華把人自願滅寂自己的意志從而擺脫世界意志的支配看作唯一的解救之道。

尼采否認意志自由，出發點與叔本華迥然不同。

第一，他試圖對作為一種心理能力的意志進行分析，揭示其潛在的心理機制。斯賓諾莎認

33參看《查拉圖斯特拉如是說》：〈詩人〉。KSA，第6卷，第164頁。

為，人之所以覺得意志是自由的，是因為他只能感知自己的意願，而對於決定這意願的原因一無所知。尼采贊同這一見解。他責備叔本華不曾分析過意志，其實，願望只是一種弄得非常巧妙的機械裝置，而這種機械裝置的整個運行過程往往不被我們意識到。[34] 尼采對於人的心理中的無意識領域有深刻的洞察，我們將在後面加以論述。

第二，尼采否認意志自由是為了批判基督教的倫理觀念。意志自由論強調人的意志的自律，人可以自由地決定自己的意願並且進而支配自己的行為。這一思想有兩方面的作用：一方面加重了個人對於自己行為的責任，尼采其實並不反對這一方面；另一方面卻也開脫了社會或上帝（假如有上帝的話）的責任，而把一切罪惡歸於個人，正是這方面的作用被某些基督教思想家所利用（例如奧古斯丁），因而為尼采所堅決反對。在這些基督教思想家看來，上帝是至善的，人可以秉承造物主的意旨而為善，也可以出於自己的意志而為惡，因此人必須為自己的惡行贖罪和受懲。尼采指出：「意志的學說實質上是為懲罰的目的，也就是尋找罪惡的願望而發明的……人被認為是『自由』的，以便能夠加以判決和懲治——以便能夠成為有罪的……基督教是劊子手的形而上學。」[35]

我們看到，無論康德、叔本華還是基督教，在主張或反對意志自由這一點上有別，卻有一個共同點，就是認為人有某種超驗的本質。對於康德來說，人的超驗本質即是人的「真我」（本體界的人），人因此而有超驗的意志自由。對於基督教來說，人性中超驗地包含著上界的善和下界的惡（「原罪」），人的自由是一種超驗的贖罪和皈依上帝的自由。對於叔本華來說，人作為意志的現象形式超驗地是不自由的，不自由是人的宿命。尼采卻堅決反對人有任何超驗本質的說法，他之反對意志自由，正是反對基於人的超驗本質的超驗的意志自由。根據同樣理由，他也反對超驗的決定論。

尼采寫道：「我們的學說是什麼呢？——沒有誰能把人的特性給予人，無論上帝，社會，還是他的父母和祖先，以及他自己……沒有誰可以對下述情形負責：他存在了，他是這樣的和被造成這樣的，他在這樣的環境中生活。他天性的命數不能由一切已然和將然的命數來解決。他不是一個意圖、一個意願、一個目的的產物，不能用他嘗試去實現一種『人的理想』或『幸福的理想』或『道德的理想』，——想要按照任何目的鑄造他的天性是荒謬的。我們發明了『目的』概念，實際上目的缺如……某人（Man）是必然的，某人是命運的一片斷，某人屬於全，某人在全之中，——沒有任何東西能判決、衡量、比較、責難我們的存在，因為這意味著判決、衡量、比較、責難全……然而無物在全之外！——沒有人再要對存在的種類不可追溯到一個第一因負責，對世界是既非感覺又非『精神』的統一體負責，這才是偉大的解放，——生成之無罪由此才確立

34參看《快樂的科學》127。

35《偶像的黃昏》：〈四種大謬誤〉7。KSA，第6卷，第95頁。

起來……『上帝』概念迄今是對生存的最大異議……我們否認上帝，我們否認對上帝的責任：我們以此才救贖了世界。」36

這段話值得加以完整的摘引，因為它對於我們理解尼采的人性觀和自由觀實在是太重要了。其要點是：第一，人沒有任何超驗本質，沒有任何先天或後天的既定本質，上帝不必說，社會的影響，祖先的遺傳，乃至每人自己的經歷，都不能把一成不變的「人的特性」給予人；第二，人也沒有任何超驗的目的；第三，每個人都屬於不斷生成變化的宇宙之「全」，生成是無罪的，人並無任何超驗的罪惡以及贖罪的責任。

結論是什麼呢？

人沒有超驗的本質，因而也就沒有超驗的自由和不自由，因而也就有了非超驗的自由，他在任何時候都可以重新創造自己的本質。人沒有超驗的目的，目的是缺如的，因此目的要由每個人自己來確立。最重要的是，人沒有超驗的罪惡，宇宙的生成變化超於善惡之外，並無一個道德目的，被抛到這個生成之流中來的個人同樣超於善惡之外，在他頭頂上並無一個「絕對命令」或至高無上的道德準則，他的行為全由自己決定，自己衡量。以某種超驗的道德目的為歸宿的超驗的意志自由終止之處，非超驗的因而也是真正的自由的地平線呈現在眼前了。

歷來意志自由的命題都是為論證人的道德責任服務的，尼采要否定的是這樣的意志自由。在他看來，恰恰在道德領域內，人的一切意願和行為都是可以用決定論加以說明和得到辯護的，因而不能允許借意志自由之名加人以罪責。但是，一旦超出道德的領域，當個人的意志真正秉承了世界意志生成變化之真諦，意志反而有了自由。這就是創造的意志。

尼采把宇宙的生成變化看作世界意志的創造行為，與此相應地，也把人的創造行為看作個人意志對於宇宙生成變化的自覺體現。所以他說：時間和生成是「一切無常的讚美和辯護」，而創造者則是「一切無常的代言人和辯護人」。創造者的意志永遠嚮往著生成，生成即是自由。在這個意義上，他說：「意願使人自由：這是意志與自由的真義。」[37]

尼采一再說，意志是一個「解放者」、「創造者」，「你能夠，因為你意願」，「意願解放人，因為意願就是創造」。[38] 他之所以如此強調意志和意願的作用，是因為在他看來，傳統的倫理道德恰恰阻止人們意願，扼殺了自由的可能性，因而敢於意願是爭取自由的先決條件和決定性一步。一切既定的關於善與惡的評價淩駕在人類頭上，向人類發出「對於奴隸的箴言」：「你應當，因為

36《偶像的黃昏》：〈四種大謬誤〉8。KSA，第6卷，第96～97頁。
37《查拉圖斯特拉如是說》：〈在幸福島上〉。KSA，第4卷，第110～111頁。
38 參看GA，第6卷，第206、208、295、301頁。

你不能不！」「你們不應當意願！」[39]習慣的力量如此強大，使得意志這個解放者自己也成了「囚徒」。這束縛著意志的牢獄便叫做「它已經如此」。傳統的價值體系已是既成事實，借助歷史的墮性緊緊束縛著人們的意志。「意志不能向後意欲；不能割斷時間和時間的貪欲——這是意志的最孤獨的苦惱。」[40]這裡似乎面臨了必然與自由的古老的二難推理：某一意願本身是一系列因果關係的產物，而要改變這因果系列的方向又須首先有此改變的意願。解放者自己是個囚徒，誰來解放解放者呢？尼采的回答是：解放者自己解放自己，意志自己解放自己，這解放的方式便是把「它已經如此」變為「我願它如此」。[41]這無異於說，既成的一切不再是與我的意志無關的，相反是我的意志所意願的，因而也可以由我的意志來改變。囚徒一旦把牢獄看成是他自己製造的，他也就有勇氣把它拆除，成為真正的解放者了。尼采的本意是要指出，意志本身就構成價值世界因果聯繫的關鍵一環，創造者的意志把一切既成價值置於自己的意願之下，從而可以著手改變。

當然，既然可以「我願它如此」，那麼也可以「我願它不如此」，關鍵是要使意志認識到自己的力量，並非提倡一種阿Q式的精神勝利法。尼采曾經形象地諷刺這種精神勝利法。一個人停不住車輪，便說：「我要它轉。」另一個人打架時被打倒在地，便說：「我要躺在這裡。」[42]這樣的「我要」不過是對意志與自由的嘲笑。

那麼，在尼采看來，自由的含義究竟是什麼呢？

《查拉圖斯特拉如是說》的第一篇是〈精神的三種變形〉，我們不妨看作是尼采對於精神獲得自由的三個階段的描繪，同時也可看作自由的三個規定性。

首先，精神是駱駝，強健而能負載，「它的強健要求著重的和最重的重負。」[43]這就是說，自由的前提和第一個規定性是生命本能的強健，意志的堅強有力。這與強力意志的含義一致。意志的力度決定了自由的程度，而這種力度的標誌是意志對自我的支配和對阻力的抵抗。

「你說你是自由的？我願聽你的支配的思想，而不是你從軛下逃脫了。」不能支配自己的人應當服役，一旦離棄了他的服役就失去了他的全部價值。所謂支配自己就是：「你能給你自己以你的惡和你的善，將你的意志如同法律高懸在你之上嗎？你能做你自己的法官和你的法律的復仇者嗎？」[44]尼采認為，意志軟弱者無權自由，不能命令自己和服從自己的人應當受令於人和服從別人。「你們要支配自己是太軟弱了，所以應該有一專制暴君來駕馭你們，吆喝道：『聽話！』

39《查拉圖斯特拉如是說》：〈舊榜和新榜〉。KSA，第4卷，第253、258頁。
40《查拉圖斯特拉如是說》：〈拯救〉。KSA，第4卷，第180頁。
41《查拉圖斯特拉如是說》：〈拯救〉。KSA，第4卷，第180頁。
42《朝霞》124。KSA，第3卷，第116頁。
43 KSA，第4卷，第26頁。
44《查拉圖斯特拉如是說》：〈創造者之路〉。KSA，第4卷，第81頁。

『推磨！聽話！』——一切善惡都應淹沒在對他的服從之中。」[45]在尼采看來，人類的大多數始終未成熟到可以自由的程度，所以「始終還是少數人的時代」。[46]重要的不是「從何而自由」，而是「為何而自由」。[47]許多人並無創造的意願，把自由理解為擺脫一切責任，結果所謂的「自由」一旦到手，精神倍感空虛。現代西方社會中不是已經響起「逃避自由」的呼喊了嗎？

尼采認為，自由決非放任，把自由視同放任也是本能衰退的表現。「什麼是自由？就是一個人有自己承擔責任的意志；就是一個人堅守分離我們的距離；就是一個人變得對艱難、勞苦、匱乏乃至對生命更加不在意；就是一個人準備著為他的事業犧牲人們包括他自己。自由意味著男性本能、好戰喜勝本能支配其他本能，例如支配『幸福』本能。」[48]

尼采反對從道德立場來追究自由意志的責任，可是，只要不是把自由理解為放任，自由就必然意味著責任。那麼，向誰負責呢？尼采提出了「自我責任」的概念。每個人應當向自己負責。他也曾談到對生命負責，每個有幸得到生命的人應該給生命以最好的報答。更嚴重的責任是從永恆輪迴的角度提出來的：你的每一個行為都必須值得在無限的未來重複無數次。「你願意再一次並且無數次地這樣嗎？」這個問題是加在行為上的最重的負擔。[49]生成之無罪替人解除的道德責任，又由永恆輪迴的宿命重加於人了。不過，這樣論證責任問題顯然是勉強的，輪迴不自你此刻的行為始，毋寧說你此刻的行為只是過去無數次發生過的行為的重複，自由何在，責任又何在呢？莫非自由和責任本身僅是與命運、與輪迴的因果鏈條的抗爭？

意志的力度和自由度不僅表現在自我支配和自我責任，而且表現在與阻力抗爭。「自由人是戰士。——在個人抑或在民族，自由依據什麼來衡量呢？依據必須克服的阻力，依據保持在上所付出的努力。自由人的最高類型必須到最大阻力恆久地被克服的地方去尋找：離暴政五步遠，緊挨被奴役的危險。」[50] 許多人把自由理解為阻力的不存在，尼采的看法恰恰相反。自由存在於克服阻力的過程之中：沒有阻力，即沒有自由；阻力越大，自由也越大；阻力一旦被克服，自由便結束，需要新的阻力以實現新的自由。人類之所以是自由的動物，正是因為人類需要與最嚴酷的命運抗爭才能生存和發展。在這裡，自由也就是生命力的振奮與陶醉，恰與尼采的人生哲學是一脈相通的。

總之，自由的第一個規定性是力量，是意志的堅強有力。

---

45 遺稿。GA，第12卷，第274頁。
46《人性的，太人性的》第2卷第2部。GA，第3卷，第371頁。
47《查拉圖斯特拉如是說》：〈創造者之路〉。KSA，第4卷，第81頁。
48《偶像的黃昏》：〈一個不合時宜者的漫遊〉。KSA，第6卷，第139頁。
49《快樂的科學》第341節。KSA，第3卷，第570頁。
50《偶像的黃昏》：〈一個不合時宜者的漫遊〉。KSA，第6卷，第140頁。

其次，精神是獅子，它要奪得自由，成為自己的沙漠之王。為了自由，首先要戰勝原來的王——巨龍「你應」，即一切既有的評價，而喊出「我要」，如此「給義務一個神聖的否定」，「為新的創造創造了自由」。[51] 自由的這一個方面是否定性的，是意志通過它的意願否定現有的價值體系。「同他的過去決裂（反對祖國、信仰、父母、同事），同被驅逐者交往（歷史上的和社會上的）；推翻被尊敬的，贊同被禁絕的……」[52] 所以，自由的第二個規定性是評價，是意志擺脫一切既有價值而獨立。

最後，精神是赤子，它給生命一個「神聖的肯定」，從事「創造的遊戲」。[53] 創造，意志通過創造而投入生成，與世界意志相融合，這是自由的第三個規定性。

力量是自由的前提，評價和創造是自由的真義。要把握尼采的人性觀和自由觀，關鍵是弄清他對評價和創造的看法。

評價就是創造

歌德說過，創造是人的天性的最內在的性質。在這一點上，尼采繼承了歌德的傳統。在他看來，如果要用一個詞概括人的本質和使命，那就是「創造」。創造是人的本質的存在方式，是人的本質的實現，是人生意義之所在。

自由可以歸結為創造。「只有在創造中才有自由。」[54]

超越可以歸結為創造。「作為創造者，你超越了你自己——你不再是你的同時代人。」[55]

幸福可以歸結為創造。「唯一的幸福在於創造。」[56]「我們的幸福不在於認識，而在於創造。」[57]

認識可以歸結為創造。「人們甚至不該去認識一個事物，除非能夠創造了它。同時，如果想要認識一些真實的東西，這也是唯一的手段」。[58] 求真理的意志即創造的意志，它要「一切轉變

51《查拉圖斯特拉如是說》：〈三種變形〉。KSA，第4卷，第30頁。
52遺稿。GA，第13卷，第41頁。
53《查拉圖斯特拉如是說》：〈三種變形〉。KSA，第4卷，第31頁。
54遺稿。GA，第12卷，第251頁。
55遺稿。GA，第12卷，第252頁。
56遺稿。GA，第12卷，第361頁。
57遺稿。GA，第10卷，第146頁。
58遺稿。GA，第10卷，第410頁。

成為人可想之物，人可見之物，人可感知之物」。人用他的理智、概念、意志、愛創造了人自己的世界。[59]

尼采把創造看作「痛苦的大解救和生命的慰藉」，儘管作為一個創造者，自己必定備嘗更深的痛苦，歷盡更多的變難，但這是值得的，創造的人生是最值得一過的人生。他滿懷深情地寫道：「我經歷了一百個靈魂，一百個搖籃，一百次分娩的陣痛。我經受了許多回訣別，我知道最後一刻的心碎。可是我的創造的意志、我的命運甘願如此。或者更確切地說，正是這樣的命運為我的意志所意欲。」[60]

創造是人的最大驕傲，在創造者面前，沒有上帝和神的立足之地。「倘若有神，我如何能忍受不做一個神！所以神是沒有的。」創造的意志「引我遠離上帝和神；倘若有神存在，如何還能創造！」[61]

那麼，究竟什麼是創造呢？我們發現，尼采又把創造歸結成了評價。「評價就是創造……評價本身就是被評價之物的財富和珍寶。評價然後才有價值；沒有評價，生存之果是空的。」[62]他稱創造者是粉碎舊的價值榜、「把新價值寫在新榜上的人」[63]，是「發明自己的道德的人」[64]。他說：「還沒有人知道什麼是善惡，除了創造者！創造者是創造人類的目標並給大地以意義和未來的人，他首先創造了善和惡。」[65]

這裡的問題涉及到尼采對於人與周圍世界的關係的基本看法，也就是涉及到尼采的哲學認識論觀點。尼采是不承認客觀真理的。他認為，人與周圍世界的關係只是一種價值關係，真理只是一種價值判斷，認識只是評價。人僅僅從自己的需要出發去認識事物，人出於本性就是價值動物。「一定要有一堆信念，必須要有所判斷，要對一切重要的價值沒有懷疑：這是一切生物及其生存的前提。因此必要的是必須把某物看成真的，而不是某物是真的。」「我們是把我們的保存條件投射出去，當成了一般存在的屬性。」[66]人就這樣為自己創造了一個價值世界。所以尼采說：「今日世界上任何有價值的東西，都不是因其本性而自在地有價值的——本性總是沒有價值的——而是一度被給予和贈與價值的，我們就是這給予者和贈與者！我們首先創造了這個世

59《查拉圖斯特拉如是說》：〈在幸福島上〉。KSA，第4卷，第109～110頁。
60《查拉圖斯特拉如是說》：〈在幸福島上〉。KSA，第4卷，第111頁。
61《查拉圖斯特拉如是說》：〈在幸福島上〉。KSA，第4卷，第110、111頁。
62《查拉圖斯特拉如是說》：〈一千零一個目標〉。KSA，第4卷，第75頁。
63《查拉圖斯特拉如是說》序。KSA，第4卷，第26頁。
64《查拉圖斯特拉如是說》：〈創造者之路〉。KSA，第4卷，第82頁。
65《查拉圖斯特拉如是說》：〈舊榜和新榜〉。KSA，第4卷，第247頁。
66《強力意志》272。

界，這個和人有某種關係的世界！」[67]他進而給人下了一個新的定義：人是評價者。「人首先把價值置於事物中以維護自己，——他首先為事物創造出意義，一種人類的意義！因此他稱自己為『人』，即評價者。」[68]

由我們的眼光看，尼采似乎誇大了認識中的價值成分，而抹煞了其中的科學成分。但是，尼采的著眼點是人生。他認為，對於人生來說，是否精確地看清世界的真相並不重要，價值觀點卻具有頭等重要的意義。「趣味和口味無可爭論嗎？但全部人生就是趣味和口味的爭論！」[69]因為趣味，也就是評價，恰恰決定了人生的道路，決定了人類的發展方向。

然而，問題仍然存在：評價究竟有沒有一個客觀標準？尼采是從兩個不同的層次上來解決這個問題的。

從宇宙生成變化的角度看，人並無一個超驗的目的，「目的的安排是一種幻覺」。目的的缺如，意味著評價標準的缺如。一切價值都是相對的，一切目的都是人為的，在宇宙本體中找不到任何根據。在這個意義上，尼采說：「一切都是假的！什麼都可以做！」[70]人作為評價者有著按照任何目的來塑造自己的充分自由。尼采以這種方式論證了創造的自由。

從生命的角度看，評價又有客觀的標準，這標準就是生命本身。既然人類是為了自身的生存和發展而同外界發生認識關係即價值關係的，那麼，促使生命力強健的便是善，導致生命力衰退的便是惡。這樣，求強力的意志就成了尼采所承認的最高的價值標準。

在尼采看來，既往的評價恰恰背離了這個標準，所以他要求創造者首先做一個破壞者。「那必須在善與惡之中做一個創造者的人，真的，他必須首先做一個破壞者，粉碎一切價值。所以最高的惡屬於最高的善，然而這是創造的善。」[71] 但是，尼采反對無創造的純粹破壞。他指出：我們「只是作為創造者」才能夠破壞。[72] 他警告創造者，要防止變成一個傲慢者，冷嘲者，純粹的破壞者。[73] 為了避免這種結局，創造者必須有信念和愛。「誰必須創造，誰就始終有他的真理之夢和北斗星——他的堅定信念！」[74] 一切創造者都把他自己奉獻給他的愛。[75] 這便是「創造者、

67《快樂的科學》301。KSA，第3卷，第540頁。
68《查拉圖斯特拉如是說》：〈一千零一個目標〉。KSA，第4卷，第75頁。
69《查拉圖斯特拉如是說》：〈高超的人〉。KSA，第4卷，第150頁。
70《強力意志》294。
71《查拉圖斯特拉如是說》：〈自我超越〉。KSA，第4卷，第149頁。
72《快樂的科學》58。KSA，第3卷，第422頁。
73參看《查拉圖斯特拉如是說》：〈依山之樹〉。KSA，第4卷，第53頁。
74《查拉圖斯特拉如是說》：〈教化地帶〉。KSA，第4卷，第154頁。
75參看《查拉圖斯特拉如是說》：〈同情者〉。《尼采全集》第4卷，第130頁。

愛者、破壞者的偉大綜合」。76

讓我們來回顧一下。尼采對人的理解的出發點是人的未定型性，由此而有了人向各種方向發展的可能性。正因為如此，評價就有了頭等重要的意義，因為選擇一種價值就意味著實現一種可能性，從而關係到人類有何種基本面貌。自由在於創造，創造在於評價，尼采提醒我們不要忘記我們手中握有通過評價決定人類自身命運的自由。尼采關心的是人類的精神文化世界，他孜孜以求的是要改善人類的精神素質，造就一個有生機有力度的社會。在他看來，這個目標能否實現，關鍵在於人類能否樹立起一種新的價值觀念。毫無疑問，即使是人類的精神文化世界的改造，也非單靠評價的改變所能奏效的，而需要各方面條件的具備。但是，人的意志和價值定向至少作為重要的動因之一，參與了作用於歷史過程的合力，並對這一過程的走向發生影響。至於在精神生活領域中，價值觀念的意義就更大了。現代西方人精神世界中所發生的重大變化，其根本原因當然只能從社會的經濟政治變化中去尋找，但是我們難道聽不見尼采的「重估一切價值」的號召在那裡的悠久迴響嗎？

76 遺稿。GA，第12卷，第412頁。

第五章 「自我」的發現

迷失了的「自我」

成為你自己

健康的自私

你是一個自轉的輪軸嗎？

你能使星辰圍繞著你旋轉嗎？

——尼采

自從中世紀的喪鐘敲響以來，西方人的精神上似乎經歷了兩次重大發現：第一次是人的發現，第二次是「自我」的發現。

文藝復興時代，當神的虛幻光芒漸漸熄滅的時候，人的太陽升起了。人們睜開眼睛，彷彿從一個漫長的夢中醒來，驚喜地端詳自己，第一次發現自己有一副多麼美妙強壯的軀體。抬起頭來，但見拉伯雷的德廉美修道院牆上大書特書著唯一的院規：「做你自己想做的事！」想做的事有多少呵，凍結了一千年的塵世生活解凍了，活動吧，創造吧，盡情地享受吧……

曾幾何時，一種新的惘然若失之感在人們心中滋生。堆積的物質財富，喧鬧的都市生活，鐘錶式的分工，忙碌而刻板的日常活動，人們感到在其中失落了一點什麼。從前，人為自己的靈魂得救犧牲了塵世生活；現在，人為塵世生活又犧牲了自己的靈魂。好像經歷了一次否定之否定，人們重新尋找自己的靈魂，不過不是到天國去尋找，而是到自己的內心深處，尋找那真實的獨特的「自我」，那既不屬於上帝也不屬於他人的自己的靈魂。

我們看到，在現代化都市、技術裝置和大眾傳播媒介的迷宮之中，一支尋找「自我」的隊伍出發了。在這支隊伍的前列站著尼采和幾個孤零零的同路人，而他們的後繼者卻頗有浩蕩之勢了。

尼采在兩個方向上作戰。一方面，他致力於揭露現代文明社會中的自我欺騙和個性泯滅現象，大聲呼籲人們去發現自己真實的「自我」。另一方面，面對勢力仍然強大的基督教道德，這種道德被庸俗市民階層接受過來，成為壓制優秀個人和獨特個性的武器，尼采堅決為「自我」的價值辯護。

這是尼采的人性觀的重要組成部分。對於尼采來說，真實的「自我」並非隱藏在個人天性中的既成之物，而是個人自我創造的產物，更確切地說，即是這自我創造過程本身。每一個自我創造過程必是獨特的，創造豈有雷同之理？創造的過程也就是賦予價值的過程，無價值的「自我」豈能賦予事物以價值？

這又是尼采的人生觀的重要組成部分。在尼采看來，每一個人必須獨立地探求人生意義，而對人生意義的真實領會與真實「自我」的發現本是同一回事情。

迷失了的「自我」

人人都有一個「自我」嗎？尼采的回答是肯定的。

這個「自我」，甚至你想甩也甩不掉。即使在貌似客觀的認識活動中，也仍然有著你的倫理，你的誠實，你的私心，你的疲倦，你的恐懼，有著「你們整個可愛又可恨的自我」。[1]一個人的知識脫不開「自我」的界限。「無論我對認識的貪欲多麼大，除了已經屬於我的之外，我不能從事物中獲取任何別的東西，——別人的所有仍然留在事物之中。一個人做盜賊怎麼可能呢！」[2]人與人之間的理解同樣以「自我」為界限。我對你們滿懷希望，「可是如果你們沒有在自己的心靈中經歷過光芒、火焰和朝霞，你們從中能看到和聽到什麼呢？我只能使人憶起——別無所能！」[3]

人人都有一個「自我」，然而，絕大多數人都不是在為他的「真實的自我」活著，而是在為「他們周圍人們的頭腦中形成並傳達給他們的自我的幻象」活著，這是一種「偽個人主義」。[4]認識「自我」是一件最難的事。「有多少人懂得觀察！而在少數懂得的人裡——有多少人觀察自己！『每個人都是離自己最遠的人』——所有檢驗內臟的人都不快地知道這個道理；而『認識你自己』這句箴言從一位神的口中說給人聽，就近乎是一個惡作劇了。」[5]

認識自己之難，有認識方面的原因。尼采認為，真實的「自我」往往是隱藏在無意識之中的，而通常的認識方式，借助於語言，求之於思維，不但不能達到「自我」，反而歪曲了「自我」。我們用來概括我們心理狀態的語詞，多半是為某些極端狀態所取的名稱，並不能指示出我們大部分時間內所具有的不可名狀的非極端狀態，然而正是這些狀態織成了我們的性格和命運之網。[6] 我們還不自覺地尋找一般性的思想和判斷，用來事後充當我們天性的根據。[7]

社會的輿論和評價也干擾著我們的自我認識，使我們誤解了自己。例如，社會以成敗論英雄，「成功往往給一個行為抹上存心善良的絢麗光彩，失敗則給可敬的舉動投下內疚的陰影。」結果，「動機和意圖很少是足夠清晰單純的，而回憶本身有時也被行為的結果弄得混亂不堪了。」[8] 輿論的力量是強大的，它甚至可以決定一個人的命運。「我們關於自己所知道和所記得的，對於

1《朝霞》539。KSA，第3卷，第309頁。
2《快樂的科學》242。KSA，第3卷，第514頁。
3《快樂的科學》286。KSA，第3卷，第528頁。
4《朝霞》105。KSA，第3卷，第93頁。
5《快樂的科學》335。KSA，第3卷，第558頁。
6參看《朝霞》115。KSA，第3卷，第107頁。
7參看《人性的，太人性的》第1卷608。KSA，第2卷，第345頁。
8《人性的，太人性的》第1卷68。KSA，第2卷，第80頁。

我們一生的幸福並非決定性的……一旦襲來他人關於我們所知道（或自以為知道）的，這時我們就明白它是更強有力的了。」[9]在「輿論的迷霧」中，人們把「自我」的幻影與真實的「自我」混為一談，為這「自我」的幻影勞碌了一生。[10]

真實需要巨大的勇氣，認識真實的「自我」也不例外。軟弱的人往往有意無意地欺騙自己，忘掉那些不愉快的經歷和體驗。真實的「自我」之所以被壓抑到無意識的領域之中，這種「自我欺騙」起了重要作用。「人忘掉他經歷過的某些事情，有意地把它們逐出頭腦……我們不斷地致力於這樣的自我欺騙。」[11]由此造成虛假的自信。真正相信自己的人是很少的，有些人的自信不過是一種「有益的盲目」，似乎下意識地知道自己內心的空虛，避免去看透自己，以維持虛假的充實。尼采認為，真正的自信者必是有勇氣正視自己的人，而這樣的自信也必定和對自己的懷疑及不滿有著內在的聯繫。這種人的自信必須靠自己去爭得：「他們所做的一切美好、優異、偉大之事，一開始都是反對居於他們內心的懷疑者的論據，用來說服和勸導這個懷疑者的，而為此就幾乎需要天才了。這是偉大的自我不滿者。」[12]事實上，幾乎所有偉大的天才都並非天性自信的人，相反倒有幾分自卑，他們知道自己的弱點，為這弱點而苦惱，不肯毀於這弱點，於是奮起自強，反而有了令一般人吃驚的業績。

認識「自我」難，實現「自我」更難，而實現的困難又加重了認識的困難。最大的困難就在於，一個人一旦認識了「自我」，就要對這「自我」負起責任，也就是實現這「自我」，而這必然要付出重大的代價。「自我」並非少數優選者的所有物，在這個世界上，每個人都是一個獨一無二、不可重複的存在，都有著形成獨特個性的機會。尼采誠然有貴族主義的傾向，但是他並不主張人性天生不平等。「每個人都是一個一次性的奇跡……每個人直到他每塊肌肉的運動都是他自己，只是他自己，而且，只要這樣嚴格地貫徹他的唯一性，他就是美而可觀的，就像大自然的每個作品一樣新奇而令人難以置信，絕對不會使人厭倦。」[13]區別在於，有些人（例如藝術家）強烈地意識到這個獨特的「自我」，在自我創造的過程中實現了這個獨特的「自我」；而許多人的「自我」卻是一種終未實現的可能性，埋沒在非本質的存在之中了。「每個人都有他的良辰吉日，那時候他發現了他的高級自我」，但「有些人逃避他們的高級自我，因為這高級自我是苛求的」。[14]無條件地服從外來意志，例如宗教和國家，放棄自己的意志和責任，這是一種最輕鬆的處世方式。拒絕一種願望總比調節一種願望容易，放棄個性總比發展個性容易。

9《快樂的科學》52。KSA，第3卷，第416頁。
10參看《朝霞》105。KSA，第3卷，第93頁。
11《人性的，太人性的》第2卷第1部37。KSA，第2卷，第397頁。
12《快樂的科學》284。KSA，第3卷，第527頁。
13《作為教育家的叔本華》1。KSA，第1卷，第338頁。
14《人性的，太人性的》第1卷624。KSA，第2卷，第351～352頁。

尼采一再指出，懶惰和怯懦是妨礙人們實現「自我」的大敵。「說到底，每個人心裡都明白，作為一個獨一無二的事物，他在世上只存在一次，不會再有第二次這樣的巧合，能把如此極其紛繁的許多元素又湊到一起，組合成一個像他現在所是的個體。他明白這一點，可是他把它像虧心事一樣地隱瞞著——為什麼呢？因為懼怕鄰人，鄰人要維護習俗，用習俗包裹自己。然而，是什麼東西迫使一個人懼怕鄰人，隨大流地思考和行動，而不是快快樂樂地做他自己呢？」少數人是因為怯懦，多數人是因為懶惰。「人們的懶惰甚於怯懦，他們恰恰最懼怕絕對的真誠和坦白可能加於他們的負擔。」15

事情是夠奇怪的，人人都有一個「自我」，可是人人都不願別人表現出他們的「自我」，為此寧願也犧牲掉自己的「自我」。尼采在這裡揭示了習慣勢力的社會心理機制。在社會中，每個人個性的自由發展意味著某種形式的競爭，他人的創造要求自己做出新的創造，他人的優勝刺激著自己也要爭優勝。於是，為了自己能偷懶，就嫉恨別人的優秀，寧願人人都保持在平庸的水準上。走阻力最小路線的懶惰心理造成了一種社會的墮性，成為阻礙個性發展的最大阻力。「如果我們採取斷然步驟，走上通常所說的『自己的路』，就會有一個祕密突然向我們揭示：一向對我們友好和信任的人，從此全都對我們產生了一種蔑視，並感到自己受了侮辱。他們中最好的，則顯示寬容，耐心地等待我們重新找到『正路』，這『正路』當然是他所知道的。」16 總之，非要千人一面，眾口一詞，才算一個「好社會」，即人人可以心安理得的社會。敢於「走自己的路」的人，難免要受誹謗和孤立了。這時他不但要付出最大的艱辛，而且要遭受最多的屈辱。有幾人能「讓人家去說」而仍然不改初衷呢？怯懦實在是懶惰的副產品，首先有多數人的懶惰而不求個人的獨特，這多數的力量形成一條防止個人求優異的警戒線，然後才有了人言可畏的怯懦心理。

結果，人們不是去發現「自我」，實現「自我」，而是逃避「自我」唯恐不及。逃避的方式是所謂「勞作」，那自早到晚刻板而絕無創造性的「勞作」。尼采說，這種「勞作」崇拜的隱情是「對一切個人性的懼怕」，把勞作當作管束個人的「最好的員警」，以之有效地遏止獨立性的發展。勞作「幾乎耗盡了精力，從而排除了沉思、冥想、夢幻、憂愁、愛戀、憎恨，它始終把一個小目標樹在眼前，保持著容易的、守規矩的滿足。一個讓人們不斷高強度勞作的社會是比較安全的，而安全在現在被奉為最高的神明」。[17]

在現代工業社會裡，片面的分工和緊張刻板的工作方式嚴重摧殘個性，尼采對此是有清醒

15〈作為教育家的叔本華〉1。KSA，第1卷，第337頁。
16《朝霞》484。KSA，第3卷，第287頁。
17《朝霞》173。KSA，第3卷，第154頁。

認識的。他一再指出，在現代，生命是患病了，「病於違背人性的機器系統和機械主義，病於工人的『非個人性』，病於『分工』的錯誤經濟學。」[18]「美國人的工作之令人窒息的匆忙……業已開始通過傳染而使古老歐洲野蠻化，在歐洲傳播了一種極為奇怪的無精神性。人們現在已經羞於安靜；長久的沉思幾乎使人產生良心責備。人們手裡拿著表思想，吃午飯時眼睛盯著商業新聞，——人們像一個總是『可能耽誤』了什麼事的人那樣生活著。」這種情形將會「扼殺一切教養和高尚趣味」。[19]真實的「自我」迷失在「無精神性」的「勞作」中了，很顯然，這「自我」是一種精神性的「自我」，是有著「教養和高尚趣味」的獨特個性。

在尼采那裡，真實的「自我」有兩層含義。在較低的層次上，它是指隱藏在潛意識之中的個人的生命本能，種種無意識的欲望、情緒、情感和體驗。在較高的層次上，便是精神性的「自我」，它是個人自我創造的產物。不過，對於尼采來說，這兩層含義並不矛盾，因為他一向把生命本能看作創造的動力和基礎。

在個人與社會的關係問題上，尼采的看法是：社會是機器和工具，個人才是目的。他認為，現代社會恰恰把這種關係顛倒了。「如果個人統統只用來維持機器，那麼為什麼要有機器呢？機器的目的在其自身，不是人類的滑稽劇嗎？」[20]

尼采是一個直言不諱的個人主義者。不過，他所主張的個人主義有特定的含義，不同於那種唯利是圖、沽名釣譽的個人主義。他稱後者為「假個人主義」[21]，因為在他看來，這種個人主義恰恰把真實的「自我」迷失在財產和輿論的領域裡了。真正的個人主義追求的既非財產，亦非浮名，而是真實的「自我」。與尼采同時期的英國作家王爾德所見略同，他說：「承認私有財產就必然會把人和他的所有混為一談，這實際上是損害了、模糊了個人主義。它把個人主義完全導入歧途，使個人主義以獲利而不是以成長為目的。這樣一來，人類就認為最重要的事情是發財，而不知道最重要的事情是生活。」[22]這段話道出了尼采所主張的個人主義的真旨。不過，王爾德因此而贊成公有制意義上的社會主義，尼采卻始終反對作為一種政治運動的社會主義，這又是他們的不同之處。

尼采式的個人主義，歸結為一句話，就是他提出的這要求：「成為你自己！」

18《看哪這人》：《不合時宜的考察》。KSA，第6卷，第317頁。

19《快樂的科學》329。KSA，第3卷，第556頁。

20轉引自威爾都蘭：《古今大哲學家之生活與思想》，第646頁。

21《朝霞》105。KSA，第3卷，第92頁。

22王爾德：《社會主義制度下人的靈魂》。

成為你自己

尼采在他一生的不同時期，一再發出這同一呼籲：

「成為你自己！你現在所做、所想、所追求的一切，都不是你自己。」23

「你應當成為你之為你者。」24

「成為你之為你者！」25

「成為你自己：這一呼籲只被少數人聽信，並且只是對於這少數人中的極少數人才是多餘的。」26

怎樣才算成為了自己呢？當然，在一定的意義上，每一個人都必然地是他自己，不可能不是他自己。天生的氣質，神經類型，智力秉賦，幾乎跟隨人一輩子，要在這些方面不是自己才難呢。然而，也並非所有的人率直對待自己的天性的，有的人要矯飾，扭曲，抱怨，但願變成了別人。

尼采的意思可不是要每個人回到自己的天性，停留在自己的天性上，儘管天性是出發點，而且每一個人的天性從遺傳學上看也確實是獨一無二的。他的著眼點是後天的創造和發展。

「成為你自己」首先是要忠實於自己，對自己的生存負責，真誠地尋求人生的意義。「對於我們的人生，我們必須自己向自己負起責任；因此，我們也要充當這個人生的真正舵手，不讓我們的生存等同於一個盲目的偶然。我們對待它應當敢做敢當，勇於冒險，尤其是因為，無論情況是最壞還是最好，我們反正會失去它。為什麼要執著於這一塊土地，這一種職業，為什麼要順從鄰人的意見呢？」[27]人生短促，浮生若夢，在一些人成了玩世不恭的理由，在尼采卻反而成了嚴肅處世的理由。你執著生命是沒有意義的，不管你如何執著，你終究要失去它。尼采要我們因此看開一些，不是執著生命本身，而是執著生命的意義。「成為你自己」，就是要居高臨下於你的生命，做你的生命的主人，賦予你的生命以你自己的意義。除了你自己，誰還能賦予你的生命以意義呢？

對自己的生命負責，就是忠實於自己。尼采把忠實於自己看作人格偉大的首要標誌。「不忠實於自己而能偉大，我是決不承認的。一旦發現這種情形，我立刻覺得一個人的成功絕對算不了什

23〈作為教育家的叔本華〉1。KSA，第1卷，第338頁。
24《快樂的科學》270。KSA，第3卷，第519頁。
25《查拉圖斯特拉如是說》：〈蜜的獻祭〉。KSA，第4卷，第297頁。
26遺稿。GA，第11卷，第62頁。
27〈作為教育家的叔本華〉1。KSA，第1卷，第339頁。

麼。」[28]「世上沒有一帆風順的事！一個人只有始終忠實於自己，才能取得巨大的成就……」[29]不忠實於自己，決不能有真正的成功，靠背叛自己換來的成功是假的，一錢不值的。可是，忠實於自己談何容易！時代的風尚，大眾的輿論，不僅會反對你，而且會同化你。尼采是如此看重「自我」的純潔性，乃至主張個人的退隱，以「逃避」時代和習俗的污染。「過隱居的生活，不去知道你的時代視為最重要的事情！如此你就能夠為你自己生活！」[30]他一定要從自己的源泉裡飲水，焦渴難忍之時，寧肯跑到曠野裡去，以免受眾人共用的水甕的引誘。「在眾人中我就像眾人那樣生活，不是我自己在思想；若干時間之後，我就總覺得人們想把我從我自己中驅逐出來，把我的靈魂奪走。」[31]不過，對於尼采，退隱是一種鬥爭的方式，當然這種方式脫不開個人奮鬥的性質。

為自己生活，為自己寫作，為自己……想必不會把這一切「為自己」理解成謀私利罷。尼采強調的始終是做一個真實的人，既非不關痛癢地對待生活和思想，也不作違心之事和違心之論。這就是忠實於自己。這就是在「自我」與人生的關係上的「成為你自己」。

在「自我」與他人的關係上，「成為你自己」就是要有自己的獨立性，不盲從和迷信他人。這個「超人」說的提倡者倒是反對一切個人崇拜的。他反對學生崇拜老師。查拉圖斯特拉對他的學生說：「人永遠做一個學生，這對於他的老師不是好的報答。你們為何不扯碎我的花冠呢？

你們崇拜我，一旦你們的崇拜對象倒塌了呢？當心，不要被一尊石像壓碎了你們！……你們還沒有找到你們自己，就已經找到我了。一切信徒都如此；所以一切信徒都少有價值。現在我教你們丟開我，去發現你們的自我……」[32]

正是「發現自我」，在尼采看來，這是唯一可能的學習方式。如果通過學習不是發現了自我，反而是失落了自我，就失去了學習的意義。學習不只是為了獲得知識，更是為了獲得智慧。知識是死的，智慧是活的，因為它就是活生生的自我的閃光。你讀書只是獵取死的知識，你就是讓你的頭腦變成一個跑馬場，讓別人的思想的馬匹蹂躪一通。你不應該做跑馬場，你的「自我」是你的駿馬，載你馳騁於思想的疆場。獨立思考不僅僅是知識的融會貫通，更是賦予知識以你的個性，是你「發現」了唯獨屬於你的真切新鮮的感受。這就是「發現自我」。尼采回顧他因眼疾而不得不停止讀書的經歷時，欣喜地寫道：「我擺脫了『書本』，有幾年工夫我什麼也不讀——我曾經賜給過我自己的最大恩惠！——那個最內在的自我，似乎已經被掩埋了，似乎因為必須不斷

28 轉引自威爾都蘭：《古今大哲學家之生活與思想》，第625頁。
29 1876年4月15日致蓋斯多爾夫。轉引自雅斯貝爾斯：《尼采導論》，第64頁。
30《快樂的科學》338。KSA，第3卷，第568頁。
31《朝霞》491。KSA，第3卷，第290頁。
32《查拉圖斯特拉如是說》：〈贈與的道德〉。KSA，第4卷，第101頁。

聆聽別人（這就叫讀書！）而已經暗啞了，現在漸漸膽怯地、疑慮重重地蘇醒了，——終於它又說話了。」[33]尼采是極而言之，他並非反對讀書，他反對的是盲從別人的讀書。

尼采還反對英雄崇拜，例如他反對崇拜拿破崙，儘管他自己很尊敬拿破崙。他說：拿破崙「在精神上給我們的世紀帶來了浪漫的英雄崇拜」，使許多狂信者圍繞著他而生活。狂信者是靠了自我欺騙把一個肉身的人神化的，甚至當這個被神化者「以可憎的方式有目共睹地暴露自己不是神，而過於是一個人」之後，這些狂信者還要尋求新的自我欺騙，設想出某黨某派的陰謀，給自己製造一種殉難的感覺。[34]在尼采看來，沒有一個現實的人是完美的。誰崇拜一個人，把這人看得完美無缺，他就是在人性的可能性方面貶低了他自己。

盲從別人的反面，就是相信自己。「相信自己是最牢固的鐐銬，最嚴酷的鞭打，——也是最堅硬的翅膀。」[35]一個有獨特個性的人肩負著人生的重任，同時也有完成這重任的勇氣。

按照尼采對人性的一般看法，「成為你自己」最後歸結為創造和評價。我並不僅僅是要為自己尋求一片溫暖的陽光。「我要得更多，我不是一個尋求者。我要為我創造一輪我自己的太陽。」[36]尼采對於康德的普遍道德律十分反感，因為所謂「每人在這場合也必定這樣做」這樣一種判斷恰恰抹殺了行為的獨特性，也就是抹殺了行為主體的個性。每個人應當「為自己創造自己的、最自己的理想」。「我們要成為我們之為我們者，——成為新的人，獨一無二的人，無可比擬的人，自我立法的人，自我創造的人！」[37]這樣的人必有一種自己的「不與他人共有」的道德，一種從自己的熱情中生長出來的道德。[38]在這個意義上，尼采說：「個人是一種全新的東西，創新的東西，絕對的東西，一切行為都完全是他自己的。」[39]又說：「這創造的、意願的、評價的自我，是事物的尺度和價值。」[40]

他為個人辯護，為的是給真誠獨特的行為創造一個良好的社會環境。他說，一個時代，一個民族，愈是尊重個人，真誠獨特的行為也就愈能得到理解。[41]個人是世界的中心，但這裡的個人並非要拿世界來自利，反而是要向世界貢獻一份他特有的光和熱。人人都是太陽，由無數發光體

33《看哪這人》：《人性的，太人性的》4。KSA，第6卷，第326頁。

34《朝霞》298。KSA，第3卷，第222頁。

35遺稿。GA，第15卷，第255頁。

36《快樂的科學》320。KSA，第3卷，第551頁。

37《快樂的科學》335。KSA，第3卷，第562、563頁。

38參看《查拉圖斯特拉如是說》：〈快樂與激情〉。

39《強力意志》456。

40《查拉圖斯特拉如是說》：〈來世論者〉。KSA，第4卷，第36頁。

41參看《朝霞》529。

組成的這世界豈非更絢麗多彩？當然，並非每個人都能成為創造的天才的，但是，每個人都可以「給他的性格以風格」[42]，都可以為世界增添他的一份美。有這麼多的太陽，這麼多的中心，人類會不會成為一盤散沙？尼采認為，恰恰相反，現代社會把個人的棱角和鋒芒都磨去，反而是走上了將人類弄成一盤散沙的道路。個人愈是雷同，社會就愈是缺少凝聚力。無個性的個體不能結合為整體。個人愈是獨特，個性的差異愈是懸殊，由他們組成的社會有機體就愈是生氣勃勃。最好每個人都「從自己形成著一些讓別人看了愉快的東西，猶如一座美麗、幽靜、封閉的花園，有高牆擋住馬路上的風塵，但又敞開著迎客的大門」。[43]獨特，然後才有溝通。毫無特色的平庸之輩廝混在一塊，只有無聊，豈可與語溝通？「成為你自己」，開放出你的奇花異卉，展現出你的獨特的美，你就為別人帶來了鑒賞的愉快。萬紫千紅，群芳爭豔，每人都創造自己的美，每人都欣賞其他一切人所創造的他們各自的美，人人都是美的創造者和欣賞者，生活在這樣的世界上是多麼賞心悅目。

就像現代的存在主義者一樣，尼采始終把社會看作個性異化的領域。他說：「在我們身上，孤獨也是一種美德，就像是純潔的一種極精微的傾向和追求，它預感到在人與人的接觸中——『在社會中』——是怎樣不可避免地發生不潔。不論何時，何地，以何方式，一切人際關係都造成——『平庸』」。[44]這就把社會與個人完全對立起來了，僅僅強調社會對於個性的損害（這在一定社會關係中是事實），而無視另一面：社會也是自我實現和個性發展的重要場所。

健康的自私

自私就是惡，無私就是善，這種道德觀念早已體現在基督教的鄰人愛的原則中了。功利主義的思想家們用合理的利己主義來反對基督教的抹殺個人的道德觀念，為經濟上的自由競爭製造理論根據。可是，在資產者的實踐中，事實上卻是兩種道德並存，一方面是最無恥最露骨地追逐物質私利，另一方面是嫉恨和反對個人精神上的優異。作為資產階級的一名文化戰士，尼采向本階級中庸俗市民階層宣戰。這些法利賽人都是些狂熱的逐利者，同時也是些狂熱的基督徒，殊相同質，逐利和虔信都表明一點：沒有靈魂。

尼采在兩方面反對他們。他深深厭惡那種無靈魂的逐利行為，同時也公開仇恨他們的偽善的「無私」。他要為「自私」正名。在他看來，小市民們既用他們的逐利行徑玷污了「自私」，又用他們所接受的基督教說教侮蔑了「自私」。與他們相敵對，尼采提倡一種「從強力的靈魂流出的

42《快樂的科學》290。KSA，第3卷，第530頁。
43《朝霞》174。KSA，第3卷，第155頁。
44《善惡的彼岸》284。KSA，第5卷，第232頁。

完好的健康的自私」。[45]

「健康的自私」是反對「病態的自私」的。「健康的自私」源於力量和豐裕，它強納萬物於自己，再使它們從自己退湧，作為愛的贈禮。「病態的自私」卻源於貧乏，「貧乏而饑餓，總想著偷竊」。唯利是圖正是靈魂衰弱乃至喪失的表現。[46]

「健康的自私」更是反對所謂「無私」的說教的。它是健康的肉體和強力的靈魂的自我享樂。它憎恨一切自我貶抑的奴隸性，唾棄一切種類的奴隸，「無論他們是屈服於眾神和神罰，還是屈服於愚蠢的人類輿論。」[47]「健康的自私」也就是同基督教的「鄰人愛」相對立的「自愛」。尼采一再呼籲，人應當學會自愛。「人必須學會以一種完好無損的健康的愛來愛自己，這樣他才能耐心自守，不至於神不守舍。」[48]一個人不愛自己，甚至厭惡自己，單獨自處就感到無聊，他怎麼會有出息，又怎麼能活得輕鬆？自愛不是罪過，自己不該是一個可厭的對象。尼采是要人們戒除那種罪惡感，似乎自己是個天生的罪人，非要到鄰人那裡去贖罪不可。「鄰人愛」的原則所灌輸的就是這種罪惡感。「誰想變得像鳥兒一樣輕快，他就必須愛自己。」[49]自愛才有自由。「我們應該自由無畏地在無辜的自私中自我成長和繁榮！」[50]「每一個想變得自由的人，都必須通過自己來實現，自由不會如同一件神奇的禮物自動投入任何人的懷抱。」達到自由的證據是什麼呢？就是「不再羞於自己」。[51]「高貴」的標誌是：「不怕面對自己，從自己不期待任何羞恥之事，無憂無慮地飛翔，任我們被驅向何方——我們生於自由的鳥兒！」[52]

尼采認為，一個人之所以不愛自己，甚至厭煩自己，是由於缺乏性靈即精神性。這樣的人不夠有性靈以自歡愉，卻又有足夠的教養明白這一點，於是無聊，煩悶，「根本羞於他自己的生存」，希望在瑣碎日常工作（所謂為他人生活）中忘掉這個空虛的自我。這種人最需要道德。所以，「對於精神的懼怕，加於精神的報復——這種有驅動力的惡習多麼經常地成為道德的根柢！成為道德本身！」[53] 對於這種靈魂空虛的人，倒不妨說：「你們覺得自己是一個這麼無聊的或可惡的對象嗎？那就多為他人想，少為你們自己想吧！你們這樣倒是做對了！」[54]

45《查拉圖斯特拉如是說》：〈三種惡〉。KSA，第4卷，第238頁。
46《查拉圖斯特拉如是說》：〈贈與的道德〉。KSA，第4卷，第98頁。
47《查拉圖斯特拉如是說》：〈三種惡〉。KSA，第4卷，第239頁。
48《查拉圖斯特拉如是說》：〈重力的精靈〉。KSA，第4卷，第242頁。
49《查拉圖斯特拉如是說》：〈重力的精靈〉。KSA，第4卷，第242頁。
50《快樂的科學》99。KSA，第3卷，第457頁。
51《快樂的科學》275。KSA，第3卷，第519頁。
52《快樂的科學》294。KSA，第3卷，第535頁。
53《快樂的科學》359。KSA，第3卷，第606頁。
54《朝霞》131。KSA，第3卷，第123頁。

一個不愛自己的人，無論如何不是一個可愛的人，他既不可能得到別人的愛，也不可能真正愛別人。「按照巴斯卡和基督教的看法，我們的自我總是可恨的，既然如此，我們怎麼還可以允許和希望別人愛它呢——無論那別人是上帝還是人！」[55]而且，對自己的怨恨往往尋求在旁人身上報復，和這樣的人一起生活真是災難。「有誰憎恨自己，我們當知畏懼，因為我們會成為他的怨毒和憎恨的犧牲品。」[56]他帶著他對自己的怨恨到旁人那裡去，就算他是去行善的吧，他的怨恨也會在他的每一件善行裡顯露出來，加人以損傷。受惠於一個自怨自艾的人，還有比這更叫人不舒服的事嗎？

所以，尼采強調，善人首先得對自己懷有善意，否則他對旁人的所謂善意善行必是不誠懇的，虛假的。[57]「儘管做你願望的事，——但首先得成為能夠願望的人！儘管愛鄰人如同愛自己，——但首先得成為愛自己的人！」[58]「一個人必須堅強地用自己的雙腿站立，否則他根本不能愛。」[59]給人以生命歡樂的人，必是自己充滿著生命歡樂的人。自愛者才能愛人，富裕者才能饋贈。「人格的缺陷到處都造成惡果；一種軟弱、陰鬱、死氣沉沉、自我貶抑和自我否定的人格不再適合於任何美好的事物，——它尤其不適合於哲學。『無私』在天上和人間都沒有價值；偉大的問題總是要求偉大的愛，唯有堅強、成熟、沉著、堅定自立的心靈才能負此重任。」[60]

基督教道德以「無我」、「利他」、「愛鄰人」的說教為核心，要求人們逃避自我，憎恨自我，犧牲自我，否定自我，在他人之中生活，為他人而生活，在尼采看來，這正是頹廢的徵兆。「本能地擇取對己有害的，受（愛）『無私』的動機吸引，這差不多為頹廢提供了公式。」[61]「在『無我』、『自我否定』的概念中，真正的頹廢病象，有害之物的誘惑，不再有能力發現自己的利益，自我毀滅，都變成了價值、『義務』、『神聖』、人身上的『神性』！」[62]健康的「自私」是健康的生命本能，是高尚的自我保護的力量。反對這樣的「自私」，讚揚「無我」和犧牲，實際上是獎劣懲優，壓抑生命力旺盛、熱愛生活的人，卻鼓勵那樣的人，這種人「不把他的全部力量和才智用在他的保存、發展、提高、前進以及力量的擴展上，而是對自己卑怯、麻木甚至可能冷漠或者刻薄地生活著」。[63]「『你的自私是你的生活的禍害』——這種說教鼓噪了幾千年：它損害了自私，奪走了自私的許多精神，許多快樂，許多創造力，許多美麗，它鈍化、醜化、毒化了自

55《朝霞》79。KSA，第3卷，第77頁。
56《朝霞》517。KSA，第3卷，第300頁。
57參看《朝霞》516。
58《查拉圖斯特拉如是說》：〈侏儒的道德〉。KSA，第4卷，第216頁。
59《看哪這人》：〈我為何寫出如此傑作〉5。KSA，第6卷，第305頁。
60《快樂的科學》345。KSA，第3卷，第577頁。
61《偶像的黃昏》：〈一個不合時宜者的漫遊〉35。KSA，第6卷，第133頁。
62《看哪這人》：〈為何我是命運〉8。KSA，第6卷，第374頁。
63《快樂的科學》21。KSA，第3卷，第393頁。

私！」[64]

尼采孜孜以求的始終是個人的獨特和優異。他說：「我的道德應當如此：奪去人的公共性格，使他成為獨特的……做成別人理解不了的事。」[65]「個人的優異，這是古代的美德。公開或隱蔽地服從、跟隨，這是德國的美德。」他厭惡康德，因為他認為康德哲學是在曲折地教人服從。[66]

「健康的自私」所宣導的是一種自愛、自強、自尊的精神。「你自助，然後人人助你。」[67]要把立足點從依靠上帝或他人得救轉移到自力更生上面來。這種自愛、自強、自尊的精神，非常典型地表現在對於侮蔑和痛苦的態度上。你受了侮蔑，你不要為自己辯解，而寧肯負著玷污，只是為了不給卑劣的侮蔑者以陰險的快樂，使他能夠說：「他真覺得這些事很重要呀！」[68]你遭受了痛苦，你也不要向人訴說，以求同情，因為一個有獨特個性的人，連他的痛苦也是獨特的，深刻的，不易被人瞭解，別人的同情只會解除你的痛苦的個人性，使之降為平庸的煩惱，同時也就使你的人格遭到貶值。[69]

在尼采看來，「健康的自私」以生命力的強盛為前提，由此他得出一個判斷自私的價值的標準，即在於生命力的強弱。「自私的價值取決於自私者的生理上的價值：它可能極有價值，也可能毫無價值，令人鄙視。每一個人均可根據他體現生命的上升路線還是下降路線而得到評價。確定這一點後，他的自私有何價值的問題也就有了一個標準。」[70]這裡牽涉到尼采對於「個人」與「類」的關係的看法。他認為，個人不是一個孤立的個體，「他決非自為的，不是一個原子，不是『鏈中之一環』，決非過去的純粹遺傳，——他還是到他為止人的一條完整的路線本身」。[71]也就是說，個人不只是類的一員，而且是整個類的素質的體現者，是「整個鏈條，肩負著這鏈條的全部未來的重任」。[72]人類的發展程度並非全部個人發展程度的平均值，而是體現在最優秀的個人身上。這樣，優秀個人就成了社會發展的目的，而這些優秀個人又「在尋求達到一個比人更高的類」[73]，即把自己當作「超人」誕生的手段。按照這樣的理解，尼采認為，那些體現下降、衰退

64《快樂的科學》328。KSA，第3卷，第555頁。
65遺稿。GA，第11卷，第238頁。
66《朝霞》207。KSA，第3卷，第188頁。
67《偶像的黃昏》：〈格言與箭〉9。KSA，第6卷，第60頁。
68參看《朝霞》472。
69參看《快樂的科學》338。
70《偶像的黃昏》：〈一個不合時宜者的漫遊〉33。KSA，第6卷，第131頁。
71《偶像的黃昏》：〈一個不合時宜者的漫遊〉33。KSA，第6卷，第132頁。
72遺稿。GA，第16卷，第151頁。
73遺稿。GA，第11卷，第238頁。

路線的個人，他們的自私毫無價值，因為他們的衰弱的生命力決定他們只能有一些猥瑣卑劣的私欲；唯有體現上升路線的個人，才能具有高貴的健康的極有價值的自私，他們的自私是他們蓬勃的生命力的展現和強化，總體生命正是依靠他們的這種自私而向前邁進。

尼采談到「生理上的價值」，不過他的意思並不是指體格的強弱，而是指一種內在的生命活力，這種活力是精神創造力的基礎。尼采在理論上並不否認每個人都是一個獨特的自我，都有自我創造的可能性，照此說來，一切個人的「自私」都可能是健康的，其價值可能是相等的。可是，現實生活中人們的不自愛、不自強的表現又使他失去信心，把希望寄託在少數優秀個人身上。他似乎是說：人人都應當是強者；然而，既然事實上只有少數人是強者，就讓他們來統治多數人吧。我們贊成前一句話，反對後一句話。我們贊成一切人個性的自由和全面發展，反對任何形式的貴族主義，不管是血統貴族還是精神貴族。尼采懷抱振興人類的渴望，可謂激進，但是在如何振興人類的具體途徑問題上，他所設計的方案卻又極為保守，總是脫不開貴族政體的陳舊觀念。他不滿於資產者社會的現狀，但在社會學說上他提不出更進步的社會理想，反而一再緬懷和主張早已過時的帶有濃厚奴隸制色彩的等級社會。這是尼采思想中最觸目的矛盾。

第六章　向理性挑戰

科學的極限
「真正的世界」的寓言
理性的原罪
挑開意識的帷幕
語詞的化石

生命僵死之處，必有法則堆積。
——尼采

歐洲近代是理性主義勝利進軍的時代。在這個時代的入口處，培根的名言如號角響徹雲霄：「知識就是力量！」這位近代哲學與科學之父甚至在人與知識之間劃了等號：「人即心靈，心靈即知識。一個人知道些什麼，他就是什麼……」人類自豪地發現，從自己心靈中閃射出來的理性光芒普照萬物，使人類成為世界的真正造物主。沒有人懷疑理性的至高無上的意義。英國經驗論者和大陸唯理論者實質都是理性主義者，他們所爭論的僅僅是邏輯範疇的來源，而對於人類必須依靠邏輯範疇和邏輯推理指導生活這一點並無分歧。法國啟蒙學者也是理性主義者。對於他們來說，「一切都必須在理性的法庭面前為自己的存在作辯護或者放棄存在的權利。思維著的悟性成了衡量一切的唯一尺度。」[1] 德國古典哲學家更是理性主義者。在黑格爾那裡，甚至連世界也變成了自我推演的邏輯範疇。

這是剛從宗教信仰下掙脫出來的人類理性，猶如一切初獲解放者一樣，它無憂無慮，信心十足，度過了一個充滿希望的時期。然而，這個時期終於結束了，人們發現，理性的自誇也是一種幼稚病，而「理性的王國不過是資產階級的理想化的王國」。[2]

非理性主義思潮在西方崛起了。這股思潮以不可抵擋之勢摧垮了近代思想家們苦心經營的理性王國，氾濫於哲學、社會學、心理學、文學藝術等一切文化領域，迅速上升為現代西方社會的主流思潮。

現代西方哲學家對於近代理性主義的批判，集中在以下幾個方面：

第一，理性主義立場的本質在於把邏輯思維提升到至高地位，而邏輯思維不過是人與外部世界相聯繫的一種工具。這樣，理性主義就把人類的注意力引向外部世界，把人類生存的意義歸結為依靠邏輯工具掌握和支配外部世界。在理性主義統治下，人們迷信科學萬能，熱衷於追求知識，從事外在的物質活動，忽視了人的內心生活。

第二，理性主義哲學公開或隱蔽地假定世界具有一種邏輯本性，由於這種邏輯本性，世界一方面能被人類思維所把握，另一方面其發展的進程也保證了人類目的的實現。倘若現實世界並非如此，理性主義者就把它視為虛假的現象世界，而斷定其背後還有一個真實的本體世界。這種舊式的本體論是哲學的最大迷誤。

1《馬克思恩格斯選集》第3卷，人民出版社1972年版，第56頁。

2《馬克思恩格斯選集》第3卷，第57頁。

第三，理性主義哲學把人視為受邏輯支配的理性動物，它既不去探究邏輯思維本身的非邏輯起源，也完全無視潛藏在理性思維下面的真正支配人的意願和行為的無意識領域。因此，它對人及其認識的瞭解是表面化和簡單化的。

總之，在現代非理性主義者看來，理性主義哲學把世界的本質、人的本質和人的生活意義都歸結為理性，在所有這些方面都陷入了謬誤。尼采首先從所有這些方面對理性主義做出了全面批判。他竭力證明：科學不能為人生提供真實的意義；並無一個合乎理性的本體世界，世界的意義靠人去賦予；一切理性事物都具有非理性的起源；人的心理中有一個無意識領域，其中潛藏著人的意願和行為的真正動機。

現代非理性主義思潮的興起直接同西方人的社會危機和精神危機相關聯。在資本主義條件下，人們發現，片面追求物質繁榮的科學事業並不能使人真正幸福，因而返諸自身，試圖從內部心靈體驗中尋找生活意義。由理性至上一變而為貶低理性，崇尚非理性，這本身是病態社會所造成的病態發展。相比之下，資產階級啟蒙思想家們孜孜於尋求感性與理性的和諧，倒不失為一種健康的心理。不過，非理性主義哲學對深層心理的探索也不無積極意義，而對深層心理的分析或描述確是現代非理性主義哲學的主要特色。凡是具有非理性主義傾向的現代哲學家，幾乎都是深層心理學家；另一方面，佛洛伊德以及其他深層心理學家，在一定意義上也都被當作哲學家看待。如此看來，敏銳地感受到現代西方社會的精神危機、以探求人生意義為哲學使命的尼采，向人的心理生活的領域深入開掘，成為現代非理性主義哲學的鼻祖，完全是順理成章的了。

科學的極限

尼采一開始從事哲學活動，就向科學理性發出了挑戰，他為自己選擇的第一個靶子是古希臘哲學家蘇格拉底。

蘇格拉底，這個被德爾斐神諭稱作全希臘最聰明的人的哲學家，本來在宣導人的哲學方面倒是有歷史功勞的。可是，他研究人生問題的方式卻是十足理性主義的，完全依靠邏輯推理的手段，通過概念的辯駁去尋求一般性的結論。他的結論也是十足理性主義的，把人生的意義歸結為追求知識。因此，尼采把蘇格拉底稱作「樂觀主義的科學精神」的「始祖」。所謂「科學精神」，是指「最早顯現於蘇格拉底人格之中的那種對於自然界之可以追根究底和知識之普遍造福能力的信念」。[3]尼采認為，蘇格拉底的影響籠罩著世世代代，直至於今日。自蘇格拉底時代以來，人們相信科學至上，知識萬能，思維能洞悉萬物的本質。於是，求知欲氾濫，思想之網密佈世界，

3《悲劇的誕生》16、17。KSA，第1卷，第103、111頁。

「概念、判斷和推理的邏輯程式被尊崇為在其他一切能力之上的最高級的活動和最值得讚歎的天賦」。[4] 這種情形從十五世紀文藝復興以來變本加厲地出現：「登峰造極的同樣旺盛的求知欲，同樣不知饜足的發明樂趣，同樣急劇的世俗傾向，加上一種無家可歸的流浪，一種擠入別人宴席的貪饞，一種對於當下的輕浮崇拜……」[5]

然而，正是在科學迅速發展的現代，科學本身的極限暴露出來了。「現在，科學受它的強烈妄想的鼓舞，毫不停留地奔赴它的界限，它的隱藏在邏輯本質中的樂觀主義在這界限上觸礁崩潰了。」[6]

科學的極限，首先表現在科學以邏輯證明的嚴格性自豪，然而，任何科學體系都以某種不能由邏輯手段證明的公理為前提，這種公理是「一種專橫的、絕對的信念」，因而也就是信仰。所以，「即使科學也是建立在一種信仰之上的，根本不存在『無前提的』科學。」[7]

其次，更重要的是，科學所自命的那種普遍有效性根本就是一種幻想。科學並非無所不能的。它的無能尤其在觸及人生根本問題時暴露無遺了。尼采責問道：「科學能否給人的行為提供目的呢？」[8] 他認為答案無疑是否定的。

在尼采看來，人生並無現成的目標和意義，為了給人生提供一種目標和意義，首先需要的是巨大的人生熱情。「我不相信太冷的心。不能說謊的人，也不知道什麼是真理。」[9] 然而，科學恰恰「是冷漠而枯燥的，它沒有愛，對於深刻的不滿和渴望之情一無所知」，「科學不論在何處都只看見認識問題，在其視野內苦難原本是某種與己無關和不可理解的東西，至多又是一個問題罷了。」[10]

科學藉以掌握事物的手段是邏輯概念和推理，可是，思維憑藉這些邏輯手段不可能「到達存在的至深的深淵」。[11] 對於人生的探索不能靠抽象的邏輯思維，而要靠真切的心靈體驗。在科學精神支配下，人們憑概念指導生活，恰恰虛度了人生。[12]

科學以人對外部世界中物的支配為鵠的，這種支配誠然也體現了人的主體作用。但是，一

4《悲劇的誕生》15。KSA，第1卷，第100～101頁。
5《悲劇的誕生》23。KSA，第1卷，第148～149頁。
6《悲劇的誕生》15。KSA，第1卷，第101頁。
7《快樂的科學》344。KSA，第3卷，第575頁。
8《快樂的科學》7。KSA，第3卷，第379頁。
9《查拉圖斯特拉如是說》：〈高貴的人〉。KSA，第4卷，第361頁。
10〈作為教育家的叔本華〉6。KSA，第1卷，第393～394頁。
11《悲劇的誕生》15。KSA，第1卷，第99頁。
12參看《悲劇的誕生》24。

旦人僅僅按照對物的支配這個目的來建立自身的生命活動，他實際上就使自己服從於物，反而受物的支配了。所以，科學精神的統治的最嚴重後果就是使人喪失精神性，把自己降為純粹的生產者。尼采說：「十七年來，我不疲倦地揭露我們當代的科學追求的非精神化影響。科學的巨大範圍如今強加於每個人的嚴酷的奴隸狀態，是較完滿、較豐富、較深刻的天性找不到相應的教育和教育者的首要原因。」[13]尼采並非要抹煞科學本身的價值，相反，對於盧梭否定科學文化而提出「回到自然」的倒退主張，他是堅決反對的。問題在於，要恰如其分地看待科學的價值，它只具有工具價值。如果把科學當作目的本身，漫無止境地追求對物的支配，結果只能喪失人生本真的意義，使人成為物的奴隸。

尼采用來同科學精神相對立的恰是酒神精神。他說：「貪得無厭的樂觀主義求知欲與悲劇的藝術渴望之間的鬥爭，是在現代世界的最高境界中進行的。」[14]「我們今日稱作文化、教育、文明的一切，總有一天要被帶到公正的法官酒神面前。」[15]在尼采看來，科學精神是一種淺薄的樂觀主義，它使人浮在生活的表面，追求物質的繁榮，以這種繁榮給人生製造一種虛假的樂觀氣氛。他無限緬懷他想像中的古希臘人的生活方式，這是一種審美的生活方式，人們對人生的悲劇性有深切體驗，而從充滿生命熱情的藝術化的生活中尋求解救。

尼采的特點是強調生命本能與精神性之間的統一，他認為，生命本能愈健全，精神追求就愈強烈。所以，他始終把蘇格拉底哲學重邏輯性輕精神性的傾向看作本能衰退的徵兆。他一再說，蘇格拉底是「希臘衰亡的工具」，是「頹廢的典型」。在蘇格拉底那裡，「『理智』勝過了本能，而『理智』無論如何是一種破壞生命的危險力量。」[16] 希臘哲學是希臘本能的衰退，蘇格拉底及其弟子柏拉圖是「希臘精神的頹廢派」，是「對古老高貴趣味的反動」。[17] 蘇格拉底之後，希臘人更熱心於邏輯和世界的邏輯化，變得更樂觀也更淺薄了。[18]

科學對生命本能的破壞，最典型地表現在它的僕人學者身上。我們已經談到，尼采認為，學者類型的人因為長期從事科學工作，成了生命本能衰退、人性扭曲的畸形兒。

當然，許多偉大的科學家都是一些感情豐富、熱愛生活的人，而從事科學探索工作同樣也需要創造的激情和直覺的秉賦。尼采感到不滿的是片面強調邏輯手段而忽視直覺的作用，他認為：「在一切創造者那裡，直覺都是創造和肯定的力量」。[19] 尼采尤其反對誇大科學造福人類的力量，

13《偶像的黃昏》：〈德國人缺少什麼〉3。KSA，第6卷，第105頁。
14《悲劇的誕生》16。KSA，第1卷，第102～103頁。
15《悲劇的誕生》19。KSA，第1卷，第128頁。
16《看哪這人》：《悲劇的誕生》1。KSA，第6卷，第310頁。
17《偶像的黃昏》：〈我感謝古人什麼〉3。KSA，第6卷，第157頁。
18〈自我批判的嘗試〉。KSA，第1卷，第14頁。

全人類把注意力放在發展科學事業上，而忽視了人生更根本的問題的探究。也就是說，他提出的是一個在現在的科學技術革命時代已經引起人們普遍深思的問題：究竟是科學為人服務，還是人為科學服務？

尼采希望，當我們看清科學本身的局限性之後，我們心中能夠產生一種悲劇意識，掃除人類主宰萬物的幻夢，返回人生的根柢，探求人生的真諦。由此建立的「悲劇文化」，區別於科學至上的「蘇格拉底文化」，「其最重要的標誌是，智慧取代科學成為最高目的」。[20]科學仍然是不可缺少的，但是它應當服從於智慧——人生意義的探求。

「真正的世界」的寓言

哲學開始於理性的覺醒。理性覺醒的第一個徵兆就是對於感官的懷疑。我們感官所觸知的這個生成變化的世界是真正的世界嗎？在它背後還有沒有另一個常駐不變的世界，非感官所能觸知，然而更加真實呢？哲學家們冥思苦想，巴門尼德想出了那個不生、不滅、完整、唯一、不動的「存在」，柏拉圖想出了「理念世界」。直到近代，康德還在相信現象世界背後有一個「自在之物」的世界，黑格爾還在相信「絕對精神」的世界才是真正的世界。哲學始終與本體論結下不解之緣，這種本體論以構造「真正的世界」為唯一使命。

在尼采看來，這是哲學的最大迷誤，而迷誤的根源就是理性。

理性的邏輯本性使它本能地尋求條理化和秩序，因而害怕感官，竄改感官。一個理性主義哲學家總是蹲在他的冰冷的「概念」世界裡，生怕自己被感覺引誘離開這個安全窩，到危險的南方海島上去，在那裡，他的哲學家的貞潔將如殘雪消融於陽光之下。他用蠟塞住耳朵，不敢聽生命的音樂，怕音樂會使他像傳說中的船夫一樣魂迷而觸礁沉舟。[21]「『理性』是我們竄改感官的證據的根源。」感官指明生成、變化、流逝，理性卻要予以否定。所以，「幾千年來凡經哲學家處理的一切都變成了概念木乃伊；沒有一件真實的東西活著逃脫他們的手掌。」他們本末倒置，把最後來臨的「最高概念」即最一般最空洞的概念置於開端。[22]

所謂「真正的世界」就是這樣誕生的。這個「真正的世界」與人的理性相對應，能夠被「四方形的渺小的人類理性」所容納。[23]與此同時，與這個處在人生、自然、歷史之外的世界相對立的我們這個現實世界，就必然要被否定而宣布為「假象的世界」了。

19《悲劇的誕生》13。KSA，第1卷，第90頁。
20《悲劇的誕生》18。KSA，第1卷，第101頁。
21參看《快樂的科學》372。
22《偶像的黃昏》：〈哲學中的「理性」〉1。KSA，第6卷，第74頁。
23參看《快樂的科學》373。KSA，第3卷，第625頁。

然而，哲學的歷史發展使這個「真正的世界」逐漸變成了一個寓言。這是哲學從舊式本體論中解放出來的過程。尼采饒有風趣地描繪了這個過程。在柏拉圖那裡，這個世界是凡智者、虔敬者、有德者皆可達到的，他居於其中，他就是這世界。在基督教中，這個世界僅僅被允諾給智者、虔信者、有德者即給悔悟的罪人。在康德那裡，這個世界既不可達到，也不被允諾，黯然存在於永不消散的迷霧之中。到了實證主義者那裡，它存在與否也不可知了。尼采稱之為「理性的第一次哀鳴」。終於，尼采自己出場，乾脆宣布廢除這個「真正的世界」。只有一個世界，這就是我們生活於其中的生成變化著的現實世界。24

尼采把廢除「真正的世界」這件事看得很重要，因為他認為所謂「真正的世界」的虛構正是傳統道德的理論前提。他指出：這一虛構「是用一種『彼岸的』生活、一種『更好的』生活向生命復仇」。「世界分為『真正的』世界和『假象的』世界，不論是按照基督教的方式，還是按照康德的方式（畢竟是一個狡猾的基督徒的方式），都只是頹廢的苗頭，——是衰敗生命的徵兆……」25做成這件事的是理性，所以尼采把理性看作敗壞本能的因素。

尼采在這裡批判理性，並不是要反對對世界作任何概括。事實上，當他把世界歸結為強力意志或生成變化著的生命意志時，他自己就在進行概括。他反對的是按照人類自身的理性本性去構造一個合乎理性的世界模式，然後又用這樣的世界模式來規束人的現實生活。這樣，理性在世界上所看到的不過是它自身，邏輯把自己的界限當作世界的界限，人類認識活動的工具被抬高到至高無上的地位，冒充為形而上學的真理，進而冒充為最高的價值標準。於是，生命被貶值，本能受壓制，法則統治一切，人生失去了生命的活力和樂趣。

在尼采看來，我們所獲得的任何關於世界的觀念，永遠是對世界作了某種加工的產物。在這個意義上，整個世界不過是用來表示我們作用於它的不同方式的總和的一個詞。根本不可能有與人無關的純粹的世界概念，即所謂「自在之物」或「真正的世界」。「這是什麼」這個問題總是以「這對於我是什麼」這個問題為基礎的。「只有一切生靈都向一個事物提出了自己的『這是什麼』的問題並做出了回答，這個事物才得到了描述。」[26]世界永遠是透過一定的意識結構、價值系統的棱鏡給予人的。因此，舊式本體論尋找純粹世界概念的努力是徒勞的，自命找到了這種概念的自負是可笑的。我們應當如實地看待我們的世界概念，把它的意義問題提到首位。

也許我們可以指責說，尼采自己也提出了某種本體論意義上的世界概念。他反對按照人類理性構造世界模式，自己卻走到了另一極端，按照人類的生命本能構造了一個生命本能充溢的強力

24《偶像的黃昏》：〈「真正的世界」如何終於變成了寓言〉。KSA，第6卷，第80～81頁。
25《偶像的黃昏》：〈哲學中的「理性」〉6。KSA，第6卷，第78～79頁。
26《強力意志》556。

意志的世界模式。是的，強力意志概念在他那裡的確獲得了某種本體論意義。不過，在他看來，這至少更符合我們生活於其中的這個現實世界的真相，世界就是這樣一個沒有理性、沒有目的、不斷自我創造和自我毀滅的過程。人類理性很難接受這個事實，可是我們只有擺脫理性的偏見，承認世界本身並無意義，然後才能給世界提供一種人的意義。給世界提供意義也不能訴諸理性，而要訴諸生命整體。不妨把世界的無意識的創造和毀滅看作生命力豐裕過剩的表現，與此相應地，人也應該充滿活力地度過自己的一生。

理性的原罪

哲學家們出於道德偏見，以理性為高貴，非理性為低賤，並且認定高貴者不能從低賤者生長出來。[27]可是，尼采認為，一切理性的事物，追根溯源，血統並不純潔，都是來源於非理性。「一切悠久的事物必定逐漸被理性滲透，從而使得它們的非理性起源變得不可信了。」[28]理性之起源於非理性，尼采稱為「理性的巨大原罪」。[29]

在尼采看來，人類的全部精神活動，無論認識活動、道德活動還是審美活動，都以非理性為基礎。這個非理性基礎就是人的生命本能。

「無論用善的眼光還是惡的眼光看人，我總是發現他們只有一個使命，全體和每一個個體皆然：做有利於人這個物種的保存的事情。並且，其實不是出於對這個物種的愛的情感，而只是因為在人身上沒有比這更古老、更強烈、更無情、更不可克制的本能了，——因為這一本能正是我們的類和群的本質。」這種物種保存的衝動「時時爆發為理性和心靈激情」。[30]所以，精神、理性、認識、思維、靈魂、意志，一切都是類的保存的工具。肉體是一個大理智，精神只是一個小理智，是為肉體服務的。[31]尼采所強調的生命本能是類的生命本能，這種本能表現在個人身上，便是個人內在的生命力，這是我們必須記住的。

首先，「認識是被當作強力的工具使用的。」《強力意志》第二百七十五節。[32]人的感官並非感知一切，它只「選擇這樣一些知覺——我們必須依靠它們，才能保存自己」。所以，「所有的感官知覺全都是與價值判斷交織在一起的」。[33]陌生的事物威脅生命，使人恐懼，人於是要變陌生

27參看《偶像的黃昏》：〈哲學中的「理性」〉4。

28《朝霞》1。KSA，第3卷，第19頁。

29《偶像的黃昏》：〈四種大謬誤〉2。KSA，第6卷，第89頁。

30《快樂的科學》1。KSA，第3卷，第369、371頁。

31參看《查拉圖斯特拉如是說》：〈肉體的蔑視者〉。

32《強力意志》556。

33《強力意志》292。

為熟悉。認識的需要就是熟悉的需要。「驅使我們認識的，豈不是恐懼的本能？認識者的快樂，豈不正是重獲安全感的快樂？」哲學家把世界歸結為他熟悉的觀念，就以為世界被認識了。人們總是錯把熟悉當作認識，其實，熟悉即習慣，而習慣了的東西正是最難認識的。[34]

「真理」同樣是用我們所滿意的方式來把握世界這樣一種需要的產物。「求真理的意志」實際上是求一切存在可以思議、可以為人的精神所把握的意志，所以也就是求強力的意志。[35]更透徹地說，真理是「一種原則上是偽造的體系在生物學上的利用」[36]，是人類的一種有利於保存族類的「無可非難的錯誤」[37]。「認識的力量不在於它的真理程度，而在於它的古老，它的長入人性，它的作為生存條件的性質。」[38]

邏輯也只是族類保存的一種手段。「人頭腦中的邏輯從何而來？當然來自非邏輯」。「把相似物當作相同物處理這種占優勢的傾向，這種非邏輯的傾向——因為本來就不存在相同物——最初創造了邏輯的全部基礎。」觀察太精確、推論太遲緩的生物不適於生存。為了生存，寧肯決定而不必正確，寧肯錯誤而不願等待，如此養成習慣而化作邏輯。[39]

理性主義哲學把認識看作與利益無關的自我封閉過程，針對這種傳統觀點，尼采提出了認識本身的基礎問題，並且把這個問題與主體的生命需要聯繫起來。尼采想強調的是，人的全部認識過程都依賴於人的生命需要，沒有也不可能有所謂純粹認識。因此，對於認識過程的考察不能局限於認識過程本身。「認識只能是什麼？——只能是『描述』，放進意義，——並不是『說明』……」[40]「我們稱之為『解釋』的，其實是『描述』，後者是我們比認識和科學的古老階段高明的地方。我們描述得較好，解釋則和前人一樣少。」[41]從這個意義上說，真理、邏輯、理性範疇都只是「有用的偽造」。不過，即使是偽造，仍有其功用。尼采並非要我們拋棄這些理性手段，他是要我們如實地把它們看作手段，而不要看作真理，甚至看作世界的本性，把相對性絕對化了。[42]對於我們的一切觀念，只應從意義的角度來考察，即看它們表現或掩蓋了我們的什麼需要，服務於什麼目的，是何種欲求的標記。

34《快樂的科學》355。KSA，第3卷，第594頁。
35參看《查拉圖斯特拉如是說》：〈自我超越〉。
36《強力意志》328。
37參看《快樂的科學》110、265。
38《快樂的科學》110。KSA，第3卷，第469頁。
39《快樂的科學》111。KSA，第3卷，第471頁。
40《強力意志》321。
41《快樂的科學》112。KSA，第3卷，第472頁。
42參看《強力意志》328。

道德活動與類的保存的關係更加密切。道德無非是對於人的衝動和行為的一種評價和排位。「這種評價和排位始終是一個群體的需要的表達：對它有利的程度也就是全體個人的最高價值尺度……一個群體的保存條件與另一個群體很不同，所以就有很不同的道德。」[43]善惡的評價完全受求強力的意志支配。[44]

審美活動的非理性性質又要超過認識活動和道德活動。「『全部美學的基礎』是這個『一般原理』：審美價值立足於生物學價值，審美滿足即生物學的滿足。」[45]「美屬於有用、有益、提高生命等生物學價值的一般範疇之列……久遠以來提示著、聯繫著有用事物和有用狀態的種種刺激給我們以美感，即力量增長的感覺。」[46]

我們發現，尼采在探索人類精神生活的非理性基礎時，有把精神活動生物學化的傾向。他似乎過分強調了人類一切價值的生物學意義。從人類的角度看，他把真、善、美都理解為某種生物學功能；把這種觀點運用到個人身上，他就對個人的精神現象做出了生理學的解釋。他確實提出了哲學診斷學、道德診斷學、藝術生理學之類的主張。

例如，他曾經談到每一種哲學不過是「一種個人的養生本能」，「個人衝動的理智曲徑」，是把個人的某種強烈欲望翻譯成了抽象的語言。[47]他還說哲學在純精神的外衣下隱藏著生理上的需求，哲學家關於世界和人生的觀點可以當作「肉體的症候」看，他期待有一位「哲學醫生」，專門研究民族、種族、時代、人類的集體健康，並且下出如此診斷：「在全部哲學研究中，迄今為止所涉及的完全不是『真理』，而是別的東西，譬如說健康、未來、生長、權力、生命……」[48]

例如，他把道德上的善惡也看作生理上健康和衰弱的結果。「一個發育良好的人，一個『幸運兒』，他必須採取某種行為，而對於他種行為本能地躊躇，他把他生理上配置的秩序帶進他同人與物的關係之中。公式：他的德行是他的幸福的結果……」而「當一個民族衰微，在生理上退化，接踵而至的便是罪惡和奢侈（這意味著需要越來越強烈和頻繁的刺激，猶如每個耗竭的天性所熟悉的）」。[49]他又說：「我們的道德判斷和估價，也豈非某種我們未知的生理過程的現相和幻影，指稱某種神經刺激的習慣語言？」[50]尼采還提出了研究「犯罪生理學」的主張，要求把罪犯

43《快樂的科學》116。KSA，第3卷，第474～475頁。
44參看《查拉圖斯特拉如是說》：〈自我超越〉。
45遺稿。GA，第14卷，第165頁。
46《強力意志》804。
47《朝霞》553。KSA，第3卷，第323～324頁。
48《快樂的科學》序。KSA，第3卷，第349頁。
49《偶像的黃昏》：〈四種大謬誤〉2。KSA，第6卷，第89頁。
50《朝霞》119。KSA，第3卷，第113頁。

當作病人看待，不是懲罰他們，而是給予治療。[51]

例如，他認為美學是「應用生理學」[52]，並且擬訂了一個題為「藝術生理學」的提綱。他強調審美依賴於肉體的活力：「審美狀態僅僅出現在那些能使肉體的活力橫溢的天性之中，永遠是在肉體的活力裡面。」[53]他探討了審美與性欲的關係，論述了性欲的美化能力以及藝術創造力與性能力的聯繫。[54]他還談到了藝術病理學的問題，提出了「天才＝神經病」的公式。[55]後面這兩個觀點在佛洛伊德學說中得到了發展。

那麼，能否把尼采看作一個將社會現象歸結為生物學現象的社會達爾文主義者呢？恐怕不能。尼采所強調的是人類精神生活與類的保存之間的總體上的聯繫，用意在於為人類精神生活確定一個評價標準。既然一切精神活動都起源於類的保存這樣一種生命需要，那麼，對於任何精神現象都應當視其是否有利於人類總體生命的興旺而決定其價值。凡是導致人類總體生命興旺的，就是真的、善的、美的，否則便是假的、惡的、醜的。至於在具體個人身上，總體生命的興衰則體現為個人內在生命力的強弱。注意：是內在生命力，而不是單純的體格強壯或內臟健康。這更多的是指一種精神上的活力，感受生命的能力，對生命的熱愛。也就是說，我們不能僅僅從字面上去理解他所說的「生物學」和「生理學」，毋寧說這是一種生物學化和生理學化的心理學。海德格在分析尼采的美學思想時指出：「當尼采談論生理學的時候，儘管他強調的是肉體狀態，但肉體狀態在自身中已經總是某種精神的東西，從而也是『心理學』的東西。」例如，對於尼采來說，審美狀態是一種不可分割的肉體精神狀態的整體，是「活著的情緒存在，是留在情緒中的肉體存在，是交織在肉體存在中的情緒」。[56]這一分析是有道理的。尼采自己就體弱多病，可是又有著旺盛的生命活力，我們在理解他的思想時不妨考慮一下這種個人背景。

挑開意識的帷幕

尼采極感自豪的一件事是他對人類心理的洞察力。他自稱是「無雙的心理學家」，並且用前無古人的口吻問道：「在我之前，哲學家中有誰是心理學家，而不是其反面，即『高級騙子』、『理想主義者』？在我之前，心理學還根本不存在。」[57]我們不要說他太自負，他的確是揭開人的深層心理並加以仔細分析的第一人。他在這方面的貢獻已經得到後繼者的公認。佛洛伊德承認

51參看《朝霞》202。

52《尼采反對華格納》。KSA，第6卷，第418頁。

53《強力意志》801。

54參看《強力意志》800、805、806、808、815。

55轉引自海德格：《尼采》，倫敦，1981，第1卷，第94頁。

56海德格：《尼采》，1961年德文版（M.Heidegger. Nietzsche, 2Bände. Neske 1961），第1卷，第114、115、125頁。

57《看哪這人》：〈為何我是命運〉6。KSA，第6卷，第371頁。

他預見到了精神分析學的基本思想。雅斯貝爾斯稱頌他是與齊克果比肩的大心理學家，是深層心理學大師。[58]

尼采之前的心理學，如同哲學一樣，浸透著理性主義的精神。其研究對象，往往局限於人的心理生活的有意識領域，如意識、感知覺、觀念、聯想、注意等等。在尼采以前，觸及到無意識問題的倒是幾位德國哲學家。萊布尼茨提出，人對自身內在狀態的意識（統覺）是由許多無意識的微小感覺結合而成的，這正如無數不可聞的水滴聲造成洶湧的濤聲一樣。赫爾巴特提出了一個「意識閾」的概念，認為被抑制在閾限之下的觀念是無意識的。謝林也曾經談到藝術直觀中無意識活動與有意識活動的同一性。從尼采自己的供述看，他顯然受到萊布尼茨的影響。尼采曾經談到，萊布尼茨比笛卡爾以及同時代一切哲學家高明之處在於，他發現了所謂意識不過是構成我們精神的心理世界的狀態之一，而遠非這心理世界本身。[59]不過，在尼采看來，萊布尼茨只是提出了問題，而問題本身卻始終不曾有人加以深入探究。我們的精神世界還是像埃及一樣：一片荒漠，幾座龐大的金字塔；而且這些金字塔大部分是進不去的，進去了，也只見到些可憐的屍體。於是尼采自己決心深入金字塔裡去探險。

尼采曾經指出，我們對於外部世界的認識不可避免地經過了我們的加工，是一種「有用的偽造」。現在他進一步推論，我們所謂的「內心世界」也以同樣的方式經過了加工。「我們意識中顯現的一切，從一開始就在其全部細節中被配製，被簡化，被圖式化，被解釋過了」。因此，「認識論專家們所認定的那種『思維』全然沒有發生，這是完全任意的杜撰，藉突出過程中的一個因素、排除其餘一切因素而造成，是為了理解而人為做出的整理……」[60]實際上，人的精神生活是一個複雜的複合體，意識僅僅抓住其表面的東西，它的作用只在於尋求最大利益。「一般來說，何種東西被我們意識到，其尺度完完全全取決於被意識到的明顯效用。」[61]

那麼，意識的作用究竟何在呢？尼采認為，其作用僅僅在於人與人之間的傳達：「意識原本只是在傳達的需要逼迫下發展出來的，——一開始它只在人與人之間（尤其在命令者與服從者之間）才是必要的、有用的，並且按照這有用的程度而發展。意識其實只是人與人之間的一個聯繫網，——只是作為這個聯繫網而必須發展：隱士和野人是不需要它的。」人為了尋求同類的說明，就需要「知道」自己的意思和想法，於是需要「意識」。如同每一種生物一樣，人始終在思考卻不自知；被意識到的思想只是其中極小的一部分，不妨說是最表面、最差的一部分」。由此尼采得出結論：「意識其實不屬於人的個人生存，毋寧說屬於人身上的社會本性和合群本性。」

58 參看雅斯貝爾斯：《尼采導論》第130頁。
59 參看《快樂的科學》357。
60《強力意志》477。
61《強力意志》474。

所以，對於個人來說，「自我認識」近乎是不可能的，凡是得以進入意識的偏是他身上的非個人性的東西，平均化的東西。每個人的行為在根柢上是個人的，獨一無二的，可是一旦進入意識，就變得面目全非了。[62]

這就是尼采對於意識的分析和評價。指出意識的社會性和非個人性，無疑是對的。至於尼采因此而對之貶薄，是出於他的人生哲學觀點。在他看來，個人的獨特感受具有極高的人生價值，因此他極其惱恨把這種感受一般化、平庸化的意識之作用。

現在我們來看看尼采對於無意識的分析。關於我們心理生活中存在著一個廣闊的無意識領域，尼采是反覆作了論述的。他一再指出，我們精神生活的絕大部分是無意識地進行的，我們不知道心靈中的種種衝動及其相互鬥爭的過程，而只知道其鬥爭的結果，即各種衝動之間所達成的一定關係。[63]然而，揭開無意識領域的奧祕具有極其重要的意義，因為尼采認為，這個領域正是人的行為的真實動機之所在，也是人的「心靈」的真正誕生地。

有一種古老的謬見，以為人知道自己的行為是怎樣發生的。連蘇格拉底和柏拉圖也對這種謬見深信不疑，確認「正確知識必然產生正當的行為」。事實卻是：知識從來不曾產生行為，知識與行為之間的橋樑未嘗連結過。[64]尼采把「每個行為的原因必在意識中」這一看法稱作「心理學中最基本的偽幣製造」，並悲歎它竟被樹為心理學原則本身。[65]他認為，人們在行動時，往往是受激情和興趣支配，而不是受理智支配。[66]「我們總是從我們認為錯誤的判斷中，從我們已經不信的學說中引出結論，——由於我們的感情。」[67]人在意識中權衡自己行為的結果，進行抉擇，這並非真正的「內心交戰」。行為往往離開意識的支配，而被肉體的變化、心血來潮、潛伏感情的活躍等因素所影響，這才是「內心交戰」。[68]總之，「思想是一回事，行為是另一回事，行為的印象又是另一回事。因果之輪並不在它們之間轉動。」[69]

一般人以為自己的行為總是有著一定的目的，尼采認為，所謂目的只是我們的幻想，其實是「需要」的鐵手，搖著「偶然」的骰子盒，決定著我們的行為。[70]行為的真正動因是我們心理

62《快樂的科學》354。KSA，第3卷，第591～593頁。
63參看《快樂的科學》111、127、333、354。
64參看《朝霞》116。
65《偶像的黃昏》：〈四種大謬誤〉7。KSA，第6卷，第95頁。
66參看《朝霞》27、28。
67《朝霞》99。KSA，第3卷，第89頁。
68參看《朝霞》129。
69《查拉圖斯特拉如是說》：〈蒼白的罪犯〉。KSA，第4卷，第45～46頁。
70參看《朝霞》130。

中積聚的某種力量，這種力量等待著釋放，而「目的」不過是為釋放找到的或然性極大的某個管道。71

存在於無意識之中、支配著人的行為的力量究竟是什麼呢？就是需要，或者說衝動。「在每一場合都有一種衝動得到滿足……這衝動抓住這個事件如同它的一個掠獲物」。72 尼采感歎人們對於衝動所知太少，對於這些衝動的數目和強度，落潮和漲潮，相克和相生，尤其是對於它們的營養規律，完全一無所知。可是，衝動的營養卻是一件非同小可的事，往往決定了一個人的內心世界的性質。每一種衝動都不可遏止地尋求滿足，如果得不到滿足，就會或者如同得不到雨水的植物一樣枯萎，或者尋求假想的滿足。這就是營養的過程。由於我們對這個過程的無知，我們就把這種營養完全交給偶然性去支配。把衝動譬作烏賊魚的觸手，哪些觸手得到營養而滋長，哪些因營養不良而枯落，完全聽憑偶然。這樣長成的烏賊魚，即我們的人性，也就成了偶然的產物。73

人的內心世界的狀態和性質完全取決於各種衝動此消彼長的具體情況。「所有未能向外釋放的衝動都轉向了內部——人身上事後被稱作他的『心靈』的東西借此方才長成。整個內心世界，原本單薄得好似夾在兩張皮之間一樣，當人的向外釋放受阻之時，便適度地彼此分開和生成，獲得了深度、寬度和高度」。74

並非人的一切衝動都應當得到滿足的。現實情境也確實迫使人抑制自己的某些衝動。抑制在少數情形下導致衝動的消失，在多數情形下卻驅使人尋求變相的滿足，用精神分析學的術語說，就是「移置」。在精神分析學中，移置作用的揭示實為闡明無意識機制的關鍵。我們看到，尼采對於各種移置方式實際上都已經有所論述。

第一，夢幻。被壓抑的衝動在夢幻中得到滿足，包括夜夢和晝夢。佛洛伊德以《夢的解析》（1900）一書為精神分析學奠基，而尼采比他早二十年到三十年就對夢的作用和機制做出類似的分析了。在《悲劇的誕生》中，尼采已經談到，夢的必要性出於「我們最內在的本質，我們所有人共同的深層基礎」，「每個人在創造夢境方面都是完全的藝術家」。[75]在《朝霞》中，他又指出，饑餓不能用夢想的食物來滿足，但多數衝動卻正是用夢見的食物滿足的。由此他談到了「夢的價值和意義」，即在於「在一定程度上補償白天食物的偶然欠缺」。夢的直接原因似乎是由於睡眠時受到某種神經刺激，如血液和腸胃的運動，手臂或被蓋的壓迫，各種聲響。可是，夢

71參看《快樂的科學》360。
72《朝霞》119。KSA，第3卷，第114頁。
73參看《朝霞》119。KSA，第3卷，第111～112頁。
74《道德的譜系》第2章16。KSA，第5卷，第322頁。
75《悲劇的誕生》1。KSA，第1卷，第26～27頁。

對於這些刺激的傳譯是非常自由的。同一本書，卻受到不同的注解。同一種刺激，卻可以夢見不同的原因。這正是因為有不同的衝動在尋求滿足。[76]佛洛伊德釋夢的中心思想，即夢是受壓抑的願望經過改裝了的實現，顯然已經被尼采扼要地說出了。尼采還認為，人在醒時同樣受衝動的支配，對事件做出自由的解釋。在這一點上，醒與夢沒有實質的區別，類似於一種晝夢。某一個事件發生時，「我們身上何種衝動正達到高潮，這個事件對於我們就具有何種含義；因為我們是不同類型的人，它也就成了完全不同的事件」。所以，我們的經驗是我們放入事件中去的東西，而非其中原有的東西。[77]

第二，替代。衝動由於缺乏滿足的對象，或者由於人本身的軟弱而無能加以滿足，便在心理中形成一種緊張狀態。它力求在一種方便的替代中釋放自己。這種替代方式往往是消極的，不過是衝動未得滿足的發洩和破壞舉動。尼采特別在基督徒身上看到這種現象：「保羅已經認為，必須有一個犧牲，使上帝對於罪過的盛怒得以消除。自那時以來，基督徒不曾停止過在一個犧牲身上發洩他們對於自己的不快，——不管這犧牲是『世界』，『歷史』，『理性』，還是別人的快樂和安寧，——總得有什麼好東西為了他們的罪過而死（哪怕只是用類比的方式）！」[78]「靈魂也須有它的某種陰溝，以便把它的垃圾往其下傾倒：派此用場的是角色，關係，立場，祖國，世界，或最後——親愛的上帝。」[79]

第三，昇華。即粗鄙的衝動移置為精緻的衝動。「要是一種衝動變成理智的衝動，它便得到了一種新名稱、新魅力和新評價。」[80]這種情形最典型地表現在性衝動之昇華為各種高級衝動，如宗教之愛、博愛、藝術等等。在強調性欲在人的精神生活中的巨大作用這一點上，尼采與佛洛伊德也十分相似。他認為：「一個人的性本能的強度和特徵一直貫穿到他的精神的頂點。」[81]他特別重視性衝動在藝術中的昇華，認為藝術家都是一些性欲旺盛的人，而一個人在藝術創造中消耗的力和他在性行為中消耗的力是同一種力，所以藝術家應當從經濟學角度考慮而保持相對的貞潔。[82]

第四，遺忘。尼采認為，遺忘不僅是記憶力的自發現象，而且是對經驗作精神上加工的必要條件。「遺忘不是純粹的慣性力……它更多地是一種主動的、在嚴格意義上積極的抑制能力……這種抑制機制在人身上工作著，他便一無牽掛了。」[83]記憶力是受衝動支配的：「記憶力僅僅注

76《朝霞》119。KSA，第3卷，第112頁。
77《朝霞》119。KSA，第3卷，第114頁。
78《朝霞》94。KSA，第3卷，第86頁。
79《人性的，太人性的》第2卷第2部46。KSA，第2卷，第574頁。
80遺稿。GA，第12卷，第149頁。
81《善惡的彼岸》。KSA，第5卷，第87頁。
82參看《強力意志》800、805、806、808、815。

意衝動的事實：它僅僅識別，什麼東西變成了衝動的對象！」[84]一種受壓抑的衝動為了在假想中得到滿足，往往會歪曲記憶，故意遺忘。「我的記憶說：『我做過這事。』我的驕傲說，並且頑強地堅持：『我不可能做這事。』最後，記憶讓步了。」[85]遺忘成了滿足願望的手段。我們不禁想起了佛洛伊德對於日常生活中種種過失的心理分析。

尼采認為，潛伏在人的無意識中的衝動的種類是不計其數的，他提到的就有：快樂的需求，戰鬥的需求，求強力的意志，死亡的欲求，求真理的意志，認知的需要，安寧的需要，幸福本能，合群本能，等等。他似乎反對把眾多的衝動歸結為其中的一種，甚至譏諷地說，如果一個人不論在何處都只看到饑餓、性欲或虛榮心，彷彿它們是真正的和唯一的動機，我們就可以從這個「長在猿身上的科學頭腦」那裡得到可靠的教益，知道他有何種個人特性。[86]不過，尼采自己也把一切衝動最後歸結為唯一的一種衝動即強力意志了，當然，以子之矛，攻子之盾，他的話同樣適用於他自己，我們也可由他所作的這種歸結看出他的個人特性。

談到尼采對於無意識的研究，還不能不提一下他已經觸及到了類似榮格後來提出的「集體無意識」或「原始意象」的觀念。這裡只要摘引兩段話就夠了：「在激情的爆發中，在夢和瘋狂的幻境中，人重新發現了他和整個人類的史前狀態，獸性及其猙獰模樣；這時他的記憶回到了遙遠的過去，而他的文明形態是通過忘卻這種原始經驗亦即拋開這種記憶才發展起來的。」[87]「我在獨處時發現，古老的人性和獸性，乃至整個原始時代，一切有情的過去，在我身上繼續創作著，繼續愛著，繼續恨著，繼續推論著……」[88]尼采稱他的這種意識為「幻象意識」，並不能證實，可是會不期然而然地從我們的無意識的海底浮現到海面上來。

語詞的化石

尼采對於理性的批判，還有一個不可不提的方面，就是對於語言的批判。

語言對於真實意義的遮蔽作用及其所引起的混亂，已經引起現代西方哲學界的普遍注意。甚至可以說，它幾乎是各派哲學的一個共同出發點。邏輯經驗主義由此而把哲學的使命歸結為分析語詞的意義，使命題得到澄清，由此，語義學一時風行。存在主義、現象學等非理性主義流派也愈來愈重視語言問題，試圖探索某種對話式直接溝通的途徑。尼采的作用是提出了問題，揭露語

83《道德的譜系》第2章1。KSA，第5卷，第291頁。
84遺稿。GA，第11卷，第281頁。
85《善惡的彼岸》68。KSA，第5卷，第86頁。
86參看《善惡的彼岸》26。KSA，第5卷，第45頁。
87《朝霞》312。KSA，第3卷，第226頁。
88《快樂的科學》54。KSA，第3卷，第416～417頁。

詞的遮蔽、迷惑和歪曲作用，至於如何解決問題，則要留待後人了。

尼采認為，語言與意識是同步發展的，它的作用是充當傳達的標記。因此，它和意識一樣僅屬於人的社會性領域。在這個意義上，他輕蔑地稱語法為「大眾形而上學」。[89]他還把理性稱作「語言形而上學的基本假設」，把「語言中的『理性』」形容為「一個多麼欺詐的老嫗」。[90]在他看來，語言的遮蔽作用，既表現在對外部對象的遮蔽上，也表現在對我們內心世界的遮蔽上。

關於對事物的遮蔽，尼采說：「先民無論在何處擱下一個詞，便相信自己做出了一個發現。其實完全是另一回事！——他們只是觸到了一個問題，便誤以為把它解決了，這就給解決設置了障礙。——現在我們進行任何認識活動時都會絆在詞的化石上，而且往往是碰斷了一條腿，而不是破解了一個詞。」[91]又說：「事物是怎樣稱呼的，比起它是什麼，要遠為重要得多，看到了這一點，我感到特別勞神而且仍繼續感到特別勞神。一個事物的稱呼、名字和外表，效用和通行的尺度、份量——當初往往源於一種錯誤，一種任意性，像一件衣服蓋在事物上面，與其實質乃至表皮完全是兩回事——由於對它們的相信，由於一代代的生長，它們就彷彿逐漸生長到了事物上面和生長進了事物裡面，化作了事物的軀體：開始時的現象最後幾乎總是變成了本質並且作為本質起作用！」[92]

語詞只能表示一般，不能表示個別。在尼采看來，問題不止於此。更嚴重的問題在於，語詞在形成之初就帶有任意性，可是一旦形成就取得了支配我們思想的威力，我們把語詞看得比事物本身還重要，生活在語詞之中，與事物本身卻越來越隔膜了。

關於對內心世界的遮蔽，尼采指出：「語言以及作為語言之基礎的偏見，給我們探究內心活動和衝動設置了重重障礙，例如通過這種方式：只為最強烈的內心活動和衝動準備了語詞。於是，我們就習慣於在沒有語詞的地方不再作仔細的觀察了，因為在那裡再作仔細的思考是很艱難的；從前的人甚至不由自主地認為，語詞的領域終止之處，存在的領域也隨之終止。憤怒，仇恨，愛，同情，渴望，認識，快樂，痛苦，——這些便是為極端狀態準備的全部名稱；我們忽略了比較和緩、中間的狀態，更忽略了一直在進行著的細微的狀態，而正是它們織成了我們的性格和命運之網。」[93]「我們真正的經驗全然不是饒舌的。它們即使想要，也不能夠傳達自己。因為它們缺乏語詞……語言似乎只是為平均的、中庸的、可傳達的東西發明的。說話者業已用語言使

89《快樂的科學》354。KSA，第3卷，第593頁。
90《偶像的黃昏》：〈哲學中的「理性」〉5。KSA，第6卷，第77、78頁。
91《朝霞》47。KSA，第3卷，第53頁。
92《快樂的科學》58。KSA，第3卷，第422頁。
93《朝霞》115。KSA，第3卷，第107頁。

自己平庸化。」[94]「即使是自己的思想，也不可能用語詞完全表達出來。」[95]

人的大部分內心生活是無意識的，它們當然不能用語詞表達。即使是被意識到的東西，例如自己的思想，或某種情緒狀態，也不能用語詞完全表達出來。語詞奪去了人的思想和情感的個人性，把它們一般化了。就拿那些有語詞可表示的極端心境來說，一種痛苦不同於另一種痛苦，一種歡樂不同於另一種歡樂。你一旦用語詞來表達你的痛苦或歡樂，每個人都將按各自的經驗來理解，結果還是奪走了你的痛苦或歡樂的個人性。愈是獨特的思想和情感，就愈是難以表達。有獨特個性的人每每感覺到這種不能表達的痛苦。

使尼采感到不滿的是，人們不但不去揭穿語言的遮蔽作用，反而有意無意地借助語言的遮蔽作用來逃避自我，逃避深刻的內心生活。「大家都需要新的語詞的鬧鈴，繫上了這些鬧鈴，生活好像就有了一種節日般的熱鬧氣氛……大家都在逃避著回憶和內心生活。」[96]在現代西方社會中，語言的非個人性使它成了操縱個人的有效工具。商業廣告，新聞廣播，競選演說，大眾傳播媒介，各式各樣的語言鬧鈴響成一片。人人爭著說話，可是誰在思想呢？願意思想的人又到哪裡去找一塊安靜的地方呢？……

94《偶像的黃昏》：〈一個不合時宜者的漫遊〉26。KSA，第6卷，第128頁。

95《快樂的科學》244。KSA，第3卷，第514頁。

96〈作為教育家的叔本華〉5。KSA，第1卷，第379頁。

第七章　價值的翻轉

上帝死了

超於善惡之外

忠實於大地

主人道德和奴隸道德

怎麼，大海沉落了？
不，是我的土地在生長，
一種新的熱情托著它上升！
——尼采

到現在為止，我們好像一直是在尼采哲學的前廳裡滯留，逐一觀摩了這位主人珍愛的各種寶物：酒神精神，強力意志，評價，創造，「自我」，非理性。可是，我們的好鬥的主人擁有這些珍寶卻不單單是為了觀賞的。當我們的雙腳踏進正廳時，呈現在我們眼前的是一派戰鬥景象。這位現代唐吉訶德正在孤身作戰，每一件珍寶都是他的武器，用來向一切傳統價值開火。

尼采自己說：「一切價值的重估——這是我關於人類最高自省行為的公式，它已經變成我的血肉和天才。」[1]

尼采醞釀已久、終未完成的他一生的主要著作，按照他自己的計畫，標題為「強力意志」，副題即為「變革一切價值的嘗試」。

在尼采的全部學說中，沒有比「一切價值的重估」這聲響亮的號召更加震撼現代西方人心靈的了。西方人精神生活中的巨大變化，歸結到一點，就是價值觀念的變化。

尼采不是書齋裡的學者，也不是世外桃源裡的隱士。「我不是一個人，我是炸藥。」[2]就在他漂泊於山巔海濱之際，殊不知他也在歐洲文明的大廈下埋好了雷管和引線。我們現在已經聽到了悠遠的爆炸聲。

真的，他的種種理論都在為這一聲爆炸做準備。他也確實做好了準備。

「評價就是創造」，人有評價的自由，評價的改變導致人類發展方向的改變：「重估一切價值」的必要性和可能性。

酒神精神和強力意志，對生命和強力的肯定：最高的價值原則，「重估一切價值」的最高尺度。

圍繞這一最高尺度的派生尺度：用創造反對安於現狀，用「自我」反對個性泯滅，用本能反對片面理性，等等。

12《看哪這人》：〈為何我是命運〉1。KSA，第6卷，第365頁。

重估的範圍甚廣，包括宗教、道德、哲學、科學、文化、藝術等。中心是道德批判，因為尼采認為，在一個時代、一個民族乃至整個人類，道德觀念即對善惡的評價基本上決定了其精神面貌。歐洲傳統文明的癥結在於善惡的顛倒。由於歐洲傳統道德即是基督教道德，道德批判與宗教批判又是融為一體的。現在從事這一批判的條件業已成熟，因為——「上帝死了」。

上帝死了

文藝復興以來，歐洲人的基督教信仰已經逐漸解體。哲學家們從本體論、認識論、科學知識、歷史考證各個角度對基督教原理進行批判，並且從中引出了激進的政治變革（十八世紀法國唯物論者）和哲學變革（費爾巴哈）的結論。尼采區別於前人的地方在於，他第一個明確指出了基督教信仰解體之後歐洲出現價值真空這個事實，並且把基督教批判與歐洲傳統價值觀念的批判緊密結合起來。

尼采不愧是個詩人哲學家，從他的「上帝死了」這一聲聳人聽聞的呼喊中，歐洲信仰危機的嚴重性形象地呈現在人們面前了。在哥白尼的《天體運行》發表三、四百年之後，在科學迅速發展的現代，還有多少人真的相信上帝創造了世界？可是人們照樣信教，進教堂，為的是好歹總得有信仰，否則人生便失去了依託。現在尼采向他們大喝一聲：上帝死了！你們天天進的教堂是上帝的墳墓！你們把死人當活人一樣相信著，欺騙著自己，其實你們根本沒有信仰！——猶如夢遊者被喚醒，這些歐洲人怎能不毛骨悚然？其中堅強者又怎能不深自反省？

上帝是怎麼死的？尼采給予二則寓言式的說明。一則從一個大白天打著燈籠尋找上帝的瘋子口中說出：「是我們把他殺死的，——你們和我！我們都是殺他的兇手！」[3]我們為什麼殺死他呢？《查拉圖斯特拉如是說》中那個最醜陋的人道出了真相：「上帝明察一切，包括人類：這個上帝必須死！這樣一個證人活著，人類是受不了的。」[4]這是說人類謀殺了自己的監督者，暗喻基督教倫理與人類本性的不可相容。另一則說：「上帝也有他的地獄，這就是他對人的愛。」「上帝死了；上帝死於對人的同情。」[5]「他看見人如何被釘到十字架上，忍受不了，他對人的愛成為他的地獄，最後成為他的死」。上帝年輕時艱辛而好復仇，後來漸漸年老，溫和而慈悲，「最後有一天因他的過多同情而窒息」。[6]這裡是暗喻猶太教和基督教由反抗的宗教蛻變為順從和憐憫的宗教的歷史，並把它的滅亡看作它的柔弱化的必然結果。

3《快樂的科學》125。KSA，第3卷，第481頁。
4《查拉圖斯特拉如是說》：〈最醜的人〉。KSA，第4卷，第331頁。
5《查拉圖斯特拉如是說》：〈同情者〉。KSA，第4卷，第115頁。
6《查拉圖斯特拉如是說》：〈退職者〉。KSA，第4卷，第323頁。

重要的不是上帝之死這個事實本身，而是這個事實所帶來的後果。從前，人類的生活圍著上帝旋轉，上帝為人類的生活提供了一個目標，一種意義，他賞罰分明，一切善惡都將在他那裡得到報應。現在，在「我們把這地球從它的太陽的束縛中解脫了」以後，「它現在往何處運動呢？我們往何處運動呢？……我們豈不好像要穿越無盡的虛無一樣迷路了？」「上帝死了！上帝永遠死了！正是我們把他殺死了！我們，兇手中的兇手，如何安慰自己呢？迄今為止支配世界的最神聖最強大者在我們的刀下流血，——誰來替我們擦去這血？……這件大事對於我們豈非太大了？我們豈非必須自己變成上帝，才配得上這件大事？決不會有更大的事了，——凡是在我們之後出生的人，只因為這件事就屬於更高的歷史，高於迄今為止的全部歷史！」[7]

尼采一再談到上帝之死的劃時代意義，一再感歎這件事太偉大了，太深遠了。他甚至說，這件事把歷史分成兩半，在此之後人類才算真正存在。[8] 同時他也一再歎息這件事的偉大超出當時多數人的理解力之上，人們理解這件事的全部後果還需要時間。[9] 事情的嚴重性在於，對基督教上帝的信仰崩潰之後，「一切必將跟著倒塌，因為它們建築在這信仰之上，依靠於它，生長在它裡面：例如我們的整個歐洲道德。廣浩連鎖的崩潰、毀壞、沒落、傾覆正呈現在我們面前……」[10]

這就是全面的信仰危機和價值危機。這就是「地球上尚無先例的一次晦暗和日食」。[11] 正像杜斯妥也夫斯基筆下的卡拉馬助夫所說的：「如果沒有上帝，一個人豈非什麼事都可以做？」

是的，的確沒有上帝。上帝死了。善惡的法則無效了，什麼事都可以做了。可是，做什麼呢？沒有信仰、沒有目標、沒有寄託的人又能做什麼呢？

尼采卻在這空前的大崩潰中看到了空前的大自由，在這從未有過的黑暗中看到了從未有過的希望。「在我們眼裡，地平線彷彿終於重新開拓了，即使它尚不明晰，我們的航船終於可以重新出航了，可以駛向任何風險了，認知者的任何冒險又重獲允許，海洋、我們的海洋又重新敞開了，也許從來還不曾有過如此『開闊的海洋』哩。」[12]

不過，在尼采看來，這新的希望僅僅是屬於少數優秀者的。從前，在上帝面前，人人都平等，都是受上帝支配的卑微者。現在，上帝死了，誰是無能支配自己命運的卑微者，誰是能夠支配自己命運的高貴者，就涇渭分明了。上帝躺進了墳墓，人類中的創造者才得以復活。「現在偉大的正午才到來，現在高貴者才成為——主人！」[13]

7《快樂的科學》125。KSA，第3卷，第481頁。
8參看《看哪這人》：〈為何我是命運〉8。
9參看《快樂的科學》125、343。
10《快樂的科學》343。KSA，第3卷，第573頁。
11《快樂的科學》343。KSA，第3卷，第573頁。
12《快樂的科學》343。KSA，第3卷，第574頁。

上帝之死帶來的新的希望是什麼呢？尼采說，世界的這新的霞光和新的白晝就「在一切價值的重估之中，在對一切道德價值的擺脫之中，在對一切歷來被禁止、蔑視、詛咒的事物的肯定和信賴之中」。14

原來，隨著上帝之死而發生的價值真空反而提供了空前的機會，使人可以著手建立新的價值。在這個沒有上帝的世界上，人生並無所謂「永恆的背景」，人，而且只有人才是評價者，一切價值都是人自己建立的，人必須自己來為自己的生活探索一種意義。過去，人把上帝尊為唯一的創造者，自己屈居被創造物的地位，由此而建立的一切價值都是顛倒的。「重估一切價值」就是要把被顛倒的評價重新顛倒過來，否定一切被肯定者，肯定一切被否定者。這也就是「價值的翻轉」。

「一切價值的重估」的思想最早見之於《朝霞》一書。尼采在那裡談到，一向生活在基督教之中的人們是不可能正確評價基督教的，世界大得很，基督教不過是一個小角落。一個人必須不按基督教方式生活過許多年，經歷了一種與基督教相反的真誠生活的熱情，方可做出判斷。他接著說：「未來的人們將這樣來對待過去的一切價值評價；一個人必須自由地再次體驗它們以及相反的價值評價——為了最終有權決定取捨。」15在同一本書裡，尼采還主張「新的價值估定」要採取「不斷給與輕量藥劑」的漸進辦法，而反對政治大革命的「感情用事的流血的江湖醫道」。16

後來他仍然不贊成政治手段，不過在價值變革上的態度可要激烈多了。

在《快樂的科學》中，「重估」思想已明確形成：「你相信什麼？——一切事物的重量必須重新估定。」[17]

重估一切價值，重點在於重估道德價值。因為尼采發現：「在地球上找不到比善和惡更大的權力了。」[18]道德對於人的心靈是一種無形的支配，它要求你在憤怒、恨和愛中的全部力量。[19]在哲學的一切階段上，道德始終被看作最高的價值。[20]基督教實質上是一種倫理，一種與生命相敵對的倫理。然而這種倫理長期以來作為最高行為規範支配著人類，顛倒了善惡是非，把人類引向頹廢。「如果最頹廢類型的人上升為最高類型，那麼，只有犧牲了與之相反的類型，即強健的、

13《查拉圖斯特拉如是說》：〈高貴的人〉。KSA，第4卷，第357頁。
14《看哪這人》：《朝霞》1。KSA，第6卷，第330頁。
15《朝霞》61。KSA，第3卷，第62頁。
16《朝霞》534。KSA，第3卷，第306～307頁。
17《快樂的科學》269。KSA，第3卷，第519頁。
18《查拉圖斯特拉如是說》：〈一千零一個目標〉。KSA，第4卷，第76頁。
19參看《查拉圖斯特拉如是說》：〈快樂與激情〉。
20參看GA，第15卷，第431頁。

擁有生命良知的人的類型，這種情況才可能發生。如果畜生閃耀著最純粹的道德的光輝，那麼，傑出的人就必定會被貶為惡人。如果謊言一定要以『真理』之名裝飾自己，那麼，真正的老實人就只能求之於名聲最壞的人之中。」[21]所以，尼采認為：「道德價值的起源問題是頭等重要的問題，因為它決定了人類的未來。」[22]

基督教倫理的頹廢精神還滲透到了人類其他一切價值之中。它不僅被當作最高的生活價值，而且被當作最高的文化價值。真和美都要在善之中找到自己的歸宿。所以，尼采又說：「真理的閃電正擊中了迄今為止最高的東西：誰明白在這裡什麼被毀壞了，他就會看出是否還有什麼東西留在手中……揭穿了道德的人，同時也就揭穿了人們信仰或曾經信仰過的一切價值的無價值。」[23]

尼采之所以要集中力量批判道德，還有一個重要原因，就是因為他發現：「道德迄今為止還未嘗是一個問題……我未嘗發現有人敢於批判道德價值判斷。」[24]在他看來，道德批判尚是一個空白領域。上帝死了，可是上帝的影子還在作祟，這影子就是道德。所以，「我們必須戰勝上帝的影子！」[25]當然，在尼采之前，對基督教倫理作過批判的不乏其人，可是在尼采看來，他們都只是批判了基督教倫理的個別道德規範，而不曾觸動其根柢。他卻不但否定了基督教倫理的根本原則，對善惡作了全新的評價，並且在一定意義上還否定了倫理本身，把數千年來視為明白無疑的東西帶入問題的領域，把道德從至高無上的地位拉下來，確定了它對別的更高價值的從屬關係。所以，他自稱：「我是第一個非道德主義者。」[26]

超於善惡之外

尼采認為，要使「對於道德成見的思考」不成為「對於成見的成見」，我們就必須站在道德之外的一個位置上，超於善惡之外，也就是首先擺脫了歐洲占統治地位的全部價值觀念。可是，這些價值觀念已經化作歐洲人的血肉。所以，道德批判是一件極為困難的事情。[27]

尼采對於道德的否認，據他自己說，有兩層意思：第一，否認某人的行為是出於所謂道德的動機，也就是說，動機本身就不真實，真實的動機卻是不道德的，經過自我欺騙作用而化妝成了道德的；第二，動機是真實的，然而這動機卻是一種根本錯誤的道德觀念。[28]

21《看哪這人》：〈為何我是命運〉5。KSA，第6卷，第369～370頁。
22《看哪這人》：《朝霞》2。KSA，第6卷，第330頁。
23《看哪這人》：〈為何我是命運〉8。KSA，第6卷，第373頁。
24《快樂的科學》345。KSA，第3卷，第578頁。
25《快樂的科學》108。KSA，第3卷，第468頁。
26《看哪這人》：〈不合時宜的考察〉2。KSA，第6卷，第319頁。
27參看《快樂的科學》380。

我們先談第二層意思。

一種錯誤的道德觀念可以成為導致一個正確行為的真實動機，猶如煉金術士在錯誤的煉金術觀念支配下也可以做成功某些化學實驗一樣。所以，尼采強調：「我之否定道德，正如我之否定煉金術，是否定它的前提」。許多不道德的行為仍然應該反對，許多道德的行為仍然應該提倡，但是兩者都須出自與過去不同的根據。[29]

那麼，尼采要否認的是道德的什麼大前提呢？如果我們沒有理解錯尼采的意思的話，這個大前提我們不妨稱之為「道德本體論」，也就是把道德實體化的傾向。

尼采說：「人們知道我對哲學家的要求，就是站在善惡的彼岸——超越道德判斷的幻相。這一要求源自一種見解，我首次把這見解製成一個公式：根本不存在道德事實。道德判斷與宗教判斷有一共同點：相信不存在的實在。道德僅是對一定現象的解釋，確切地說是一種誤釋。」[30]

根本不存在道德事實，道德僅是對一定現象的解釋，這是尼采關於道德之本質的中心論點。問題在於，道德解釋的是什麼現象？也不是道德現象！「完全不存在道德現象，只存在對現象的一種道德解釋。」[31]尼采根本否認道德的實在性，他要強調的是，道德判斷並無一種道德現實與之相對應，所以它並無真理性。尼采一再強調，道德不是「自在」的，它僅僅是「意見」，甚至是「對於本來並不存在的事物的意見」。[32]「道德並無自足的價值」[33]；憑藉道德概念，「人的價值還完全沒有被觸及到」[34]。「不存在單憑自身就成為道德的道德」。[35]就像「為美而美」、「為真而真」一樣，「為善而善」也是「用惡眼光看真實的一種形式」。[36]

尼采分別從人性、社會歷史、自然三方面來論證不存在道德事實。

從人性來看，每種道德的特異性表明，沒有一種道德判斷可以追溯到人的類存在，而只能追溯到某一民族、某一種族、某一等級等等的存在。[37]

28參看《朝霞》103。
29《朝霞》103。KSA，第3卷，第91頁。
30《偶像的黃昏》：〈人類的「改善者」〉1。KSA，第6卷，第98頁。
31《善惡的彼岸》108。KSA，第5卷，第92頁。
32參看《朝霞》536。又參看GA，第11卷，第35頁。
33《偶像的黃昏》：〈一個不合時宜者的漫遊〉37。KSA，第6卷，第137頁。
34遺稿。GA，第16卷，第294頁。
35《朝霞》164。KSA，第3卷，第147頁。
36遺稿。GA，第15卷，第262～263頁。
37參看GA，第13卷，第141頁。

從社會歷史來看，「全部歷史都是對所謂『世界倫理秩序』命題的經驗上的反駁。」[38]最主要的論據來自自然，這就是「生成之無罪」的觀念。自然和生命本身是非道德的，萬物都屬於永恆生成著的自然之「全」，無善惡可言。「萬物都以永恆之泉水受洗，超於善惡之外；善惡不過是掠影，是陰翳，是流雲。」[39]在生物機體中，較弱細胞化作較強細胞的功用，這無所謂善；較強細胞同化較弱細胞，這也無所謂惡。[40]如果機體的某一器官患病而不能自我恢復，為了保存整個機體，就應該割除患病的器官，這裡無同情可言。[41]所謂「惡」的因素，與「善」的因素一樣，對於保存族類是不可缺少的，只是各有各的功用。[42]總之，自然界並不遵循道德律。

那麼，道德究竟是如何產生的？或者說，它是對什麼現象的解釋？尼采說，道德是「內心衝動的一種符號語言」，而內心衝動又是整個有機體機能的一種符號語言。[43]又說，他慣於「在一切道德判斷中看到一種拙劣的符號語言，軀體的某個心理事件欲借它而傳達自己」。[44]

這就是說，有機體的生物狀態在心理中產生某種衝動，道德是對這衝動的解釋，並且是錯誤的解釋。

透徹地說，這是把道德現象歸結為生物現象。或者說，只有生物現象，沒有道德現象，人們把生物現象曲解為道德現象了。尼采似乎就是這麼說的。他用諷刺的口吻談到，上流社會中的所謂道德行為，如小心謹慎地避免著可笑的事、露頭角的事和爭端，隱匿著自己的才能和欲求，與環境同化，從俗，自卑，這一切與動物中的保護色作用、肖形作用、裝死等現象是一回事，無非是避開仇敵和保存自己的手段，所以，仍是一種動物性現象。[45]他也正面地談到，道德就是對人的各種衝動的一種估價和位置排列，這種估價和排列是一個社團和人群的需要的表現。[46]最後尼采又把道德評價的根源歸結為強力意志，強調一個民族必定把使之能統治、征服、榮耀的東西評價為善，反之評價為惡。[47]

道德的終極根源是生物需要和求強力的意志，由於需要不同，意志強弱殊異，便發生不同的

38《看哪這人》：〈為何我是命運〉3。KSA，第6卷，第367頁。
39《查拉圖斯特拉如是說》：〈日出之前〉。KSA，第4卷，第209頁。
40參看《快樂的科學》118。
41參看《看哪這人》：《朝霞》2。
42參看《快樂的科學》4。
43參看GA，第13卷，第153頁。
44遺稿。GA，第13卷，第163～164頁。
45參看《朝霞》26。KSA，第3卷，第36頁。
46參看《快樂的科學》116。
47參看《查拉圖斯特拉如是說》：〈一千零一個目標〉。

行為和對行為的不同評價。尼采要求如實地看待這些現象，不要冠以道德的虛名。他想說明這樣一個意思：你的一切行為都是出於你的需要，而不是出於某種道德觀念，道德不過是你對於你的行為動機的一種不正確的解釋。當然，也許你是真誠地信奉某種道德觀念並且據之行事，但是，使你能夠這麼做的更深的動機仍然是你的需要。

說道德源於需要，這是一種追根溯源的說法。但是，道德在其發展和傳播的過程中可能脫離其源頭，而依靠別的力量維持。尼采指出，歐洲傳統道德靠兩大力量維持。一是習俗。「道德無非是（也僅僅是！）對習俗的服從，不論它是何種習俗；而習俗則是傳統的行為方式和評價方式。」[48]之所以服從習俗，是由於怯懦和懶惰，於是怯懦和懶惰竟成了習俗道德的大前提。[49]當然，服從習俗也可以找到生物學上的解釋，這就是前面談到的動物的保護色等現象。但是，在尼采看來，這恰恰是弱小動物的特性，是應予否定的。歐洲道德的另一個支柱便是上帝的絕對命令。「每種宗教和道德引為基礎的最一般公式是：『做這個這個，不做這個這個——你就將幸福！否則……』每種道德、每種宗教都是這樣的命令……」[50]「基督教假定，人不知道也不可能知道，對他來說，何為善，何為惡：他信仰唯一知道這一切的上帝。基督教道德是一個命令，它的起源是超驗的；它是超越一切批評的。」可是，正因為基督教道德的所謂真理性是以對上帝的信仰為前提的，所以，「當一個人放棄了基督教信仰，他也就被剝奪了他的基督教道德的權利。」[51]在一個沒有上帝的世界上，任何絕對命令都失去了根據。當康德論證絕對命令時，他也不得不求助於上帝存在的假設。二者必居其一：或者保留一個上帝，或者放棄任何絕對命令，也就是放棄任何絕對有效的道德準則。

在一個沒有上帝因而也沒有絕對命令的世界上，善與惡只能是相對的。從縱向看，萬物流動，評價隨之變易，「誰能固守著『善』與『惡』呢？」[52]從橫向看，「道德的地球也是圓的！道德的地球也有其住在對蹠點的居民！對蹠點的居民也有其生存的權利！」[53]一民族以為善的，另一民族以為惡，彼此都以對方為荒謬，其實都有其生存的權利。[54]對於弱者是毒藥的，對於強者可能是補品，在不同的個人之間，善惡也是相對的。[55]哪怕在同一個人，善與惡也相輔相承：「人和樹是一個道理。他越是想上升到高處和亮處，他的根就越是努力向地裡紮，向下面，向暗

48《朝霞》9。KSA，第3卷，第21～22頁。
49參看《朝霞》101。
50《偶像的黃昏》：〈四種大謬誤〉2。KSA，第6卷，第89頁。
51《偶像的黃昏》：〈一個不合時宜者的漫遊〉5。KSA，第6卷，第114頁。
52《查拉圖斯特拉如是說》：〈舊榜和新榜〉。KSA，第4卷，第252頁。
53《快樂的科學》289。KSA，第3卷，第530頁。
54參看《查拉圖斯特拉如是說》：〈一千零一個目標〉。
55參看《快樂的科學》19。

處，向深處，——向惡之中。」[56]善惡的相對性是尼采常談的話題，他一再說，在崇高中有惡，創造的善離不開創造的惡，等等。

尼采甚至進而推論，道德是以非道德為基礎的，它只是「實在之非道德性的一個特殊場合」。[57]這可以從兩方面來看。一方面是對個人道德行為的心理分析。尼采自稱精通「善人心理學」，他對假道學的心理狀態的剖析確實是入木三分的，揭穿了他們隱藏在法官式傲慢的道德面孔背後的復仇心理和自我頌揚習性。至於一般懾於習俗而服從道德的人，在他看來也是出於非道德的動機。「人成為道德的，——決非因為人是道德的！服從道德可以是奴性的，或虛榮的，或利己的，或盲目的：服從本身無道德可言。」[58]「我們的道德建立在謊言和偽裝的基礎之上，猶如建立在我們的惡和自私自利的基礎之上一樣。」[59]尼采在這裡所談的，就是前面提到的他對道德的否認的第一層意思，即行為的道德動機並不真實，所謂道德動機是一種自我欺騙。

另一方面，從歷史上來看，道德的手段往往是不道德的。道德理想的勝利和任何其他勝利一樣，都必須依靠強暴、說謊、誹謗等不道德的手段。「人類迄今藉以實現道德化的全部手段，在根本上都來自非道德。」[60]「道德本身只是靠了非道德才維持了如此長久的信用。」[61]例如，一切所謂的「人類導師」，從柏拉圖、孔子到基督教領袖，都通過說謊來推行他們的道德理想。

在全面否定了道德的大前提和基礎之後，尼采對道德本身也來了一個全面否定：「在道德的整個發展中毫無真理：全部概念和原理……都是杜撰，全部心理……都是歪曲，偷運到這個謊言王國的全部邏輯形式都是詭辯。」[62]

這可真是登峰造極！在宇宙秩序中誠然找不到道德的根據，尼采對於道德的大前提和基礎的分析也誠然不無可取之處，至少對於把道德本體化、偶像化的傾向是十分有力的抨擊。可是，作為一種社會意識形態，道德自有它的現實的社會根源和必不可少的社會功能。尼采自己比任何人都重視評價的意義，現在他又全盤否定作為最重要的價值形態之一的道德，豈非自相矛盾？

是的，他確實陷入了自相矛盾。

他一則說：「在道德之外生活是不可能的。」[63]一則又說：「人只有憑藉一種絕對的非道德

56《查拉圖斯特拉如是說》：〈依山之樹〉。KSA，第4卷，第51頁。
57遺稿。GA，第15卷，第486頁。
58《朝霞》97。KSA，第3卷，第89頁。
59遺稿。GA，第11卷，第263頁。
60《偶像的黃昏》：〈人類的「改善者」〉5。KSA，第6卷，第102頁。
61遺稿。GA，第12卷，第85頁。
62遺稿。GA，第15卷，第455頁。

的思想方式才能生活。」[64]一則說：道德是「使人能夠忍受自己的唯一解釋方案」。[65]一則又說：「世界不能忍受道德的解釋。」[66]

尼采知道，道德是人的生活不可缺少的座標系，人不能不對自己的行為做出道德評價和道德批准，這樣人才能對自己懷有一種信心，這種信心是人作為人而不是像動物那樣生活所必需的。從這個角度來看，人是不可能超於善惡之外的。可是，一千多年來占統治地位的基督教道德把坐標系顛倒了，反而敗壞了人的生活，使人對自己喪失了信心或懷有一種虛假的信心。於是他來個矯枉過正，乾脆先打爛這個座標系。他用「生成之無罪」剝奪道德的根據，主張超於善惡之外，目的是為了「絞殺名為罪惡的劊子手」，使人擺脫罪惡感，「赤條條站在太陽面前」。[67]也就是要把人從「幾千年的批判」中解放出來，獲得「走向自己的目標」的自由。「倘若一個人感到有幾千年的判決反對著自己，包圍著自己，他生活得多麼沉重啊！——我」[68]「豈非為了使自己感到全無牽掛，超脫於一切讚揚和責難，獨立於一切往日和今日，任自己的性情走向自己的目標？」[69]「只有生成之無罪才給我們以最大的勇氣和最大的自由。」[70]

首先站在自然、生命、生成變化的立場上看人間的善惡，看穿善惡之無謂，超於善惡之外，然後，又從自然、生命、生成變化的立場出發給人間制定一種新的善惡之評價，這就是尼采擺脫自相矛盾困境的辦法。在否定了迄今為止的一切道德之後，他要來建立一種新的道德了。所以他說：「我們必須擺脫道德，以便能夠道德地生活。」[71]「我必須揚棄道德，以便貫徹我的道德意志。」[72]「對道德的批判是道德的一個高級階段。」[73]「在我們毀壞了道德之後，我們願是道德性的繼承人。」[74]

在上帝之死引起傳統價值全面崩潰的時代，尼采的非道德主義實質上是這種價值危機的自覺的理論形式，而他的創立新道德之舉則表現了他的尋求的勇氣。他指出：如今在一切人都沒有現成目標的時候，適用的是「一種探索的道德：為自己提供一個目標」。[75]這也是「創造者的道德」[76]。

---

63 遺稿。GA，第11卷，第200頁。
64 遺稿。GA，第13卷，第102頁。
65 遺稿。GA，第15卷，第343頁。
66 遺稿。GA，第16卷，第262頁。
67《查拉圖斯特拉如是說》：〈巨大的渴望〉。KSA，第4卷，第278頁。
68《快樂的科學》296。KSA，第3卷，第537頁。
69 遺稿。GA，第14卷，第309頁。
70 遺稿。GA，第16卷，第222頁。
71 遺稿。GA，第13卷，第124頁。
72 遺稿。GA，第13卷，第176頁。
73 遺稿。GA，第11卷，第35頁。
74 遺稿。GA，第12卷，第85頁。

「你們被稱作道德否定者，然而你們只是你們的自我的創造者。」[77]這種新道德的核心是自然和生命之肯定，當尼采對道德本身進行一般性的批判時，這一原則已經作為出發點而蘊含著了：要「敢於像自然那樣，成為非道德的」[78]；必須「否定道德，以解放生命」[79]。尼采用自然和生命取代道德，然後又把自然和生命樹為新的道德原則，向基督教道德發動了猛烈攻擊。

忠實於大地

上帝死了，一時間天崩地裂，萬物失去了依託。可是不對，上帝的「天」是崩潰了，人類居住的「地」卻依然存在，不僅依然存在，而且這時才顯出它是唯一的實在，是人生唯一的依託。從上帝之死，尼采引出的最重要的結論就是：「忠實於大地」。

「我向你們發誓，我的兄弟們，你們要忠實於大地，不要相信向你們宣說出世希望的人！他們是下毒者，不管他們是否故意的。

他們是生命的蔑視者，是垂死者和自毒者，大地已經厭倦他們，但願他們快快滅亡！

對上帝的褻瀆曾經是最大的褻瀆，可是上帝死了，而這些褻瀆者也就一同死了。現在，最可怕的褻瀆是褻瀆大地，對不可知之物的內臟大加尊崇，超過尊崇大地的意義！」[80]

尼采一再呼籲：不要在地球之外尋找一個捐軀和犧牲的理由，只為大地而犧牲。「不要再把頭顱埋進天界事物的沙礦中，而要自由地昂起這頭顱，一顆人間的頭顱，它為大地創造了意義！」[81]

尼采所要建立的新道德，就是以「忠實於大地」為宗旨，「它不是引我出世和升天的路標」，而是一種「地上的道德」。[82] 過去有多少道德都飛離大地，飄失而迷途了，現在我們要引導飄失的道德「返回大地」，「返回肉體和生命」，「這樣它就可以給大地以它的意義，一種人類的意義」。[83]

「忠實於大地」，用尼采另一個形象的表述來說，就是要「傾聽健康肉體的聲音」，這是更真實更純潔的聲音，「它說著大地的意義」。[84]

75 遺稿。GA，第15卷，第337頁。
76 遺稿。GA，第12卷，第410頁。
77 遺稿。GA，第12卷，第266頁。
78 遺稿。GA，第15卷，第228頁。
79 遺稿。GA，第15卷，第392頁。
80《查拉圖斯特拉如是說》序。KSA，第4卷，第15頁。
81《查拉圖斯特拉如是說》：〈來世論者〉。KSA，第4卷，第36～37頁。
82《查拉圖斯特拉如是說》：〈快樂和激情〉。KSA，第4卷，第42頁。
83《查拉圖斯特拉如是說》：〈贈與的道德〉。KSA，第4卷，第100頁。

大地，生命，肉體，——這就是現實的人生。人生的價值就在於這現實的人生，而不在於任何超驗的世界。在尼采看來，道德的使命並非要把一種超驗的目標強加於人生，給生命戴上絕對命令的枷鎖，而是要順應生命之自然，為人生探尋和創造一種現實的意義。「不要在道德上超過你們的能力！不要尋求違反你們的可能性的東西！」[85]尼采著重生命的自我超越，但超越以生命的肯定為前提。「忠實於大地」，就是要肯定生命，肯定人的塵世生活。

基督教道德的要害恰恰在於否定生命，否定人生。尼采無數次地指出，基督教是違背自然的，「上帝這個概念是作為與生命相對立的概念發明的」[86]，上帝是「生命的最大敵人」[87]，是「迄今為止對生存的最大異議」[88]，「『上帝的疆域』在哪裡開始，生命就在哪裡結束……」[89]

早在文藝復興時代，資產階級人文主義者就已經開始批判教會對於人的塵世欲望的壓制了。尼采的特點在於，第一，他直截了當地把基督教歸結為一種道德觀念：「基督教的教義僅僅是倫理，只想成為倫理」，即成為支配人類行為的絕對標準。[90]而且，很少有人如此醒目地揭穿這種倫理的反對生命、向生命復仇的實質。第二，尼采並不滿足於指出基督教倫理壓制人的生命本能的事實，還相當透徹地分析了基督教倫理得以長期統治歐洲的心理機制，即在於使人產生一種罪惡感，由這種罪惡感而形成一種儒弱順從的奴隸性格。

要造成一種普遍的罪惡感，還有什麼比把生命本能、自然衝動宣布為罪惡更好的辦法呢？其實，無論西方還是東方，傳統道德採取的都是這個辦法。而只要把生命本能視為罪惡，倫理就必然帶有宗教性質。尼采的批判實際上也不限於基督教，而擴大到了佛教、印度教，指出歷來一切倫理都具有這種反自然的性質。在生命本能中，性本能又被視為最不潔、最見不得人的罪惡。當這樣一種人人必有的經常的情欲被宣布為恥辱，把它變成內心痛苦的根源，也就使人人內心的痛苦必有化經常化了。[91] 尤其是在女子教育中，傳統道德更是竭力使她們對性欲無知並且視為最可怕的恥辱，而結婚卻閃電式地把她們投入性生活之中，兩相衝突，在她們心理上造成病態的癥結。這是一般女子比男子更懦弱順從的重要原因。[92]

84《查拉圖斯特拉如是說》：〈來世論者〉。KSA，第4卷，第38頁。
85《查拉圖斯特拉如是說》：〈高貴的人〉。KSA，第4卷，第363頁。
86《看哪這人》：〈為何我是命運〉8。KSA，第6卷，第373頁。
87《看哪這人》：〈我為何如此聰明〉3。KSA，第6卷，第286頁。
88《偶像的黃昏》：〈四種大謬誤〉8。KSA，第6卷，第97頁。
89《偶像的黃昏》：〈作為反自然的道德〉4。KSA，第6卷，第85頁。
90〈自我批判的嘗試〉。KSA，第1卷，第18頁。
91參看《朝霞》76。
92參看《快樂的科學》71。

尼采認為，作為生命先決條件的性欲之滿足，自己快樂同時又使人快樂，實屬自然界中不可多見的好意安排。[93]這只是一個典型事例，說明傳統道德對於凡能使人享受到生命歡樂的行為都加以貶斥。生命原是一股快樂的源泉，卻被道德的侮蔑弄髒了。結果，自有人類以來，人類的自我享樂實在太少，這是「祖傳的罪過」。[94]基督教把生命的歡樂變成了犯罪的恐懼。自然衝動本不可遏止，可是人們不能輕鬆愉快地加以滿足，卻是心懷疑懼和顧忌，害怕幻想中的「罪惡」，陷入不可自拔的內心衝突之中。壓制本能，導致肉體的衰弱；順應本能，又產生精神的自責。事實上，壓制仍難免內心的痛苦，因為禁欲並不能使欲望消失，罪惡感依然存在；順應仍損害著肉體的機能，因為帶著罪惡感順應，不可能有真正的滿足。反正是身心俱傷，人生樂趣掃地以盡。所以尼采說，倫理「把人的靈魂和肉體都弄得衰弱了」。[95]「這是多麼駭人聽聞的事情：反自然本身作為道德獲得了最高榮譽，成為法則、絕對命令，高懸在人類之上！……不是個人，不是民族，而是整個人類，都錯用了這把尺子！」[96]造成普遍的對生命本身的恐懼，這正是基督教倫理發生巨大作用的心理機制。

尼采並不主張人欲橫流，他常常無情地批評縱欲。他還嘲笑以性愛為唯一樂事是受壓制的情欲所找到的一種滑稽劇的出路。[97]問題在於：「怎樣使欲望精神化、美化、神聖化？」也就是使之昇華。但基督教道德從來不問這個問題，「它的策略、它的『治療』是閹割……它在任何時代都把紀律的重點放在剿滅。」而「從根柢上摧殘情欲，就意味著從根柢上摧殘生命」。總之，它的唯一能事就是與生命為敵。[98]

基督教所謂「改善」人類的方法猶如馴獸，竭力使他病弱而不能為害。「他躺在那裡，有病，虛弱，對自己懷著惡意；充滿對生命衝動的仇恨，充滿對一切仍然強壯幸福的東西的猜忌。」看起來活像「一幅人類的諷刺畫，一個怪胎」。[99]經過道德的馴養，歐洲人已經變成「有病的、衰弱的、殘廢的動物」，變成畸形者、半人、弱人、劣人……[100]

基督教反對生命的另一個重要表現是貶斥藝術和美。尼采認為，藝術和美是人生最重要的價值，它們使人依戀和熱愛生命。由欲望昇華為激情，由激情昇華為藝術，生命的歡樂源遠流長。

93參看《朝霞》76。
94參看《查拉圖斯特拉如是說》：〈同情者〉。
95《朝霞》163。KSA，第3卷，第146頁。
96《看哪這人》：〈為何我是命運〉7。KSA，第6卷，第372頁。
97參看《朝霞》76。
98《偶像的黃昏》：〈作為反自然的道德〉1。KSA，第6卷，第83頁。
99《偶像的黃昏》：〈人類的「改善者」〉2。KSA，第6卷，第99頁。
100參看《快樂的科學》352。

基督教卻對欲望、激情、藝術一概否定，對生命歡樂的源和流均加堵塞。在這樣一種仇恨一切蓬勃生命現象的倫理背後，尼采發現了一種求死亡的意志，一種頹廢的原則。說到底，基督教倫理無非是要讓人感到生命本身是有罪的，不潔的，沒有價值的。[101]它是警探，在一切有生命的地方尋找罪惡。它是法官，妄圖審判生命本身。它是劊子手，專司扼殺生命之職。基督教尤其是精神虐待狂，它要使人永遠受著罪惡感的良心折磨，而把沒有良心痛苦的情形宣判為墮落。[102]

儘管基督教倫理對生命做出否定的評價，但是這種評價仍然是某一類生命所作的評價，問題是哪一類生命。尼采指出，這是衰退、虛弱、疲憊的生命，對它來說，生命是受苦，於是它為自己的受苦而向一切生命復仇。在這個意義上，尼采強調倫理的症候學價值。從某一種倫理，可以推知奉行此種倫理的人的生命本能是否健全，有無旺盛的生命力。由此尼采「制定一個原則」：「道德中的每一種自然主義，也就是每一種健康的道德，都是受生命本能支配的……反自然的道德，也就是迄今幾乎每一種被宣導、推崇、鼓吹的道德，相反都反對生命本能，它們是對這種本能的隱祕的或公開而肆無忌憚的譴責。」「當我們談論價值，我們是在生命的鼓舞之下、在生命的光學之下談論的：生命本身迫使我們建立價值；當我們建立價值，生命本身通過我們進行評價。」[103]尼采通過心理學的分析來揭露一種倫理之肯定生命或否定生命的根源。一個病人往往對四周健康人的歡樂懷有嫉恨之心，同樣道理，一個內在生命力衰弱的人，也會對洋溢的生命熱情產生反感。所以，主張一種否定生命的倫理，恰恰證明主張者本身的生命已處於被否定的狀態。必須看到，尼采所說的生命本能是指廣義的生命力，而並非指嚴格生物學意義上的體質強弱。一個強壯如牛的人也可能缺乏內在的生命活力，一個體弱多病的人也可能有百折不撓的生命力。例如尼采把一個人對信仰的依賴程度看作他衰弱程度的體現，這裡的「衰弱」就完全是指內在活力的衰弱了。[104]

肯定生命是酒神精神的核心，否定生命是基督教精神的核心。所以，「酒神和耶穌基督正相反對」。[105] 酒神精神是尼采反對基督教道德的主要武器。首先確立生命為最高價值，反對最高價值的自我貶值，徹底卸載以生命為罪惡的沉重良心負擔。由這個起點向前推進，尼采又用強力意志來充實酒神精神，強調生命的自我超越，把健全的本能和卓絕的精神結合起來，主張力和創造，反對怯懦和因循，提出了關於主人道德與奴隸道德相對立的學說。

101 參看〈自我批判的嘗試〉5。
102 參看《朝霞》77。
103《偶像的黃昏》：〈作為反自然的道德〉4、5。KSA，第6卷，第85、86頁。
104 參看《快樂的科學》347。
105《看哪這人》：〈為何我是命運〉9。KSA，第6卷，第374頁。

主人道德和奴隸道德

兩種道德的區分，幾乎是尼采全部學說的一個凝聚點。在「主人道德」這個範疇中，包括了尼采所提倡的一切：健全的生命本能，充沛的強力意志，獨特的「自我」，真誠的人生態度，蓬勃的創造精神，以及對人類未來的偉大的愛。相反，「奴隸道德」則囊括了他所反對的一切：病弱，怯懦，喪失個性，偽善，守舊，怨恨……「主人道德」，又叫「創造者的道德」，「貽贈的道德」。「奴隸道德」，也稱「侏儒的道德」，「渺小的道德」。尼采通過兩種道德的對比，進一步闡明了他的道德理想。

所謂「主人」和「奴隸」，不應狹窄地理解為兩種等級身分。誠然，在追溯奴隸道德的起源時，尼采把它看作古猶太人在淪為奴隸民族後所形成的一種價值觀念，基督教接受和強化了這種價值觀念，並通過若干世紀的傳教活動把它傳播到了全世界。就歐洲現狀而言，尼采則認為奴隸道德幾乎遍及社會一切階層，尤為市民階層所信奉，主人道德卻只能在少數優秀者身上發現，而且往往遭到壓制和排斥。尼采的要求是，掃除奴隸性格，做大地的主人。

尼采一貫把生命本能的健全與個性的獨特優異融為一體，在他看來，一個生命力充沛堅強的人，必定不可遏止地要獨立探求人生，體驗人生，形成豐富獨特的個性。我們應當從本能與個性的統一上去看「主人」與「奴隸」的分野。「主人」的基本特徵是堅強而獨立，相反，懦弱而從俗則是「奴隸」的性格面貌。

在對「自我」的態度上，「主人」是價值的自我立法者，他有自己決定價值的能力。他高於榮辱之上，他的意志能支配自己從而也支配萬物。他不願把自己的責任委之別人，也不願別人分擔。他為了他所珍視的事物，敢於和全世界對抗。[106] 他的道德猶如柱石：「它愈是高聳，就愈是美麗而雅致，但內部也愈是堅硬而能夠承重。」[107]「奴隸」則怯懦，懶惰，沒有個性，逃避責任，循規蹈矩地遵從習俗，隨輿論而沉浮，不把自己看作獨立的個人。[108] 尼采懂得，習俗和輿論的力量是巨大的。「天天聽別人怎麼說我們，甚至猜別人怎麼想我們，——這會毀掉最堅強的人。」[109] 所以他要求我們無論怎樣被議論，稱讚，誹謗，希望，期待，都置之不理，想也不去想一下。

在對他人的關係上，尼采把奴隸道德歸結為同情。以同情為道德的心理基礎和基本原則，在倫理學史上是一重要傳統，尤為英國經驗主義者和功利主義者所主張。叔本華也持這一見解。基

106 參看《朝霞》546。
107《查拉圖斯特拉如是說》：〈高超的人〉。KSA，第4卷，第152頁。
108 參看《快樂的科學》9。
109《朝霞》522。KSA，第3卷，第301頁。

督教的「愛鄰人」原則實際上是同情說的宗教形式。現在，尼采從心理和效果兩方面對同情進行分析。尼采認為，從心理上看，同情首先是一種弱者的心理。一個堅強的人，自己受過痛苦，並且能夠忍受痛苦。他在人前隱匿自己的眼淚，懷著對自己的不滿悄悄擦乾。這樣的人知道痛苦的價值，往往希望別人也不要看輕痛苦，出於對別人的尊重而不輕易流露同情。相反，弱者缺乏承受痛苦的能力，神經脆弱，對恐怖有著活躍的想像力，因而最容易發生同情。110其次，同情與尊重是兩種相反的感情，在同情中蘊含著對他人的不尊重。譬如說，我們對某人非常尊敬，羨慕，甚至崇拜，後來突然發現他有痛苦，並且需要我們的同情，這時我們就會欣然同情他，同時也削弱了我們對他的尊敬。同情一個人，意味著把他看成一個弱者，誰會去尊敬一個弱者呢？在同情的背後，還往往隱藏著一種不真誠。所謂同情，就是對別人的痛苦也感覺痛苦。可是在尼采看來，人們的痛苦是很難相通的，無論你怎樣去體會別人的痛苦，只要不是身臨其境，還是體會不了。最好的辦法是尊重他連同他的痛苦，不要用你的同情使他的痛苦平凡化。那些愛表同情的人，內心深處是在尋求一種作為施恩者的滿足。最明顯的證據是，倘若他們的同情遭到拒絕，他們就會感到失望，甚至覺得受了侮辱，由同情一變而為憤怒。111更有些人所謂的同情，不過是拿別人的痛苦當消遣。尼采諷刺地寫道：「他在不幸中，於是『同情者』來到，向他描繪他的不幸，——末了他們滿足而又興奮地離去了：他們享受了不幸者的驚駭一如享受了自己的驚駭，度過了一個美好的下午。」112我們不要說尼采太刻薄，把別人的痛苦當作茶餘飯後的話題，熱心地議論著，嘖嘖地歎息著，這樣的人還少嗎？其中有誰對別人的痛苦真正感覺到了切膚之痛呢？一般小市民熱衷於「同情」他人痛苦，與他們熱衷於嫉妒他人幸福，實在是同一件事情的兩個方面。尼采在「同情的基督徒」標題下寫道：「對鄰人痛苦的基督徒式同情之另一面，就是對鄰人一切快樂、一切快樂的願望和能力的深深疑忌。」[113] 小市民們喊叫起來了：這個尼采，真缺德……

我們聽見尼采辯護道：「我之所以譴責同情者，是因為他們很容易失去羞恥、敬畏和對距離的敏感，因為同情轉瞬間就散發出庸眾的氣息，形同無禮的舉止」。[114]「他們陶醉於自己的同情，他們太缺乏羞恥」。[115] 在尼采看來，人與人之間是應當保持一定距離的，這是每個人的「自我」的必要的生存空間。一個缺乏「自我」的人，往往不懂得尊重別人的「自我」需要生存空間。你剛好要獨自體驗和思索一下你的痛苦，你的門敲響了，那班同情者絡繹不斷地到來，把你連同你

110 參看《朝霞》133。
111 參看《朝霞》138。
112《朝霞》224。KSA，第3卷，第196頁。
113《朝霞》80。KSA，第3卷，第78頁。
114《看哪這人》：〈我為何如此智慧〉4。KSA，第6卷，第270頁。
115《查拉圖斯特拉如是說》：〈同情者〉。KSA，第4卷，第113頁。

的痛苦淹沒在同情的吵鬧聲之中。

尼采並非反對向痛苦者伸出幫助之手。問題是，第一，最大的幫助是喚起痛苦者的自尊自強之心；第二，幫助必須真誠，而真誠的標準仍是不傷害痛苦者的自尊自強之心。你不要讓人感到你是一個施恩者，而你也確實不以施恩者自居。「我喜歡像朋友對朋友那樣贈送。不過，陌生人和窮人可以自己從我的樹上摘取果實，這樣會較少羞愧。然而對乞丐應當完全拒絕！」因為他們完全沒有了自尊。[116]

尼采的著眼點是自尊。他要人恥於接受。他甚至要人與其接受，不如偷竊；與其偷竊，不如搶劫。他當然不是真的鼓勵人去偷竊和搶劫，這個厭惡平和折衷的人常常用極端的方式表達自己的思想。一個人自己要有自尊之心，也要注意不傷害別人的自尊之心。從效果來看，同情傷害了痛苦者的自尊。如果他是強者，你把他當弱者來同情，是一種傷害。如果他是弱者，你的同情只會使他愈發自覺乏弱無力，不求自強，也是一種傷害。

與同情平行，基督教還提倡寬恕。尼采認為，這也是對自尊的傷害。如果你的朋友對你無禮，你應當說：「我原諒你對我所做的，可是怎麼能原諒你對你自己所做的！」[117]真正不可寬恕的是缺乏自尊。

同情不知道尊敬偉大的不幸，偉大的醜陋，偉大的失敗。[118]「同情的手甚至會毀滅性地插入一種偉大的命運，一種創傷背後的孤獨，一種對於偉大罪惡的特權。」[119]同情會減弱被同情者的力量，束縛他的頭腦和有力的臂膀。[120]當同情成為普遍道德規範之時，就會造成人類的衰弱。尼采還認為，為了人類的利益，個人的犧牲與痛苦原是不可避免的。事事都顧忌到是否會加人以痛苦，這是一種「狹隘的小市民道德」。他問道：「我們可以像對待我們自己一樣對待我們最親近的人嗎？如果我們對自己不那麼狹隘和小市民氣，顧忌直接的後果和痛苦，為什麼對他們非得這樣呢？假如我們有犧牲自己的精神，什麼能禁止我們使最親近的人一同做出犧牲呢？」[121]在尼采看來，同情與創造是不能相容的，他把同情視為創造者的最大危險。[122]創造者的愛是偉大的愛，愛人類的未來，愛子孫後代，愛最遙遠的人，這樣的愛超越於同情之上，戰勝了近視的同情心。[123]

116《查拉圖斯特拉如是說》：〈同情者〉。KSA，第4卷，第114頁。
117《查拉圖斯特拉如是說》：〈同情者〉。KSA，第4卷，第115頁。
118 參看《查拉圖斯特拉如是說》：〈最醜陋的人〉。
119《看哪這人》：〈我為何如此智慧〉4。KSA，第6卷，第270頁。
120 參看《朝霞》134。
121《朝霞》146。KSA，第3卷，第137頁。
122 參看《快樂的科學》271。
123 參看《查拉圖斯特拉如是說》：〈同情者〉；〈最醜陋的人〉。

由此我們接觸到了奴隸道德與主人道德的又一重要區別，這就是在對未來的關係上，「奴隸」樂天安命，滿足現狀，「主人」卻積極進取，勇於創造。奴隸道德是「靈魂的鴉片」，其作用在於使人心安理得，安然入睡。除了無夢的安眠，「奴隸」不知生命還有更高的意義。[124]他們安心地坐在泥塘裡，嘲笑一切熱情的行動。他們如群居的綿羊，柔順而馴服。他們卑謙地懷抱著渺小的幸福，像蒼蠅一樣在向陽的玻璃窗上嗡嗡。[125]他們是精神世界的老農，墾掘著舊思想，看不見新理想。[126]尼采把基督徒與希臘人作一對比：希臘人對人嫉妒，對己自嘲，永是不滿足；基督徒卻對人友善，對己自滿，永是滿足。[127]尼采還特別引中國為歐洲的前鑒，說「中國是幾百年來巨大不滿足和變化能力已經死滅了的國家之例子」。[128]相反，主人道德鼓勵人進取和創造。「我從心底裡厭惡那種道德，它說：『不要做這個！放棄吧！自我克制吧！』——相反，我讚賞那種道德，它催促我做些事情，再做些事情，從早到晚做，夜裡做夢也在做，除了把事情做好，好到唯我能夠的程度，別的什麼也不想！」[129]

奴隸道德拘於小善小惡，渺小得令人發笑。然而，冷笑之下，又不免生出淒涼之感。這種渺小的道德一旦占據優勢，渺小也能扼殺了偉大。「在習俗倫理的統治下，任何種類的原創性都造成了良心不安。」[130]創造被視為惡，特立獨行者被視為危險人物，太多的積極力量犧牲掉了，最優秀者被燒烤了去祭古代的偶像。那些創造的靈魂，不拘於當時的習俗和道德，以自己的熱情引燃被催眠的熱情，以瘋狂為新思想開導先路。可是他們往往被斥為罪人惡人，直到世人漸漸發現受益於他們的創造了，對他們的稱謂才又漸漸和緩。「歷史所記述的幾乎全是這班後來被改稱為好人的壞人！」[131]所以尼采說，所謂的善人是人類的最大危險，他們是法利賽人，他們釘死了創造者，釘死了人類的未來。[132]人是一個試驗，禁止試驗就是使人喪失種種可能性，重新淪為定型的動物。尼采呼籲，人生上社會上的試驗多多益善，應該鼓勵，不要再犧牲勇於試驗的創造力量了。[133]

在對人生的態度上，奴隸道德的最大特點是虛偽。怯懦者必然虛偽，因為他沒有面對真實的

124 參看《查拉圖斯特拉如是說》：〈道德講壇〉。
125 參看《查拉圖斯特拉如是說》：〈侏儒的道德〉。
126 參看《快樂的科學》4、335。
127 參看《朝霞》69。
128《快樂的科學》24。KSA，第3卷，第399頁。
129《快樂的科學》304。KSA，第3卷，第542頁。
130《朝霞》9。KSA，第3卷，第24頁。
131《朝霞》20。KSA，第3卷，第33頁。
132 參看《查拉圖斯特拉如是說》：〈舊榜和新榜〉26。
133 參看《朝霞》164。

勇氣。尼采指出：「善人的生存條件是謊言，換言之，即無論如何不願正視現實，而現實原非時時都鼓舞善意的發生的，更不會時時被近視的好心腸的手所把握。」[134]一個人出於怯懦而從俗，採取一種把他人的意見當作自己的意見的虛偽態度，最後就習慣於虛偽，虛偽演變成了他的本性。[135]尤其是以否定生命為宗旨的基督教倫理，它所要求的是超出能力的事情，本身即是虛偽。「在超出能力意欲的人身上有一種惡劣的虛偽」[136]，這種人是「不自覺和不由自主的戲子」[137]。

善人的虛偽之狀不可勝數。他們露出慈悲的面容，做出施予的模樣。他們的一切德行都指望豐厚的報酬。他們倘若大權在握，還要假冒服役者。如此等等。

尼采憤慨地說：「你們總是給我的仁慈送來最孱弱的乞丐；你們總是用不可救藥的無恥強求我的同情。你們如此傷了我的道德的信心。而如果我仍獻出我的最神聖之物做犧牲，你們的『虔誠』立刻搭上自己油膩的祭品：於是，在你們油膩的蒸汽裡，我的最神聖之物窒息了。」[138]

真誠是難的。「無論在蘇格拉底的還是基督教的道德中，未嘗曾有過真誠，這是尚未成熟的最年輕的德行。」[139]「在我看來，今天沒有比真誠更寶貴、更稀少的了。」[140]可是，沒有真誠，還有什麼道德可言呢？不真誠的道德是一個自相矛盾。一個人要做到真誠，必須對人生有真實的體驗，以自己的全部熱情感受過人生的悲歡離合。「你們在自己心中體驗過歷史，體驗過顫慄、地震、長遠的悲痛和閃電般的極樂嗎？你們曾經同大小傻子們一起犯傻嗎？你們確實承受過好人們的夢想和痛苦嗎？還有最壞的人的痛苦和幸福嗎？如果是，請跟我談道德吧，否則就不用了！」[141]道德並非從外面加於人生的戒條，而是人生智慧的結晶。

怎樣才算真誠？僅舉二例。其一：「在我們的私下交談中，如果我們不像在公開場合一樣愛惜別人的名譽，我們便不是正直的人。」[142]其二：「假如我必須同情，我不願讓人知道；假如我是在同情，我願站在遠處。我願蒙面逃離，在被人認出以前！」[143]

尼采如此看重真誠，乃至反對任何違心行為。有一些人，明明有正確的見解，卻在行動上妥

134《看哪這人》：〈為何我是命運〉4。KSA，第6卷，第368頁。
135 參看《朝霞》104。
136《查拉圖斯特拉如是說》：〈高貴的人〉。KSA，第6卷，第360頁。
137《查拉圖斯特拉如是說》：〈舊榜和新榜〉。KSA，第4卷，第253頁。
138《查拉圖斯特拉如是說》：〈墳墓之歌〉。KSA，第4卷，第144頁。
139《朝霞》456。KSA，第3卷，第275頁。
140《查拉圖斯特拉如是說》：〈高貴的人〉。KSA，第4卷，第360頁。
141《朝霞》545。KSA，第3卷，第316頁。
142《朝霞》569。KSA，第3卷，第330頁。
143《查拉圖斯特拉如是說》：〈同情者〉。KSA，第4卷，第113頁。

協，還就占上風的錯誤意見。例如，無神論者也送孩子受洗禮，反對民族仇恨者也赴戰場為祖國效勞。他們自以為保持了精神上的自由，至於行動上從眾則並不重要。尼采指出：沒有比這更重要的了，你以一個有正確見解者的身分，用你的行動把非理的事情合理化了。其影響之壞，遠遠超過一般群眾的隨俗沉浮。[144]

在刻畫了「奴隸」（說「善人」也一樣，「善人」不過是「奴隸」的領頭羊）的怯懦、謙卑、馴良、虛偽性格的同時，尼采不忘他擅長的心理學，對道德家的心理作了剖析。尼采常常談到「善人心理學」、「教士心理學」。《道德的譜系》一書包括的三篇論文，第一篇討論「基督教心理學」，指出基督教生於怨恨心理；第二篇討論「良心心理學」，認為良心乃殘忍的本能之向內發展；第三篇指出出世理想生於生命意志之衰弱，因空無願望而願望空無。論及道德家，尼采指出他們都有一副「大仇恨者的面孔」[145]，自傲於道德，欲使一般人看到他們的道德便生起對自己的侮辱。[146]他們用道德抬高自己，只是為了卑辱別人。當他們說「我是正義」時，那聲音好像是：「我受了報復！」他們的所謂正義就是要使世界佈滿他們復仇的暴風雨。[147]真的，一切時代的道德家們都是滿口仁義，心中卻最缺乏愛，有的只是怨恨。無論何處，只要有一個完美無缺的正人君子出現，那裡的人們就要遭罪了。難怪尼采說：「當我因一個人受苦時，我並非苦於他的罪惡和愚蠢，毋寧是苦於他的完美。」[148]這班善人，也許你真的說不出他有什麼明顯的缺點，儘管除了他的道德以外，你也說不出他有什麼像樣的優點。一個真實的人，一種獨特的個性，相反必有突出的優點和缺點，袒露在人們面前，並不加道德的虛飾，而這也就是他的道德。

通過對奴隸道德的批判，我們可以看到，尼采的道德理想是要造就一種健全、堅強、獨立、進取、真誠的人的類型。用他的話來說，他是為了達到「一種盡其可能的最高力度和人的類型的壯麗」。[149]在他看來，能否造就這樣的「主人」類型的人，這樣的人能否處於支配地位，是決定著人類未來的命運的事情。

144 參看《朝霞》149。
145《朝霞》411。KSA，第3卷，第255頁。
146 參看《快樂的科學》150。
147 參看《查拉圖斯特拉如是說》：〈道德家〉；〈毒蜘蛛〉。
148 詩稿。GA，第8卷，第385頁。
149《道德的譜系》前言6。KSA，第5卷，第253頁。

第八章　人的現狀和前景

偉大的愛和偉大的蔑視

現代文明的癥結

末人和超人

星星的碎片

——我用這些碎片建造一個世界。

——尼采

也許不曾有過一個時代，像現代這樣頻繁地談論著人類的命運。現代工業化文明的種種弊端，引起了有識之士的深切憂慮，也使一些高貴的靈魂陷於深沉的苦悶。在現代西方哲學和文學藝術作品中，我們可以聽到一種焦慮的基調，其中有對現代文明的失望和抗議，也有探索中的迷惘。

尼采是現代思潮的早期代表，同時也是批判現代文明的先行者之一。對人的現狀的不滿，對人的前景的關心，是尼采思想形成的主要契機。他對倫理的批判，構成了他的現代文明批判的主幹。在他看來，倫理是頹廢的徵象，而現代文明的最大弊病就是頹廢。與此同時，他對現代文明的商業化、科學化、非個性化、非精神化的傾向也多有揭露。

在發源於古希臘文化的歐洲文明背景下，歐洲的思想革新者們往往表現出一種懷古情調，給自己的理想穿上古希臘人的服裝。尼采也是如此。他從青年時代起就熟識古希臘文獻，無限嚮往前蘇格拉底時代的古希臘社會，在他心目中那是一個生趣盎然的審美國度，恰與現代商業世界形成鮮明對照。在這方面，我們可以看出德國啟蒙思潮對他的深刻影響。用古希臘文明批判現代文明，文克爾曼、席勒、荷爾德林已開了先例，緬古本身表達了一種改革願望。而尼采通過對現代文明的批判，進而形成了他自己的人的理想，這就是超人說。

現代流派在批判現代文明的道路上繼續前進，不過，我們可以看到他們的出發點和歸宿點與尼采有所不同。尼采從希臘出發，走向超人，他寄希望於一種新的人的類型的產生。在這一點上，以存在主義為代表的現代流派不那麼理想主義，也不那麼貴族氣，他們更多地把超越的使命賦予每個人自己，讓每個人自己通過對真實存在的體驗來擺脫文明的禍害。

偉大的愛和偉大的蔑視

尼采常常被形容成一個人類的仇恨者，一個禽獸般的反人道主義者。尼采自己倒也無意扮演人道主義者的角色。他說：「我們不是人道主義者；我們從來不許自己談論我們的『對人類的愛』——我們這種人對此還不夠是戲子！」[1]在尼采的著作裡，貶薄人類的嫉世憤俗之論難道還

1《快樂的科學》377。KSA，第3卷，第630頁。

少嗎？「如今使我們反感的是什麼？……蟲豸之『人』耀武揚威，蜂擁聚集。」[2]「令人懷疑的是，一位旅行家在世界任何地方是否發現過像人的面貌一樣醜惡的地帶。」[3]他甚至說，他之所以不是仇恨人類者，是因為仇恨中有平等，有尊敬，有恐懼，而他只有蔑視，深深的蔑視是他的嗜好、特權、藝術和美德。[4]

在尼采提供了如許不利於自己的證詞以後，哪個律師還願意為他出庭辯護呢？這個被一切律師遺棄的被告，獨自留在法庭上，向聽眾說起了一個故事——

查拉圖斯特拉下山了，遇到的第一個人是一位隱居的老人。老人責怪他的下山，他答道：「我愛人類。」老人告訴他，人們是如何疑心重重地看待真心愛他們的人的：「在他們聽來，我們穿過街巷的足音太孤單。就像他們夜裡在床上聽見有人走路，遠未到日出時辰，便自問道：這小偷要去哪裡？」[5]

真正愛人類、為人類謀利益的人，反而遭到人們的猜忌乃至放逐和迫害。相反，那些欺世盜名的假慈悲者，那些花言巧語的戲子，卻能蠱惑人心，贏得一時的信任和擁戴。人群的墮性使尼采寒心了，形成了他對人類的矛盾態度。

尼采把人群聚集的地方稱作「市場」，那是一個輿論所支配的領域。那裡充滿大人物的叫囂和小市民的吶喊。大人物，那些大戲子，不斷變換著自己的道具和信仰，而小市民們就圍著他們旋轉。尼采離開「市場」，逃到自己的孤寂裡，甯與樹木和岩石為伍，因為樹木和岩石知道誠敬地保持沉默，「離開市場和聲譽才開始了一切的偉大」……[6]

歷史上一切創造者的命運都坎坷而悲壯，多半是因為習慣勢力支持了有權的迫害者。我們不能要求尼采能喚起民眾的覺悟，他始終是一個貴族氣極濃的資產階級思想家。不過，他又是一個關心人類命運的有責任感的思想家。他曾經沉痛地說：「我的心和我的渴望向著珍貴、悠久、遙遠的事物，你們的瑣屑、繁多、短促的苦惱與我何干！據我看你們受苦還不夠！因為你們只因自己受苦，你們還沒有因人類受苦……你們誰也沒有受過我所受過的苦。」[7]一個心高意遠的人的痛苦，確非沉溺於瑣屑煩惱者所可想像。尼采對人的蔑視，正是出於對人的命運的關心，所謂「哀其不幸，怒其不爭」，在一定程度上也適用於他。

2《道德的譜系》第1章11。KSA，第5卷，第277頁。
3《人性的，太人性的》第1卷320。KSA，第2卷，第244頁。
4參看《快樂的科學》379。
5《查拉圖斯特拉如是說》序。KSA，第4卷，第13頁。
6《查拉圖斯特拉如是說》：〈市場的蒼蠅〉。KSA，第4卷，第66頁。
7《查拉圖斯特拉如是說》：〈高貴的人〉。KSA，第4卷，第359頁。

這是一種「偉大的蔑視，愛的蔑視，最蔑視之時其實最愛」。[8]他一再說：「偉大的蔑視者是偉大的敬慕者。」[9]「誰最蔑視人類，他豈非因此是人類的大恩人？」[10]「誰不是多年與人為敵，誰就不曾愛過人。」[11]「我愛人類，而當我克制住這種欲望時，就最是如此。」[12]尼采心中懷著對人的稱號的崇敬，對更高岸偉大的人的形象的渴望，因而對人的現狀深感不滿。他似乎在說：人呵，你們現在這樣子也配稱作人麼？

如果我們要舉例說明尼采這種出於愛的蔑視，最恰當的例子無過於他對華格納的態度了。尼采年輕時和這位比他大三十歲的音樂大師有過一段親密的交往，當時，華格納說尼采是人生賜給他的唯一恩惠，是懂得他的心願的唯一的人，尼采對華格納也一往深情。甚至在一八七九年兩人正式絕交以後，他也沒有停止對這位大師的愛。直到他神智清醒的最後歲月，他的著作和書信裡始終充滿著對華格納以及他們之間友情的懷戀。在絕交的次年，他寫道：「沒有什麼東西能夠補償我去年失掉的華格納的友情……我們之間從未說過粗話，連夢裡也沒有說過，倒是有許多快樂而昂奮的交談，我也許從來不曾和別人這麼多地一起歡笑過。現在這已經成為過去——至於在有些事情上有理由反對他，這一點於事何補！難道這能把失去的友情從記憶裡抹掉！」[13]後來他又一再說：「華格納是我所認識的最完全的人。」[14]「我不曾像愛他那樣愛過任何人，他是打動我的心靈的人……」[15]「在我與華格納絕交後，迄今我還沒有遇到一個哪怕用千分之一的激情和苦痛來理解我的人。」[16] 尼采覺得，他與華格納的交往是他一生中唯一的一次幸遇，其餘的交往不過是可有可無的零頭罷了。可是，正是對他最愛的這個人，他攻擊得最猛烈，他至死愛著華格納，也至死不停地罵著華格納。他生前發表的最後著作，四部有兩部是專門攻擊華格納的：《華格納事件》，《尼采反對華格納》。

尼采生平的這一情節常常使研究者們感到費解，有人甚至把它視為尼采瘋病的先兆。人們盡可以用精神病學、精神分析學或隨便什麼別的理論去解釋尼采的這種化妝成恨的愛，但誰也無權忽視尼采批判華格納時所談的那些實質性內容。尼采的批判是有內容的！他對華格納態度的變化，與他本人的思想變化相一致。他早年崇拜華格納，是因為華格納體現了叔本華的理想。後

8《查拉圖斯特拉如是說》：〈巨大的渴望〉。KSA，第4卷，第278頁。
9《查拉圖斯特拉如是說》：〈高貴的人〉。KSA，第4卷，第357頁。
10遺稿。GA，第12卷，第274頁。
11遺稿。GA，第14卷，第229頁。
12遺稿。GA，第12卷，第321頁。
13致加斯特，1880年8月20日。轉引自雅斯貝爾斯：《尼采導論》，第70～71頁。
14致奧維貝克，1883年3月22日。轉引自雅斯貝爾斯：《尼采導論》，第68頁。
15遺稿。GA，第14卷，第379頁。
16致奧維貝克，1887年11月12日。轉引自雅斯貝爾斯：《尼采導論》，第68頁。

來他批判叔本華，也就不能容忍華格納了。連帶對華格納音樂的評價也發生變化，晚年他喜歡比才。他把華格納音樂的富麗堂皇的風格及其對官能的刺激看作頹廢的徵兆，因而他對華格納的批判同他對基督教倫理的批判是一致的，都是對於時代的批判。尼采自己說：「我決不攻擊個人，——我只把個人用作一枚有效的放大鏡，藉以顯示一種普遍的、卻因悄悄發展而不易覺察的困境……我這樣攻擊了華格納，確切地說，攻擊了虛偽，我們『文化』的劣根性，這種文化把精緻與豐富、老朽與偉大混為一談。」[17]尼采至死認為華格納是他那時代無與倫比的天才，然而時代本身已病入膏肓，連它最偉大的天才也不能倖免。就個人而言，尼采正因為最愛華格納，所以最不能原諒華格納患上了他所痛恨的時代病。在題為〈致華格納〉的詩中尼采寫道：「你不安的渴望自由的靈魂……可悲呵，連你也在十字架旁沉落，連你——也是一個被超越者！」[18]

其實，對於普通的個人，尼采倒是十分寬容的。他攻擊基督教最烈，但他與最虔誠的基督徒也有著和睦的關係。他說：「作為基督教最嚴厲的反對者，我本人不主張將千年厄運怪罪於個人。」[19]他反對的是作為一種人的類型的基督徒，反對的是時代的迷途和人類的頹廢。

偉大的人類，可悲呵，連你也不像我希望的那樣偉大……

「夜的時辰，現在愛者的一切歌才醒來。我的靈魂也是一個愛者的歌。」[20]睡著的人是聽不到這夜間的歌的，他們只聽見白日的詛咒。那為人類命運日思夜想的失眠者的耳朵在哪裡呢？

世上並不乏形形色色的人道主義者，有的是真誠的，有的是在演戲。對於尼采，重要的不是人道主義者這個稱謂，而是他對「人道」有他自己的理解。他早年已經決心獻身於他心目中的「人道」：「面對我們時代的這種危險，誰將為了人道，為了由無數世代苦心積累的這神聖不可侵犯的廟堂珍寶，而奉獻出他的衛士和騎士的忠誠呢？當所有人在自己身上只感覺到私欲的蠕動和卑劣的焦慮，就這樣從人的形象墮落，墮落為禽獸、甚至僵化的機械之時，誰將負著人的形象上升呢？」[21]那麼，什麼是尼采所理解的「人道」呢？

這是對人的尊重。「你認為什麼最人道？——免除別人的羞愧。」[22]

這又是一種集人類的全部痛苦和歡樂於一身的大海一樣廣浩深沉的感情。具有這感情的人

17《看哪這人》：〈我為何如此智慧〉7。KSA，第6卷，第274～275頁。
18詩稿。GA，第8卷，第362頁。
19《看哪這人》：〈我為何如此智慧〉7。KSA，第6卷，第275頁。
20《查拉圖斯特拉如是說》：〈夜歌〉。KSA，第4卷，第138頁。
21《作為教育家的叔本華》4。KSA，第1卷，第368頁。
22《快樂的科學》274。KSA，第3卷，第519頁。

「懂得把人的全部歷史當作自己的歷史來感受」。他感覺到一切憂患：病人思健康，老人回想少年的夢，愛者被奪去所愛，殉道者的理想破滅，英雄在戰鬥未決勝負之夜負傷並失去戰友……同時他又感覺到一切希望，好像各個世紀的地平線都在他身前身後展現。「這一切都納入了他的靈魂：人類最古老的事物，最新的事物，損失，希望，征服，凱旋——這一切終於都齊備於一顆靈魂，凝聚成一種感情：——這必定會產生出一種幸福，人前所未知的幸福，——一種充滿力和愛、充滿淚和笑的神聖的幸福，這幸福像夕陽一樣不斷地從自己不竭的財富中饋贈，傾倒入海洋，也像夕陽一樣使最貧窮的漁夫也搖著金槳，這才感到自己最為富足！這神聖的感情方可稱作——人道！」[23]

尼采所理解的「人道」，不是那種淺薄的仁慈，不是那種空洞的博愛，而是一種內在的精神上的豐富。因為豐富，所以能體驗一切人間悲歡。因為豐富，對情感的敏銳感應不會流於病態纖巧。它細膩而不柔弱，有力而不冷漠，這是一顆博大至深的心靈。

博大精深的心靈又有藏垢納污的容量和化濁為清的能力。在人中間不願死於焦渴的人，必須學會飲幹一切酒杯；在人中間要保持清潔的人，必須懂得怎樣在污水中洗濯自己。[24]人是一條污濁的泉流，要涵納這泉流而又不失其純淨，一個人必須成為大海。[25]讓時代把它的污穢投向我們吧，我們都納之於我們的深處，並重歸澄澈……[26]

在明瞭尼采對人的根本態度之後，我們可以接下去談尼采對人的現狀的診斷和對人的前景的構想了。

現代文明的癥結

尼采一生不倦地謳歌生命的強健和精神的高貴，而他之所以惱恨現代文明正是因為：第一，生命本能的衰退——頹廢；第二，精神生活的貧乏——鄙俗。靈和肉都病了。

他說：「一步步頹廢下去——這是我對現代『進步』的定義。」[27]頹廢是一種「現代衰弱症」，遍及一切思想文化領域。倫理壓制本能。科學理性削弱本能。教育的基本原則是麻痹本能，一部教育史是一部麻醉品的歷史。藝術在古代是強者的節慶，在現代也成了弱者的麻醉。這位復活的古希臘勇士「討厭現代文明，因為它的目標是使一切好東西、榮譽、寶藏、美女也讓懦弱者得到」。[28]

23《快樂的科學》337。KSA，第3卷，第565頁。
24參看《查拉圖斯特拉如是說》：〈聰明的人〉。
25參看《查拉圖斯特拉如是說》序。
26參看《快樂的科學》378。
27《偶像的黃昏》：〈一個不合時宜者的漫遊〉43。KSA，第6卷，第144頁。

關於頹廢，前面已經談得夠多了。現在我們要著重談尼采對於現代文明的非精神化傾向的揭露。

在一顆優美的心靈看來，整個現代商業化社會就像一個鬧哄哄的大市場。人們匆忙地活動著，聲嘶力竭地叫喊著，——為了增殖財富和賺錢。尼采生不逢辰，一切優美的靈魂都生不逢辰，他們感到自己生活在一片文化沙漠上。在市場上怎麼能開出文化的奇葩呢？

財富本身成了目的，為了財富，人們表現出一種盲目的發了瘋似的勤勞。尼采說：「一切時代中最勤勞的時代——我們的時代——除了產生越來越多的金錢和越來越多的勤勞以外，不知道拿它的許多勤勞和金錢做什麼好了，以至於散去要比積聚更需要天才！」[29]盲目地追求財富，卻損害了機體的美好，可是沒有機體的美好，又如何來享受財富呢？更嚴重的後果是在精神上。無頭腦的匆忙，使人永是處在疲勞之中，不復講究優美的風度和高尚的禮儀，獨處時不再有靜謐的沉思，人與人之間也不再有溫馨的交往。尼采無限緬懷的古希臘人那種高尚的教養和情趣已經一去不復返，他隔膜地望著這些忙碌奔走卻又麻木不仁的現代人，只覺得他們野蠻。

這是「自我」失落的時代。人們沉淪於世俗之中，好像有意躲避人生的真正使命。人們急於把腦袋藏到一個地方，似乎這樣一來他們的良知就找不到他們了。人們匆忙把他們的心獻給外部事務，就是為了不再有一顆心。「匆忙及其普遍，因為人人都急於從他的『自我』面前逃逝……」[30]

使尼采感到痛心的是，這個時代的繁忙的經濟活動和龐大的政治機器，占用了過多的人力，浪費了寶貴的人才。有用的人才應該獻身於文化，經濟和政治不過是製造財富和分配財富的工廠，那只是「小頭小腦們的工作範圍」，倘要占用優秀人才，還不如讓這些機器鏽壞。[31]可是，在現代，經濟和政治幾乎壓倒了一切。人的精力是有限的，民族的精力也是有限的。「一個人把自己花費在權力、大政治、經濟、世界貿易、議會、軍事利益上，向這些方面付出了理解、認真、意志、自我超越的能量（他就是這種能量），那麼在其他方面就必有短缺。」俾斯麥政府熱衷於政治擴張，在尼采看來這正是德國文化衰落的原因。「文化和國家——在這一點上不要欺騙自己——是敵對的：『文化國家』純屬現代觀念。兩者互相分離，靠犧牲對方而生長。一切偉大的文化時代都是政治頹敗的時代：在文化的意義上偉大的事物都是非政治的，甚至是反政治的……」[32]

28《朝霞》153。KSA，第3卷，第143頁。
29《快樂的科學》21。KSA，第3卷，第392頁。
30《作為教育家的叔本華》5。KSA，第1卷，第379頁。
31參看《朝霞》179。KSA，第3卷，第157頁
32《偶像的黃昏》：〈德國人缺少什麼〉4。KSA，第6卷，第106頁。

尼采把國家稱作「新的偶像」，認為國家使一切人都喪失了自己，只有消滅了國家，才開始有人。[33]

尼采所關心的始終是文化。文化是人的精神播種、開花、結果的園地，是人的心靈的展現，是人道實現的場所。可是，在現代商業社會裡，文化也商業化了。古希臘文化的骨幹是競技，羅馬文化的骨幹是戰爭，它們是力與美的讚歌。現代文化的骨幹卻是商業。商業只問消費，不問人的真正需要。它甚至製造消費。科學家、學者、藝術家、政治家、民族、政黨乃至整個時代都捲進了貿易之中，供求關係決定一切事物的價值，市場價格的支配成了整個文化的特性。[34]市場，到處都是市場，「現在，沒有市場上聲嘶力竭的叫賣，就不再有天才。——這對於思想家當然是一個壞時代。」[35]尼采要思想家們學會裝聾直到真的變聾，以免毀於煩躁和頭痛。

尼采發明了「文化市儈」這個詞來稱呼那些借文化謀私利的文人。[36]他又輕蔑地稱他們為「文化寄生蟲」，痛斥他們損害文化以自肥的行徑。[37]

導致人的非精神化和文化衰落的又一重要因素是現代大機器生產和強迫分工。尼采指出，歐洲大多數男子因生活負擔而被迫從事固定的職業，結果使自己的命運完全受偶然性支配。[38]在「工廠奴隸制度」下，人們成為機器上的一個螺絲釘，當了人類發明技巧上的彌縫物，被消磨了一生。尼采對工人說：難道提高工資，減少貧困程度，就能廢除你們的無個性的奴隸地位嗎？他認為，只要機器工業的格局不變，工廠奴隸制度的實質就不會有變化。問題在於，「在對外在目標的追求上犧牲了多少內在價值」。「倘若你們不知道什麼叫自由呼吸，你們的內在價值何在呢？」他要歐洲工人認識到自己的非人境況，開展一個偉大的自由運動，「反對機器，反對資本，反對不是當政府的奴隸就是當反對黨的奴隸的被迫的選舉」。最後，尼采提出了一個別具一格的治療歐洲文明弊病的方案：歐洲工人向歐洲以外移民，在荒野上尋求自作主人，帶去歐洲文明中的積極成果，同時把美麗野性的自然氣質傳回歐洲。最有趣的是他提出要把中國人請到歐洲，帶來東方的思想方式和生活方式，「他們能夠在整體上提供幫助，把亞洲的寧靜和沉思，尤其是把最需要的亞洲的堅韌，輸入到躁動不安的歐洲的血液裡去。」[39]

在工廠奴隸制度下，工人是奴隸，資產者就不是奴隸麼？尼采認為，古代的奴隸比現代的

---

33 參看《查拉圖斯特拉如是說》：〈新的偶像〉。

34 參看《朝霞》175。

35 《快樂的科學》331。KSA，第3卷，第558頁。

36 參看《看哪這人》：《不合時宜的考察》2。

37 參看《快樂的科學》366。

38 參看《快樂的科學》356。

39 以上引文均見《朝霞》206。KSA，第3卷，第183～185頁。

「主人」資產者更高貴。資產者也是奴隸，是機器的傀儡，是十九世紀文化卑劣的記號。「他們獲得了財富，卻變得更加貧乏了。」尼采還預言，因為資產者的市場衝突，五十年內將發生世界大戰。[40]

對於工廠奴隸制度的批判，尼采仍然歸結到文化：結局是「作為目的的文化消失了，而作為手段的現代科學活動野蠻化了」。[41]

在尼采對現代文明的批判中，對現代教育的批判占有重要地位。他認為，現代教育的弊病同樣是扼殺本能和個性。現代教育的原則是培養社會所需要的第二天性，可是，從不照顧到人的第一天性。一旦第二天性成熟了，第一天性卻枯萎了。很少有人能在第二天性的保護下使第一天性成熟，然後蛻掉那張蛇皮。[42]由於科學的嚴格分工，充當教育者的人都只有極專門極狹窄的知識，遇到天性完滿的學生，就無能為力。教育家——教育的第一條件缺如。學校成為「高級保姆」。所以尼采說：「我們的文化之受到損害，莫過於自負的遊手好閒者和片斷人性的過剩；我們的大學與願相違地是使精神本能這樣退化的地道溫室。」[43]尼采主張個別式的教育，如十八世紀時，每個教育者只有一個或幾個學生，因材施教。現代教育卻工廠化了，固定的教材施於一切人。[44]學生完全沒有主動權，把生命耗費於死的學問，好像這便是他不能不服從的命運，在苦讀中顫抖著反復朗誦這詩句：「命運啊，我跟從你！即使我不願意，我必須如此，一邊歎息一邊跟從！」[45]尼采嘲諷地虛擬一次博士考試的問答：「一切高等教育的任務是什麼？——把人變成機器。用什麼方法？——他必須學會厭倦自己。怎樣達到這個目標？——通過義務的概念。」[46]教育的方法則是灌輸式，「違背了一切教育的最高原則：只有饑餓者，才能與之食！」[47]而教材又是拼湊的雜燴，使學生把青春浪費在無用的知識上。更嚴重的後果是，如此教育出來的現代人失去了真面目，成為顏色和碎紙片的膠合品。一旦除去教育的偽飾，現代人的裸體又衰弱如骷髏。[48]現代教育的成績不過是產生軀體和精神都長了駝背的學者，或聽命於國家的公務員，或藉文化牟利的市儈，或虛榮心十足的凡夫俗子，或更普遍的一類，這四種人的混合物。尼采指出：「要改造我們植根於中世紀的現代教育制度的基本思想……必定要歷盡千辛萬苦。」[49]

---

40 轉引自威爾都蘭：《古今大哲學家之生活和思想》，第660～662頁。
41《看哪這人》：《不合時宜的考察》2。KSA，第6卷，第317頁。
42 參看《朝霞》455。
43《偶像的黃昏》：〈德國人缺少什麼〉5、3。KSA，第6卷，第107、105頁。
44 參看《朝霞》194。
45《朝霞》195。KSA，第3卷，第168頁。
46《偶像的黃昏》：〈一個不合時宜者的漫遊〉29。KSA，第6卷，第129頁。
47《朝霞》195。KSA，第3卷，第168頁。
48 參看《查拉圖斯特拉如是說》：〈教育的國土〉。
49〈作為教育家的叔本華〉6。KSA，第1卷，第401～402頁。

生命本能的衰竭，精神文化的貧乏，使尼采得出結論：人性殘缺不全了，現代人不是完整的人。

「真的，我的朋友，我漫步在人中間，如同漫步在人的碎片和斷肢中間！……我的目光從今天望到過去，發現比比皆是：碎片、斷肢和可怕的偶然——可是沒有人！」[50]

在這樣一個時代裡，尼采感到自己是一個「無家可歸的人」[51]，是一個「被從父母之邦放逐了」的人[52]。現代人啊，你們離生命的堅實土地太遠，你們離自由精神的天空也太遠。你們太世俗化了，太講求實際了，你們已經不復懂得刺心的酸楚，蘊藉的歡娛，遠離朋友的傷悲，默默無言的溝通，失眠者的熱望，一無需要者的自由。你們以自願的心安理得的清貧、失業、不婚為可笑。要體會高貴的溫柔的感情，你們的心是過於孱弱又過於堅硬了。

尼采對現代完全失望了。「這時代是一個病婦——讓她去叫喊、罵詈、詛咒和摔盆盆罐罐吧！」[53]「今天的一切——墜落了，頹敗了：誰願保持它！而我——我要把它推倒！」[54]這位古希臘英雄的精神後裔，懷抱著他的孤獨的理想，向著遠海中未被探險過的國土，向著子孫之邦，向著二十世紀，揚帆開航了。

末人和超人

「超人」是尼采的一個夢。不過，這個夢的誕生卻不是沒有緣由的。

他對現代人失望了。哪怕是現代人中的最優秀者，在他看來也不夠偉大。在《查拉圖斯特拉如是說》的最後一卷，我們看到高貴的人們陸續來到查拉圖斯特拉的洞府，查拉圖斯特拉一時感到欣慰，但很快就失望了。這是一些不滿現狀的人，然而缺乏理想，看不見黎明的曙光。他們是失敗者，沒有學會舞蹈著超越自己。查拉圖斯特拉說：「我期待著更高大、更強健、更優勝、更快樂的人們，期待身心嚴整的人們：歡笑的獅子必將到來！」[55]這「歡笑的獅子」就是超人。「我還沒有見到偉大的人」[56]——對人的現狀的失望，使尼采夢想超人誕生。

「超人」又不盡是夢，而是尼采關於人的理想類型的一個象徵。尼采認為，生命的本質在於

50《查拉圖斯特拉如是說》：〈拯救〉。KSA，第4卷，第178頁。
51《快樂的科學》377。KSA，第3卷，第630頁。
52《查拉圖斯特拉如是說》：〈教育的國土〉。KSA，第4卷，第155頁。
53詩稿。GA，第8卷，第381頁。
54《查拉圖斯特拉如是說》：〈舊榜和新榜〉。KSA，第4卷，第262頁。
55《查拉圖斯特拉如是說》：〈歡迎〉。KSA，第4卷，第351頁。
56《查拉圖斯特拉如是說》：〈魔術師〉。KSA，第4卷，第320頁。

不斷地自我超越，人也是「一種應該被超越的東西」[57]。尼采念念不忘的問題是：「人如何被超越？」[58]他「唯一想要許諾的事便是『改善』人」。[59]那麼，人究竟如何被超越和改善呢？尼采把希望寄託在人的一種新的高級類型的產生及其成功上面。在他看來，這是決定人的命運和前景的關鍵所在。

尼采的這一思想在他早期即已萌發。他在一八七四年寫道：「通過觀察任何一類動物和植物，可得出一個原理，即它們存在的目的僅在於產生更高的個別標本，更不同尋常、更強大、更複雜、更有生產力的標本。」應用到社會目的上來，便是：「人類應該不斷地致力於偉大個人的產生——它的使命僅在於此，別無其它。」[60]或許可以把這看作超人說的胚芽，不過我們要注意，超人說正式提出之時，也就是在《查拉圖斯特拉如是說》中，尼采強調的是：「還從來不曾有過一個超人。我看過最偉大的人和最渺小的人的裸體：——他們彼此還太相像。真的，我發現連最偉大的人也——太人性了。」[61]所以，超人不是指已有的偉人，它始終還是尚未產生的一種人的類型的象徵。

尼采提出超人說，用意是給人的生存提供一個目標，一種意義。「人的生存令人感到莫名的恐懼，始終還沒有意義……我要教人以他們存在的意義，這就是超人……」[62]曾經有過許多民族，每個民族都有自己的目標，可是作為整體的人類——「人類還沒有一個目標……可是，倘若人類還沒有目標，豈不是還沒有人類本身？」[63]上帝的死使人類的信仰出現了空白，現在尼采要用超人來填補這空白：「上帝死了，現在我們願——超人生。」[64]「他遲早會朝我們走來，這拯救者……他給大地以目標……這位元戰勝上帝和虛無的勝利者。」[65]尼采一再說：「超人是大地的意義。」「人是連接獸和超人的一條繩索……人之偉大在於他是渡橋而非目標；人之可愛在於他是過渡和沒落。」[66]「我關心的是超人，他是我的第一者和唯一者，——而不是人，不是鄰人，不是最窮的人，不是最苦的人，不是最好的人。」[67]「目標不是人，而是超人！」[68]

57《查拉圖斯特拉如是說》：〈快樂和激情〉。KSA，第4卷，第44頁。
58《查拉圖斯特拉如是說》：〈高貴的人〉。KSA，第4卷，第357頁。
59《看哪這人》序。KSA，第6卷，第258頁。
60《作為教育家的叔本華》6。KSA，第1卷，第383～384頁。
61《查拉圖斯特拉如是說》：〈牧師〉。KSA，第4卷，第119頁。
62《查拉圖斯特拉如是說》序。KSA，第4卷，第23頁。
63《查拉圖斯特拉如是說》：〈一千零一個目標〉。KSA，第4卷，第76頁。
64《查拉圖斯特拉如是說》：〈高貴的人〉。KSA，第4卷，第357頁。
65《道德的譜系》第2章24。KSA，第5卷，第336頁。
66《查拉圖斯特拉如是說》序。KSA，第6卷，第14、16～17頁。
67《查拉圖斯特拉如是說》：〈高貴的人〉。KSA，第4卷，第357頁。
68《強力意志》693。

一本《查拉圖斯特拉如是說》幾乎就是超人的讚歌。尼采自己說，在這本書裡，「人時時刻刻都在被超越，『超人』概念已成為最高的現實，——迄今為止人身上被稱作偉大的一切都在它下面，距離無限遙遠。」[69]可是你翻遍這本書，也找不到「超人」概念的稍許明確一點的說明。「超人」本身是個譬喻，用來說明「超人」的又是一連串的譬喻：雲中的閃電，淹沒對人的蔑視的大海，藏在人類石頭中的形象……

「我的熾熱的創造意志一再驅使我向著人，如同驅使鐵錘向著石頭。你們人呵，在石頭裡熟眠著我的一個形象，我的一切形象的形象！……超人的美如同幻影向我走來。」[70]「我的意志執著於人，我以鏈子自縛於人，而我卻被拖拽向超人，因為我的另一個意志向著那裡。」[71]始終還是譬喻。不過，有一點是清楚的：超人是尼采試圖樹立的一種人的形象的象徵，是「一切形象的形象」。這一點很重要。尼采關於人的形象有過許多構想：充滿酒神精神的生命的肯定者和生之歡樂的享受者，有著健全的生命本能和旺盛的強力意志的強者，有著獨特個性的真實的人，超越一切傳統道德規範、處於善惡之彼岸、自樹價值尺度的創造者，不為現代文明所累的「未來之子」，等等。作為「一切形象的形象」的超人，把這一切形象都融合為一體了。我們還可以看出，超人不存在於任何別的地方，人是唯一的原料。尼采像一個雕塑家一樣注視著人這塊大理石，心中醞釀著一件完美的藝術品——超人。他有兩重意志，既執著於人，又嚮往超人，正表露了他對人又愛又不滿意的矛盾心理。

要把握超人的確切含義，最好的辦法是用否定的方式來把握。尼采自己實際上也是這麼做的。他說：「『超人』這個詞是指一個發育得最好的類型，與『現代人』、『善人』、基督徒以及其他虛無主義者正相反——這個詞出自道德的破壞者查拉圖斯特拉之口，就特別值得深思……」[72]又說：「查拉圖斯特拉稱善人為『末人』，為『末日之開始』；尤其是他認為他們是最有害的一種人，因為他們既以犧牲真理、又以犧牲未來為代價來維持他們的生存。」[73]

「超人」與「末人」正相反對——這給我們提供了一把鑰匙。

「末人」的特徵是什麼呢？第一，沒有創造的願望和能力，不再投擲願望的箭，不再誕生任何的星。他們眨著眼問道：「什麼是愛？什麼是創造？什麼是願望？什麼是一顆星？」第二，謹小慎微，猥瑣卑劣，渾渾噩噩地過日子。他們靠彼此磨擦來取暖。他們小心地走路，生怕絆倒

69《看哪這人》：《查拉圖斯特拉如是說》6。KSA，第6卷，第344頁。
70《查拉圖斯特拉如是說》：〈在幸福島上〉。KSA，第4卷，第111～112頁。
71《查拉圖斯特拉如是說》：〈人的聰明〉。KSA，第4卷，第183頁。
72《看哪這人》：〈我為何寫出如此傑作〉1。KSA，第6卷，第300頁。
73《看哪這人》：〈為何我是命運〉4。KSA，第6卷，第369頁。

在石頭和別人身上。白天黑夜都有微小的縱欲，以為是幸福。不斷用一點小毒品製造快樂的夢，最後的大毒害造成舒適的死。以工作為消遣，同時又留心著不讓這消遣傷害了自己。第三，個性泯滅，千人一面。他們不再貧窮或富足，兩者都太苦惱。他們不願支配和服從，兩者都太苦惱。一群沒有牧人的羊。一切人意願相同，一切人相同，有著別種感情的人進瘋人院去。

很明顯，「末人」就是尼采批判過的那種「奴隸」性格。

尼采認為，「末人」是全人類未來的最大危險。他警告人類：人的土地還足夠肥沃，但像現在這樣下去，總有一天這土地會貧瘠，耗竭，不再有高邁的樹生長。[74]

在與「末人」相反的意義上，我們不妨把「超人」看作「主人」道德的化身。

尼采生前就抱怨說，「超人」這個詞「幾乎到處都被漫不經心地按照那樣一些價值含義來理解，比如說被理解為人的一種更高的『理想主義』類型，半是『聖徒』，半是『天才』，而我借查拉圖斯特拉的形象所宣導的恰恰是相反的價值……別的博學的笨蛋則因為這個詞而懷疑我是達爾文主義者；甚至從中看出了我所深惡痛絕的由那個無知無畏的大騙子卡萊爾主張的『英雄崇拜』」。[75]

讀了這段話，我們不禁感到困惑，因為它幾乎把「超人」概念的一切可能的解釋都排除了。

尼采是反對英雄崇拜的，因為在他看來，一切崇拜都是一種神化，每一個被崇拜者周圍都有一群自我貶值的愚氓。超人不是神，不是偶像，相反是神和偶像的敵人。

尼采也是反對社會達爾文主義的。在他看來，進化不利於傑出個體，反而有利於「末人」的生存和繁衍。如要用生物學術語來表達，毋寧說超人的產生要靠人工選擇而非自然選擇，也就是要靠人類有意識地創造條件。

尼采還反對「天才迷信」，認為這是一種「全然宗教的或半宗教的迷信」。天才並無創造奇跡的能力，他們是「偉大的工作者」。[76]

可是，等級制度呢？他無疑是等級制度的熱烈的主張者。在這方面人們可以舉出無數的證據：「造成種姓秩序、等級秩序的只是最高生活法則本身。」[77]「奴隸制度、高度隸屬關係是每

74參看《查拉圖斯特拉如是說》序。

75《看哪這人》：〈我為何寫出如此傑作〉1。KSA，第6卷，第300頁。

76《人性的，太人性的》第1卷164、155。KSA，第2卷，第154、147頁。

77《反基督徒》57。KSA，第6卷，第243頁。

種高級文化的前提。」[78]「『人』這個種類的每一次強化和上升也都附有一種新的征服和奴役。」[79]「我的學說是：有上等人，也有下等人，一個個人是可以使千萬年的歷史生輝的。」[80]

誠然，尼采所主張的等級制度主要地不是依據血統，而是依據精神，但這仍然是一種地道的等級制度。他感到遺憾的是：「自然為何如此虧待人，不讓人按照內在的光的充足程度發光，使一個人亮些，另一個人暗些？為何偉大的人升降時不像太陽那樣美麗可觀？如果那樣，人與人之間的生活該多麼明朗！」[81]他明確說明自己劃分等級的標準：「我把生活劃分為兩種類型，一種是奮發有為的生活，另一種是墮落、腐化、軟弱的生活。難道我們不該相信有必要在這兩種類型之間提出等級的問題嗎？」[82]促使尼采主張等級制度的原因有二。一是他蔑視群眾，對大多數人失去信心，認為他們一旦占據支配地位，就會對少數優秀人物施行暴政。二是他認為在事關創造文化的時候，幸福如何分配的問題無關緊要，多數人應當為少數能夠創造高級文化價值的人做出犧牲。

現在我們關心的問題是，尼采所說的上等人是不是超人？在前面引證的話裡，他否認。可是在別的地方，他又肯定：「人是非動物和超動物；上等人是非人和超人：這是互相聯繫的。人長得越高越大，也就越深越廣……」[83]這裡的「非人」指深邃充盈的本能，「超人」指精神的超越性，兩者相輔相承，統一於「上等人」身上了。不過，所謂的「上等人」畢竟還不是指現實社會中的等級，而是有待於按尼采的標準建立的等級。「超人」仍不是現實的人的類型。

那麼，是否理想的典型呢？他又否認。尼采對於理想主義一般持輕蔑態度，認為這是逃避現實的軟弱表現。他也曾強調：「為人辯護的是人的現實。」[84]現實的人比理想的人更有價值。尼采似乎是想表明，超人並非一種無根柢的空想，他是現實的人通過自我超越而可以達到的一個目標。然而，他又一再申明，沒有一個現實的人能成為超人，而只能為超人的產生準備條件，做出犧牲。尼采如此狂妄，可是他從來沒有自稱超人，連真的發瘋時也沒有。他不肯褻瀆了自己的理想。超人終究是一種理想，過去不曾有過，將來也不會有。他不過是尼采表達超越之急迫願望的一個象徵。在尼采所憧憬的新世紀——我們的二十世紀，已經很少有人相信超人說了，可是談論人的自我超越性的卻越來越多。也許，這就是「超人」寓言的收穫。

78《強力意志》464。
79《快樂的科學》377。KSA，第3卷，第629頁。
80《強力意志》，545。
81《快樂的科學》336。KSA，第3卷，第564頁。
82《強力意志》546。
83《強力意志》692。
84《偶像的黃昏》：〈一個不合時宜者的漫遊〉32。KSA，第6卷，第131頁。

第九章　詩人哲學家

審美的人生

藝術化的本體

詩意的思

我的心弦被無形地撥動了，
悄悄彈奏一支船曲，
顫慄在絢麗的歡樂前。
——你們可有誰聽見？……
——尼采

尼采是個哲學家，更是個詩人，說不定還是個音樂家。尼采也確實留下了若干音樂作品，一九八三年世界哲學大會上舉辦音樂會，演奏了他的作品。音樂幾乎是他的本能，他的靈魂就是一支飄逸的樂曲。他在詩歌中尋找本能的昇華，在哲學中尋找靈魂的超越。可是，當我們讀他的哲學時，我們仍然覺得這是詩。當我們讀他的哲學和詩時，我們仍然像在聽音樂。

這位力的謳歌者卻有著一顆纖巧精緻的心靈，用他的話說，那是一顆神祕的酒仙女似的心靈。在他和華格納交往時，華格納常常欺侮他，幾句笑話就把他折磨得煩躁不安，而華格納卻瘋子似地說得更加起勁。華格納真像一個瘋子，生氣時暴跳如雷，高興時在沙發上豎蜻蜓，在鋼琴上跳上跳下，跑到花園裡爬樹。相形之下，尼采恬靜而又有幾分羞怯。他自小不合群，寧與花木為伴。除了彈琴、讀書，便是一人踽踽獨行。十歲時，他就寫出哀婉悲悼的詩作，祭父親的墳瑩。他留下了許多別具一格的詩，在德國現代詩史上據有獨特地位。對音樂的態度可有點奇怪了。他曾經作過曲，一度還打算永遠投身音樂。可是，就像他在摯愛的大師華格納面前逃走了一樣，他在音樂面前也逃走了。音樂是個迷人的情人，因為迷人而帶有危險。他怕自己沉溺在音樂中，也就是說，沉溺在無數朦朧的渴望和柔軟的思慕中，喪失了力。有什麼用呢？至多是不當音樂家罷了，可他反正在音樂中沉醉了一輩子，——琴弦上的音樂和心靈上的音樂。他自己承認：「我終究是個老音樂家，除了音樂沒有別的慰藉。」[1] 直到一八八八年他還歎息：「沒有音樂的生活簡直是一個錯誤，一種苦難，一次流放。」[2] 貝多芬用五線譜寫哲學，尼采用哲理譜音樂，殊途而同歸。世上有哪部哲學著作如今真的被譜成了交響樂呢？只有《查拉圖斯特拉如是說》。

說尼采是個詩人哲學家，不只是因為他寫詩，更是因為他把詩融進了哲學裡，把哲學詩化了。哲學探討人生，他給人生一個審美的解釋。哲學追問世界本體，他對世界本體做出藝術化的說明。哲學沉思萬物，他使這澄明的思考閃耀詩的光華。席勒也是又寫詩又搞哲學，可是他為詩和哲學的衝突苦惱了一輩子。尼采把二者融為一體了。德國的浪漫化哲學，從席勒、費希特、謝

1致加斯特，1887年6月22日。轉引自雅斯貝爾斯：《尼采導論》，第36頁。
2致加斯特，1888年1月15日。轉引自雅斯貝爾斯：《尼采導論》，第36頁。

林、諾瓦利斯、施萊爾馬赫、叔本華發展到尼采，算是達到了爐火純青的地步，又啟示了狄爾泰、海德格、馬庫色在這條路上進一步探索。求人生的詩化，進而求本體的詩化，進而求哲學思考方式本身的詩化，是這種浪漫化哲學的主旨。

審美的人生

古希臘是尼采心中的聖地。他為自己和人類設計的通向未來的航線，其實也就是他向古希臘朝聖的路線。他在這條路上跋涉了一輩子。希臘的神聖在於美。在尼采看來，除了美，還有什麼稱得上神聖的呢？希臘人是唯一健康、優美、堅強、樂生的民族。在希臘，天空像一口蔚藍的鐘，人們生活在空氣新鮮、陽光充足的戶外，生活在競技場上，露天劇場裡，節慶會場上。相比之下，現代人是多麼渺小可憐，那些玩具似的臥室和客廳只配供絲織的玩偶居住，那些低矮的門只有傴僂的靈魂才能出入。希臘人用健全的眼光欣賞裸露的人體美；現代人以裸體為羞恥，又用淫邪的眼光褻瀆人體美。希臘人懂得單純素樸的偉大；現代人的靈魂卻像一座複雜的迷宮。希臘人懂得孕育的沉默，故有偉大的創作；現代人卻喧喧嚷嚷，受日常瑣事的驅使。即使是藝術，也同樣今不如昔，在古希臘，一切藝術品都陳列在人類節慶的大道上，作為高尚幸福時辰的紀念碑，現代人卻用藝術品把羸弱的病人從人類痛苦的大道上引誘開去，消磨短暫的片刻。

對於古希臘藝術典範的嚮往，原是自溫克爾曼以來德國美學的傳統。不過，在尼采之前，人們往往從外部條件的適宜（氣候、國家體制）或人性的和諧（感性與理性、人與自然尚未分裂）去探尋希臘藝術完美的原因。尼采在這一點上一反傳統，不是用人的內心世界的和諧，而是用內心世界的衝突，來說明希臘藝術的鼎盛。他認為，正是希臘人生命本能的健全，豐盈，對生命的熱愛，使他們比其他民族更深切地體會到人生的悲劇性質，有更深沉的痛苦；正是從這深沉的痛苦中，出於生命自衛的需要，產生了他們對於美、節慶、快樂、藝術的不斷增長的渴望。[3]

有一則古老的希臘故事，敘述邁達斯王在樹林中抓住了酒神僕人西勒諾斯，逼他說出對人最好的是什麼。西勒諾斯嘲笑說：可憐的浮生呵，對你最好的東西你是永遠得不到了，那就是不要出生；不過還有其次好的，就是立刻死掉。然而，希臘人通過藝術的拯救而得出了相反的人生評價：最壞是立刻就死，其次壞是早晚要死。[4]藝術，只有藝術，才使人生值得一過。

希臘藝術的主體是奧林匹斯神話以及表現這神話故事的雕塑。尼采認為，希臘人之所以需要神話和雕塑，是為了美化人生，給人生罩上一層神的光輝，以抵抗人生的悲劇性質。「希臘人知道並且感覺到生存的恐怖可怕，為了一般能夠活下去，他必須在恐怖可怕之前安排奧林匹斯眾神

3參看〈自我批判的嘗試〉4。
4參看《悲劇的誕生》3。

的光輝的夢的誕生」。[5]個體生命不過是宇宙生命的現象，個人是速朽的，而藝術則「通過頌揚現象的永恆來克服個體的苦難，用美戰勝生命固有的痛苦」。[6]尼采用希臘神話中的光明之神阿波羅來命名這種美化人生的衝動，稱之為日神衝動。這種衝動使人沉浸在事物外觀的美之中，也可以說沉浸在夢之中，而忘掉可怕的真理。就算浮生若夢吧，那你就應該熱愛這夢，精神飽滿地把這夢做下去，不要失去了夢的情致和快樂。

酒神衝動是藝術的另一個根源，它通過音樂和悲劇的陶醉，把人生的痛苦化為快樂。

尼采自己說，審美的評價是他所確認的對人生的唯一評價。[7]人生是一個美麗的夢，是一種審美的陶醉。可是，科學卻要戳破這個夢，道德卻要禁止這種醉。所以，審美的人生態度是與科學的人生態度、倫理的人生態度相對立的。

尼采一再談到，他很早就被藝術與真理的矛盾所困擾。他的結論是，「不能靠真理生活」，藝術比真理更神聖，更有價值。[8]真理的眼光過於挑剔，它不相信一切美的事物，對人生非要追根究底，結果把人生的可愛動人之處破壞無遺。絕世的佳人，若用科學的解剖刀來解剖，也只能剩下一具醜陋的屍骨。生命也是一個美女，不應當用解剖刀來欣賞她的。幻覺、欺騙、誤解原是有感情的存在物的生存條件，科學卻教我們看穿它們。科學的洞察力真讓人忍受不了，如果沒有藝術，人非自殺不可。好在有藝術，藝術就是求外觀的意志。靠了藝術，我們感到我們負載著渡生成之河的那人生不再是一種永恆的缺陷，相反倒是一位女神，因而在這服務中覺得自豪和天真。「作為一種審美現象，我們感到生存總還是可以忍受的。」[9]

這倒不是故意回避人生的真相。正是因為已經看到了人生的真相，才懂得用藝術拯救人生的必要。其中有一種對人生的真誠嚴肅的態度。一個人倘若閱盡滄桑而足夠深沉，就會領悟這道理：「人應當尊重那羞怯，自然以這羞怯自匿於謎和光怪陸離的未知數之後。」不會像那個埃及青年，夜間偷入神廟，抱住神像，非要把它琢磨得水落石出。「這些希臘人呵！他們懂得怎樣生活：為此必須勇敢地停留在表面、皺折、皮膚上，崇拜外觀，相信形式、音調、文辭和整個奧林匹斯外觀領域！這些希臘人是膚淺的——出於深刻！我輩精神探險者，我們攀登過現代思想最險絕的頂峰，從那裡環視過，俯瞰過，豈不又正回到了這裡？」[10]。

5《悲劇的誕生》3。KSA，第1卷，第101頁。
6《悲劇的誕生》16。KSA，第1卷，第108頁。
7參看《看哪這人》：《悲劇的誕生》1。
8參看GA，第14卷，第368頁。又參看《強力意志》853。
9《快樂的科學》107。KSA，第3卷，第464頁。
10《快樂的科學》序。KSA，第3卷，第352頁。

人生審美化的必要性，正出自人生的悲劇性。凡是深刻理解了人生悲劇性的人，若要不走向出世的頹廢或玩世不恭的輕浮，就必須向藝術求歸宿。尼采比較了三種人生觀，認為印度的出世和羅馬的極端世俗化均是迷途，唯有希臘人的審美化人生才是正道。出世和玩世都是生命的自暴自棄，藝術卻是生命的自救。尼采說：「生命通過藝術而自救。」[11] 藝術是「生命最強大的動力」，是「使生命成為可能的偉大手段，求生的偉大誘因，生命的偉大興奮劑」。[12] 他還說：在熱愛生命、熱愛塵世事物、熱愛感官這一點上，「藝術家比迄今為止所有哲學家更正確」。[13]

審美的人生又是和倫理的人生相對立的。基督教倫理以美和藝術為虛幻，可是「一切生命都是建立在表象、藝術、幻覺、外觀、誤解、背景之缺乏的基礎之上的」，否定美和藝術也就是否定了生命。尼采明確說，他的生命自衛本能「反對了倫理，為自己創造出一種對生命的根本相反的學說和相反的評價，一種純藝術的和反基督教的評價。」[14] 他以他的美嘲笑了道德家們。[15] 人憑藉著藝術，而在道德的上空飄浮，遊戲。[16]

人生的審美化，著眼點還是人生。正是為了肯定人生，尼采「以藝術家的眼光考察了科學，又以人生的眼光考察了藝術」。[17] 美使人生值得一過，可是只有健康的人生才是美的。「沒有什麼東西是美的，只有人是美的：在這一簡單的真理上建立了一切美學，它是美學的第一原理。我們立即補充第二原理：沒有什麼東西比退化的人更醜，——審美判斷的領域就此被限定了。」[18] 怯懦的眼睛不可能感受到美。對美的熱愛出於對人生的熱愛，這種愛是全心全意的，甚至不惜付出生命的代價。「美在哪裡？在我須以全意志意欲的地方；在我願愛和死，使意象不只保持為意象的地方。愛和死：永遠一致。求愛的意志：這也就是甘願赴死。」[19]尼采對康德美學的主要命題「無利害關係的愉快」極為反感，指責這一命題玷污了美和藝術。[20]在他看來，審美決非一種靜觀境界，而是生命激情奔放的狀態。

尼采對美的要求如同對人生的要求一樣，美必須表現出生命和力。他以這個標準衡量藝術，對頹廢柔弱的藝術進行了猛烈抨擊。

11《悲劇的誕生》7。KSA，第1卷，第56頁。
12《強力意志》808，853。
13《強力意志》820。
14〈自我批判的嘗試〉。KSA，第1卷，第19頁。
15參看《查拉圖斯特拉如是說》：〈道德家們〉。
16參看《快樂的科學》107。
17〈自我批判的嘗試〉。KSA，第1卷，第14頁。
18《偶像的黃昏》：〈一個不合時宜者的漫遊〉20。KSA，第6卷，第124頁。
19《查拉圖斯特拉如是說》：〈純潔的認識〉。KSA，第4卷，第157頁。
20參看GA，第14卷，第132頁。

讓我們試用尼采的眼光來為審美的人生描繪一幅圖畫。他懷著一顆強健勇敢的心靈，歡快而又堅定地走在人生之路上，充滿著對未經發現的世界和海洋的嚮往。在戰鬥的間隙，他陶然於片刻的休憩和嬉戲；在頃刻的歡悅中，他又會頽然於幸福者的紫金色的哀愁。[21]他逍遙於自然中，在日光下，迅雷驟雨中，夜色蒼茫裡，欣賞那襟帶群山、海灣、橄欖林和松柏林的美。他也逍遙於人群中，不用道德的眼光、而用審美的眼光看人，能把惡人當荒野的風景欣賞。[22]他有精深的感覺和微妙的趣味，習慣於把最優美卓越的精神產品當作日常的食物。[23]他耳畔縈繞著明朗而深邃的音樂，猶如十月之午後，那又是奇特、詭譎而溫柔的音樂，如同一個恣肆、嬌媚、甜蜜的小女子。[24]他眼前升起簡穆而飄逸的藝術，像一朵明麗的紅焰升上無雲的太空。[25]他在美中度過了一生，一切歡樂都在美中得到了謝恩，一切痛苦都在美中得到了撫慰……

藝術化的本體

尼采把日神衝動和酒神衝動看作藝術的兩種根源，把夢和醉看作審美的兩種基本狀態。不過，二者不是同等重要的。在他看來，酒神衝動是最本原的衝動，在醉的狀態中，人與存在達到了溝通。

醉是一種「神祕的自棄」狀態[26]，當醉酒、戀愛或春天來臨之時，人就飄然欲仙，陶然忘機，他的主觀消失於自我忘卻之中。在藝術中，音樂和悲劇直接體現了這種神祕的醉境。音樂是最純粹的醉境，它是「世界的心聲」，「太一的摹本」，是從世界心靈中直瀉出來的原始旋律。[27] 人的心靈中常常會產生一種莫名的情緒，無言詞可表達，無形象可描繪。它使你惆悵，惘然，激動，感到若有所失又若有所得。那就是音樂的情緒。那是一種與世界本體脈脈相通的情緒，其中重現了世界的原始衝突和原始痛苦。悲劇則是這種情緒的形象表現。在悲劇中，你由個體毀滅的痛苦體驗到了融入原始存在的快樂。

那麼，人在醉境中所溝通的那原始存在、那世界本體究竟是什麼呢？就是永恆的生成，或者說，永不耗竭的生命意志，求強力的意志，——這都是一個意思。不過，尼采又把它藝術化了。他說：「世界猶如一件自我生育的藝術品。」[28] 這個永恆生成著的世界，不斷地創造著也破

21參看《快樂的科學》302。
22參看《朝霞》468。
23參看《快樂的科學》302。
24參看GA，第15卷，第40頁。
25參看《快樂的科學》序。
26《悲劇的誕生》2。KSA，第1卷，第31頁。
27《悲劇的誕生》21、5。KSA，第1卷，第138、44頁。
28《強力意志》796。

壞著，以此自娛，不正酷似藝術活動嗎？作為永不枯竭的生命意志，它一會兒產生個體生命，一會兒又毀掉個體生命。產生、肯定和美化個體生命，這是自然界本身的日神衝動。毀滅和否定個體生命，這是自然界本身的酒神衝動。在這個意義上，尼采說：酒神衝動和日神衝動是「無需人間藝術家的仲介而從自然界本身迸發出來的」二元衝動。[29]

這位富有藝術氣質的自然母親，使她的子女們也秉承了她的氣質。由自然界本身的二元衝動，產生了人的兩種基本的審美狀態——夢與醉。「日神狀態和酒神狀態。藝術本身作為一種自然的強力借這兩種狀態表現在人身上，支配著他，不管他願意還是不願意：或作為驅向幻覺之迫力，或作為驅向放縱之迫力。這兩種狀態在日常生活中也有所表現，只是比較弱些：在夢中，在醉中。」[30]自然界要肯定個體生命，所以你不得不做夢。自然界要否定個體生命，所以你不得不濫醉。

人間的藝術家只是世界本體這位原始藝術家的摹仿者。一些人摹仿日神衝動，用顏料、大理石、文字編織夢的形象，成為造型藝術家和史詩詩人。另一些人摹仿酒神衝動，用節奏和旋律傳達醉的情緒，成為音樂家和抒情詩人。悲劇家兼而有之，把醉的情緒生髮為夢的形象。藝術家只是藝術的承擔者，不是藝術的泉源。他的自我是世界本體的代言人，「從存在的深淵發出呼喚」。[31]

本體的藝術化與藝術的本體化是同一件事情的兩個方面。既然世界本體原是一種藝術活動，那就只有藝術活動才能體現世界本體。尼采始終強調藝術的本體論意義：「藝術是生命的最高使命和生命本來的形而上活動。」[32]藝術是「對自然現實的形而上補充」。[33]不過，如果我們追循尼采的思想邏輯，我們就會發現，他之所以要把本體藝術化，又把藝術本體化，仍然是為了給人生提供一種意義。藝術的形而上學意義實來自人生需要形而上學意義。「我們的最高尊嚴在藝術活動的價值之中，因為只有作為審美現象，人生和世界才永遠有充足理由。」「要正確認識世界之存在，只有把它當作一種審美現象。」因為「只有全然非理性、非倫理的藝術家之神，才會在創造中如同在破壞中一樣，在善之中如同在惡之中一樣，願意知道他自己有同樣的快樂和勝利；在創造世界的時候，他從豐滿和過剩之苦悶中，從積聚心頭的矛盾之苦惱中，解放了自己。」[34]世界本身並無意義，它不斷產生和毀滅個體生命的活動本身也並無意義，如果你要用真理或道德的眼光去探究它的意義，你只會失望，會對生命本身失去信心。可是，一旦用藝術的眼光去看世

29《悲劇的誕生》2。KSA，第1卷，第30頁。
30《強力意志》798。
31《悲劇的誕生》5。KSA，第1卷，第44頁。
32《悲劇的誕生》前言。KSA，第1卷，第24頁。又見《強力意志》第853節。
33《悲劇的誕生》24。KSA，第1卷，第151頁。
34〈自我批判的嘗試〉5。KSA，第1卷，第17頁。

界，無意義的生成變化過程突然有了一種意義，那就是審美的意義。在尼采看來，舍此別無肯定存在的途徑。「藝術的本質方面始終在於它使存在完成，它產生完美和充實，藝術本質上是肯定，是祝福，是存在的神化。」[35]藝術使有根本缺陷的存在變得完美無缺了，那根本缺陷就是存在的無意義，而它獲得意義也就是它的完成。被如此藝術化了的本體，人不再感覺其荒謬，人居住在這世界上就如同居住在家裡一樣了。

藝術化的本體已不是傳統形而上學所追問的那個本體。尼采是根本不承認那個與人漠不相關的本體的。對於他來說，世界之本體即世界之意義。評價本身即具有形而上學意義。形而上學不應該是追究世界本原的活動，而應該是對世界做出評價即賦予意義的活動。「人最後在事物中找出的東西，只不過是他自己曾經塞入的東西：找出，就叫科學；塞入，就叫藝術、宗教、愛、驕傲。這兩件事本身就該是遊戲，也應當繼續搞下去，鼓足勇氣搞下去，——一種人去找出，另一種人——我們這種人！——去塞入！」[36]本體的藝術化之所以可能，祕密全在於此了。

通過本體的藝術化和人生的審美化，尼采追求一種人與世界打成一片的感覺。在他看來，理性的發展削弱了人的原始本能，恰恰破壞了這種感覺。以色彩感為例，藍色和綠色是自然異於人的色彩，可是古希臘人描繪自然時對藍綠二色完全色盲，卻使用人的色彩如深褐色和黃色。人與自然之間色彩的和諧感「正是人類最初學會欣賞一切存在的途徑」。在這方面一旦精細化了，和諧也就失去了。[37]

追求與自然打成一片，渴望通過藝術而與永恆合為一體，謳歌夢與醉，正是浪漫主義的主要特色。尼采是一個天生的浪漫主義者。他反對酗酒，但他比任何酒徒都更充滿醉意：

「一位女子害羞地問道，
在一片曙色裡：
你清醒時已經輕飄飄，
喝醉酒更當如何顛癡？」[38]

可是，我們發現，這位浪漫氣十足的哲學家在藝術領域裡攻擊得最厲害的恰恰是浪漫主義。他對消極浪漫主義的批評尚可從他的強力意志說得到解釋，但他有時所攻擊的偏是他自己的安身立命之本——他指責浪漫主義者渴望一種「形而上的慰藉」。[39]那不也是他自己的渴望嗎？要不

35《強力意志》821。
36《強力意志》281。
37參看《朝霞》426。
38詩稿。GA，第8卷，第366頁。
39〈自我批判的嘗試〉第7節。KSA，第1卷，第22頁。

他幹嘛要把本體藝術化呢？

我們在尼采身上常常發現這種矛盾現象。他蔑視他之所愛，愛得愈甚，攻擊也愈甚。就天性而論，他首先是個音樂家，其次是個詩人，再其次是個思想家。而他的評價卻倒了過來：「詩人比音樂家站得高，他達到了較高要求，近乎完人；思想家達到了更高的要求，他嚮往完全的、集中的、新鮮的力量，不貪圖享受，而是渴望戰鬥，堅決放棄一切個人欲求。」[40]對於音樂的攻擊俯拾皆是，對詩人的貶薄也不少見。[41]當然，對二者也有同樣熱烈的讚頌。從這種自相矛盾中，我們能感覺到尼采的深刻苦惱，這是追求與幻滅的苦惱。

「每個詩人都相信：誰靜臥草地或幽谷，側耳傾聽，必能領悟天地間萬物的奧祕。
倘有柔情襲來，詩人必以為自然在與他們戀愛：
她悄悄俯身他們耳畔，祕授天機，軟語溫存，於是他們炫耀自誇於眾生之前！
哦，天地間如許大千世界，唯有詩人與之夢魂相連！
尤其在蒼穹之上，因為眾神都是詩人的譬喻，詩人的詭詞！
真的，我們總是被誘往高處──那縹緲雲鄉，我們在其上安置我們的彩色玩偶，然後名之神和超人：──
所有這些神和超人，它們誠然足夠輕飄，與這底座相稱！

唉，我是多麼厭倦一切可望而不可即的東西！唉，我是多麼厭倦詩人！」[42]

尼采畢竟是個現代人，已經失去人類童年的天真，不能像他神往的希臘人那樣與自然大化渾然一體了。他賦予世界以審美的意義，可他心裡明白，這不過是詩人的譬喻，因而所賦予的意義時時有失落的危險。他做夢，沉醉，可他心靈的至深處卻醒著，並且冷眼審視這夢著醉著的自己，生出了一種悲哀和厭倦。

但尼采畢竟又是個詩人。他之為詩人是由於天性：「我慚愧我仍然不能不是一個詩人！」[43]「我怕我太是個音樂家，勢將難於不做浪漫主義者了。」[44]他之為詩人又是出於必要：「倘若人不是詩人、解謎者和偶然的拯救者，我如何能忍受做一個人！」[45]英雄的渴望「只有在美之中才能靜息和沉抑」。[46]尼采用藝術來拯救這無意義的世界，他同時也是在拯救他自己的靈魂，這顆

40 遺稿。GA，第11卷，第337頁。
41 參看GA，第3卷，第7頁；第7卷，第257頁；第11卷，第336、339頁；第14卷，第139頁。
42《查拉圖斯特拉如是說》：〈詩人〉。KSA，第4卷，第164～165頁。
43《查拉圖斯特拉如是說》：〈舊榜和新榜〉。KSA，第4卷，第247頁。
44〈致勃蘭兌斯的信〉。轉引自威爾都蘭：《古今大哲學家之生活與思想》，第669頁。
45《查拉圖斯特拉如是說》：《拯救》。KSA，第4卷，第179頁。
46《查拉圖斯特拉如是說》：〈高超的人〉。KSA，第4卷，第152頁。

渴望超越的靈魂如果沒有藝術形而上學的慰藉，將墮入悲觀主義的地獄而不能自拔了。

唉，藝術形而上學終究只是個慰藉！

詩意的思

關於哲學究竟是科學還是詩的爭論恐怕永遠不會有一個結論，實在也不必強求一個結論，就像不必強求一切人氣質相同一樣。一個理智型的人治理哲學不能不如同治理科學，因為他原本就是一個科學家。一個情感型的人不能不把哲學當作詩，因為他原本就是一個詩人。尼采當然屬於後者。

尼采稱學院哲學為「血蝠主義」，抽象的觀念如同吸血蝙蝠一樣，吸盡了哲學家的血，使他變得貧血蒼白，使他心靈枯竭。[47]尼采看見這樣的哲學家陰鬱地從知識之林中歸來，衣衫襤褸，懸掛著他的獵物，那醜陋的真理；也懸掛著許多棘刺，可是沒有一朵玫瑰花。[48]不，哲學是不該如此醜陋、枯燥、艱難的，尼采要把歡笑、美、幻夢、謎滲入哲學，使它如同詩一樣閃射奇異的光彩，使人可以在其中自由逍遙，流連忘返。[49]

那些在哲學中尋找嚴密邏輯體系的人一定會對尼采哲學感到失望，就像尼采也對以往一切哲學體系感到失望一樣。尼采根本就反對構造體系。他說：「我不信任一切體系構造者並且避開他們。構造體系的意願是一種不誠實的表現。」[50] 誠實的哲學家投身人生的激流，珍惜自己的閃耀著浪花之美的真實感受，其中交織著他的愛和恨、歡樂和痛苦。體系構造者卻遠離人生，如樹叢裡的蜘蛛，編織蛛網，還自以為他的灰色的體系之網籠罩了整個大千世界。

在尼采看來，一個真正的哲學家本質上必然也是一個詩人。詩人的心靈，哲學家的頭腦，這兩樣東西難道能夠分開嗎？一個人不正是因為有了一顆富於感受的熱愛人生的心，才會去對人生之謎作哲學的探索嗎？那麼，同樣道理，在作這種探索時，他又怎會不再受詩的激情支配呢？哲學家和詩人是息息相通的，他們都是不實際的、不世故的，進入他們視野的是人生和世界的大問題，他們為同一個謎所吸引，尋找著同一個夢境。

詩意的思，首先是真情實感的思。「痛苦使母雞和詩人咯咯地叫。」[51] 哲學家如同詩人一樣，因孕育的痛苦而寫作，他的全部哲思從心底流瀉。

47 參看《快樂的科學》372。KSA，第3卷，第624頁。
48 參看《查拉圖斯特拉如是說》：〈高尚者〉。
49 參看《朝霞》427。
50《偶像的黃昏》：〈格言與箭〉26。KSA，第6卷，第63頁。
51《查拉圖斯特拉如是說》：〈高貴的人〉。KSA，第4卷，第362頁。

詩意的思，又是強調哲學的思必如同詩的靈感一樣，在一閃光中才能襲取存在之真理。尼采的哲學著作多以格言形式寫成，不獨出於愛好，在他看來乃是出於必需。表達方式取決於思考方式，思考方式又取決於思考對象本身。尼采在談到他的思考方式時寫道：「我對待深刻的問題就像對待冷水浴那樣——快速進去，快速出來……大冷使人敏捷！——順便問一下：一樣東西只在一瞬間被觸及、瞥見、照亮，就真的是沒有被理解和認識嗎？非得牢牢坐在上面嗎？非得像孵一隻蛋那樣孵它嗎？……至少有一種特別羞怯敏感的真理，除了突然獲取別無他法，——必須突襲它，或者放棄它……」[52]存在喜歡隱匿自身，一切至深的人生奧祕和存在奧祕，都要靠突襲獲取。

與其說突襲思想，不如說被思想所突襲。尼采厭惡製造思想。思想是製造不出來的。尼采的習慣是在曠野，在寂靜的山谷，在海濱，在散步、跳躍、攀登、舞蹈之時，在腳下的路也好像在深思的地方思考。[53]福樓拜說，一個人只有坐下來才能思考和寫作。尼采憤而駁斥：「久坐是反對神聖精神的罪。只有散步得來的思想才有價值。」[54]哲學家深居學院，遠離自然，必使哲學流於瑣屑枝節，而與永恆大化隔絕不通。自然是詩人的搖籃，也是哲學家的繈褓。

散步之中，思想如風迎面撲來，妙手偶得，這就是靈感了。但靈感其實是得之於長期孕育之痛苦的，存在之奧義只向苦苦求索的眼睛偶爾袒露。「使人深深震撼顫慄的某種東西，突然以一種不可言說的準確和精細變得可見可聞。人傾聽，而並不尋求；人接受，而並不追問誰在給予；一種思想猶如電光突然閃亮，帶著必然性，毫不猶豫地獲得形式——根本不容選擇。一種喜悅，其巨大的緊張有時通過淚水的洶湧而得舒緩……」[55]

被靈感的一閃光照亮的存在，若要見諸文字，卻有不可克服的困難。尼采常常為此悲哀，一旦把捕獲的思想用文字固定下來，它就死在文字上，如死鳥懸掛飄搖，令人難解捕獲時何以那樣快樂。難以表達的痛苦使尼采另闢蹊徑，把象徵引進了哲學。波特萊爾在詩壇開象徵主義一代風氣，尼采則是一位象徵主義哲學家。整部《查拉圖斯特拉如是說》就是一篇象徵主義的哲理詩。其中還專門談到了象徵的含義：

「這裡萬物愛撫地走向你的言談，向你諂媚，因為它們想騎在你的背上馳騁。這裡你騎在每種譬喻上馳向每種真理。

這裡你可以誠實坦率地向萬物說話；真的，在它們聽來，這是怎樣的讚美，倘若一個人直接

52《快樂的科學》381。KSA，第3卷，第634頁。
53參看《快樂的科學》366。
54《偶像的黃昏》：〈格言與箭〉34。KSA，第6卷，第64頁。
55《看哪這人》：《朝霞》3。KSA，第6卷，第339頁。

與萬物交談！

這裡一切存在的語言和語言寶庫向我突然打開；這裡一切存在都想變成語言，一切生成都想從我學習言談。」56

遠離塵囂，在孤寂中與萬物交感，存在的祕密敞開了。「一切都以最迅捷、最正確、最單純的表達方式呈現自己。」「萬物好像自動前來，甘願充當譬喻。」57所以象徵不是單純的比喻，不是一種人為的表現手法。它首先是人與宇宙本體交融的境界，是從這境界中自然而然湧出的言談。用作象徵的某一觀念或形象，不單指一事一物，而是使人思及無名無象、不落言詮的無限和永恆。哲學既是對無限和永恆的追問，也就不能不用象徵手法。尼采哲學的許多範疇，如「強力意志」、「生命意志」、「酒神」、「日神」、「永恆輪迴」、「超人」，與其說是邏輯意義上的概念，不如說是詩學意義上的象徵。因此，理解起來也就不能光靠分析的頭腦，而必須靠直覺的領悟了。

尼采不但提倡哲學的思起於靈感，見諸象徵，而且重視哲學著作的風格。「每種高貴的精神和趣味，若想傳達自己，會選擇其聽者；在選擇的同時，也就對『其他人』築起了圍欄。一種風格的所有精微規則都源於此：它們拒人千里，它們造成距離，它們禁止『進入』和理解，——與此同時，它們打開了知音們的耳朵。」58何謂風格？尼采說：「用符號以及這些符號的節拍傳達一種狀態，一種激情的內在緊張——這是每種風格的意義……一種風格若能真實地傳達內在狀態，不錯用符號、符號的節拍以及表情（一切修辭都是表情的技巧），便是好的風格。」風格的前提是要有聽者，有值得傳達與之的人。[59]

尼采對於自己的風格是極為自豪的。他稱他的《查拉圖斯特拉如是說》是絕無僅有的新穎的藝術形式，其韻律之優美，風格之宏偉，激情之驚濤起伏，均屬獨創。他說他和海涅是德國語言的最偉大的藝術家。他甚至自詡，在他之前人們不知道如何使用德國語言和一般語言。尼采的典型風格是格言和警句。在他的書裡，你找不到長篇大論，更找不到體系巨構。他的著作或是格言和警句的彙編，或是妙語連珠的散文。使他得意的也就是這種格言和警句的風格：「格言和警句是『永恆』之形式，我在這方面是德國首屈一指的大師；我的虛榮心是：用十句話說出別人用一本書說出的東西，——說出別人用一本書沒有說出的東西……」[60]格言的凝練表現出力，格言的精緻表現出美，寫格言的人必須有「最纖美的手指和最勇猛的拳頭」。[61]「在山谷中，最短的路是

56《查拉圖斯特拉如是說》：〈回家〉。KSA，第4卷，第231～232頁。
57《看哪這人》：《朝霞》3。KSA，第6卷，第340頁。
58《快樂的科學》381。KSA，第3卷，第634頁。
59《看哪這人》：〈我為何寫出如此傑作〉4。KSA，第6卷，第304頁。
60《偶像的黃昏》：〈一個不合時宜者的漫遊〉51。KSA，第6卷，第153頁。
61《看哪這人》：〈我為何寫出如此傑作〉3。KSA，第6卷，第302頁。

從峰頂到峰頂：但你必須有長腿才能跨越。格言便如峰頂，它訴與偉大高岸的人。」[62]在這個意義上，格言又如舞蹈，它跳躍，輕捷，自由，象徵著一位自由思想家的精神。「我不知道，除了成為一個好舞蹈家，一個哲學家的精神還會希望成為什麼。」[63]風格如其人，的確再也沒有比格言更能表現尼采的精神風貌的形式了。人們也許不同意尼采把哲學詩化的主張，可是，一個人只要有鑒賞力，在讀到尼采這些詩一般的哲學格言時，又怎麼會不得到一種審美享受呢？

有人對尼采說：「誰走你的路，必通向地獄！」尼采回答：「好吧！我願用好的格言為自己鋪設通向地獄之路。」[64]瞧，這又是尼采的風格……

62《查拉圖斯特拉如是說》：〈讀和寫〉。KSA，第4卷，第48頁。
63《快樂的科學》381。KSA，第3卷，第635頁。
64詩稿。GA，第8卷，第379頁。

跋：在尼采之後

現在我們要和尼采告別了。

「他走向何方？有誰知道？只知道他消失了。」[1]他身後並沒有留下一個以他的名字命名的學派，可是他的影響卻滲透於現代西方許多哲學流派之中。重視人和人生意義問題，重視價值問題，重視個人對於價值的自由選擇，幾乎是現代思潮的共同特徵。在和尼采告別之際，我們僅僅投一瞥於和尼采有直接精神聯繫的某些流派或哲學家，看看他們在尼采的方向上走了多遠。

尼采提出的主要問題是：在傳統價值全面崩潰的時代，人如何重新確立生活的意義？我們可以把他的答案歸結為：一、解除理性和道德對於生命本能的壓抑，使生命本能健康發展；二、發揚人的超越性，做精神文化價值的創造者；三、以審美的人生態度取代科學和倫理的人生態度。

1 詩稿。GA，第8卷，第385頁。

當我們分別從這三個方面向前探尋時，我們在第一條路上發現了生命哲學家和佛洛伊德主義者，在第二條路上看見了存在哲學家的活躍的身影，在第三條路上遇到了高舉藝術革命旗幟的浪漫主義騎士瑪律庫塞。

尼采自己實際上就是生命哲學的創始人。在他之前，還有叔本華。在他之後，德國哲學家狄爾泰、西美爾、奧伊肯、克拉蓋斯和法國哲學家柏格森均倡生命哲學。生命哲學把宇宙過程看作川流不息的生命（生命意志、強力意志、生命之流、生命力），並認為它是人的精神生活的真正源泉和基礎。事實上，包括尼采在內，生命哲學家並非在生物學意義上使用生命概念的，他們只是用這個概念給世界一個詩意的解釋，從而相應地也給人的精神生活一個詩意的解釋。他們所關心的是人的精神生活的獨特性，反對把它混同於一般認識活動。以奔流不止的宇宙生命為源泉的人的精神生活，實質上是一種內在的活力、創造力，是無意識和非理性，是內在的綿延，是直覺，等等。

如果說生命哲學對於人的無意識和生命本能只是作了詩意的描述，那麼，佛洛伊德倒試圖對這一領域進行科學的剖析。當然，尼采本人對於無意識已有不少精闢的洞見，但還畢竟是零星的。佛洛伊德的貢獻在於，他在分析精神病症狀、夢、日常生活中過失行為的基礎上，揭示了無意識的形成機制和作用機制，從而把無意識研究建立為一門專門學科——精神分析學。當佛洛伊德運用精神分析學研究現代文明時，我們發現他把尼采的某些見解具體化了。例如，尼采曾經一再談到生命患病，本能衰退，談到文化領域的病理學問題，實際上他指的都是精神疾患。佛洛伊德為這些疾患確定了病名，分析了其成病機制。他指出，現代文明是建立在壓抑本能的基礎上的，壓抑的結果是造成普遍的個人神經官能症和社會的「文化神經官能症」，宗教即屬後者之列。他還談到了「社會文化病理學」的問題。佛洛伊德強調，無論個人還是社會，保持健康的關鍵在於解除自我欺騙，認清無意識中本能的真實意義，加以合理引導。新佛洛伊德主義者弗羅姆進一步對社會的病態展開了研究。

存在主義者一般對於人的本能領域不感興趣，他們更關心人的內心體驗。他們尤其發展了尼采關於人的自由和超越性的論點。在沙特的著作中，你簡直可以找到尼采思想的清晰而有力的複述，他同樣把人性歸結為自由，把自由歸結為意願和評價。不過，尼采儘管強調個人有評價的絕對自由，他畢竟還提出了他自己的價值尺度——強力意志。沙特卻把價值的相對性推至極端，否認任何可供考慮的尺度。在超越性的問題上，存在主義者把超越的使命完全委諸每一個人自己，這與尼采除個人的超越之外還相信或希望著人類的超越（「超人」）相比，更主觀化了。總的來說，在人的自由和超越性問題上，存在主義的主要進展在於，通過對人的存在結構的分析，從本體論上建立了人的自由和超越性命題，它也就是存在主義的基本命題：「存在先於本質」。

還應該一提的是，尼采已經重視情緒在人生的意義，例如把醉看作與原始存在的溝通，把孤獨和險境看作人生體驗至為深刻的場合。到了存在主義，情緒更加明確地獲得了本體論意義。海德格就直截了當地認為情緒是基本的存在狀態。當他分析人的存在結構時，「畏」、「煩」的情緒在此結構中起了關鍵的作用。沙特的「噁心」，雅斯貝爾斯的「臨界狀態」、「溝通」，也無不起了這樣的作用。在存在主義者那裡，人生的意義實際上被歸結為內心的某種情緒體驗，情緒成了實現自由和超越的唯一陣地。對比之下，尼采至少還重視創造高級文化這一可見形式的超越，似不如此偏頗。

存在主義者往往還秉承了叔本華、尼采的悲觀主義氣質。這在海德格身上尤為突出，死亡問題如此困擾著他，以致他對人的存在結構的分析把死亡當作了基本前提。沙特這位熱情外向的哲學家也時時發出悲聲，關於人生的荒謬、絕望，他真談得不少，而最悲觀的莫過於這一句話了：「人是一堆無用的熱情」。在悲觀主義的表現方式上，海德格更近於叔本華，而沙特更近於尼采。

海德格後期傾向於把藝術視為拯救力量，主張靠詩意的思揭示存在。這已經同尼采所提倡的審美的人生態度靠攏了。海德格的學生瑪律庫塞在這條路上走得更遠。儘管瑪律庫塞引證得最多的是馬克思和佛洛伊德，但是他的藝術本體論和藝術革命論的浪漫主義思想與尼采的精神更為接近。瑪律庫塞認為，藝術作為人的生命本能昇華的最高形式，具有自動對抗並且超越現存社會關係的力量。它使人的生命本能自由發展，解放被理性所壓抑的感性，通過創造一個虛構的然而比現實更真實的世界向現代文明挑戰。尼采還只是在理論上談到藝術的救世作用，瑪律庫塞則要求藝術直接走上政治舞臺，由具有高度審美能力的知識份子組成一支藝術救世軍，掀起一場藝術革命。在六十年代的抵抗風暴中，他試圖付諸實現，結果被證明是烏托邦。於是他又返諸自身，追求一種審美的內心狀態。

走在尼采的方向上尋求著人生意義的西方思想家們，為什麼他們的一切尋求最後都以內心為歸宿呢？

朋友，讓我們各自沉思著這個問題，暫時分手吧。

附一
尼采傳略

尼采（Friedrich wilhelm Nietzche，1844-1900），一八四四年十月十五日生於德國東部呂采恩鎮附近的勒肯村。他的祖父是個虔誠的基督徒，寫過神學著作。他的外祖父是個牧師。他的父親當過家庭教師，後來也在家鄉擔任牧師。尼采就在這樣一個有濃烈宗教氣氛的家庭裡呱呱墮地。

勒肯是個僻靜的小村莊，景色秀麗，綠樹環繞，池水清澈。一條長長的石階通往尼采家的住宅，四周有果園、草坪、花園和涼亭。寧靜的鄉村風光薰陶著尼采的心靈，他喜歡在涼亭裡消磨時光，也喜歡在綠草叢生的池塘邊看陽光在池面閃爍，小魚在池中嬉戲。

一八四九年七月，尼采的父親死於腦軟化症。數月後，年剛兩歲的弟弟又夭折。當時尼采才五歲，親人接連的死亡，使這天性敏感的孩子過早地領略了人生的陰暗面，鑄成了他的憂鬱內傾的性格。後來他自己回憶說：「在我早年的生涯裡，我已經見過許多悲痛和苦難，所以全然不像孩子那樣天真爛漫、無憂無慮……從童年起，我就尋求孤獨，喜歡躲在無人打擾的地方。這往往是在大自然的自由殿堂裡，我在那裡找到了最真實的快樂。一場雷雨時常會給我留下最美好的印象，滿天轟鳴的雷聲和閃亮的電光更增添了我對上帝的敬畏。」《尼采選集》第二卷，慕尼黑，一九七八，第五百八十二頁。

父親死後第二年，尼采隨同母親和妹妹遷居瑙姆堡，投奔祖母和兩位姑母。在瑙姆堡，尼采度過了他的童年時代，讀完了小學和文科中學（相當於初級中學）。在學校裡，他顯得孤僻而不合群，很少與同學們一起玩耍。但是，他也異常珍惜友誼，擇友的趣味很高。在文科中學，他有兩個知心朋友：威廉·平德爾和古斯塔夫·克魯格。前者是他的詩友，他們常常在一起談詩，互相交換詩作。後者是他的樂友，他們常常在一起討論音樂，演奏樂曲，或者共同傾聽克魯格的父親——一位精通音樂、與孟德爾松交往甚篤的樂師——彈琴，沉浸在德國古典音樂的旋律裡。

詩歌和音樂是尼采的終身愛好。十歲時，他便爆發了藝術創作的熱狂，一年裡寫了五十首詩，作了一曲聖歌。他自己回憶，到十四歲時，他已經有過三次寫詩高潮。後來，他仍不斷寫詩，他的格言詩和抒情詩獨具一格，在德國現代詩史上占有重要地位。

尼采的早期詩作充滿憂傷的情調。他十歲的一首詩，描寫一個漂泊者在一座古城廢墟上沉睡，夢見該城昔日的繁榮和最後的毀滅，醒來後悟到人間幸福的短暫。十五歲的詩裡寫道：「樹葉從樹上飄零／終被秋風掃走／生命和它的美夢／終成灰土塵垢！」「我豈能相信／我會躺入丘墳／不再能啜飲／生命的芳醇？」讀中學時，他還構思過一部題為《死亡與毀滅》的中篇小說。這一切清楚地表明，由於過早目睹死亡的現象，悲觀主義已經在他幼小的心靈裡紮了根。既然終有一死，生命還有什麼意義？這個問題始終折磨著尼采。讓我們記住這一點，因為這為理解尼采後來的哲學思想提供了一條重要線索。

尼采對音樂的感悟也很早。在童年時代，他酷愛古典音樂，把莫札特、海頓、舒伯特、孟德爾頌、貝多芬、巴哈、韓德爾視為精神支柱，但不喜歡白遼士、李斯特的現代音樂。青年時代一度迷戀華格納，後期則喜歡比才及其《卡門》。他自己也常常譜曲。他那樣看重自己的音樂作品，在精神失常前夕，還自稱終究是個老音樂家，並希望他譜曲、他的女友莎洛美作詞的管弦樂合唱曲《讚美生活》傳世，作為對他的紀念。

一八五八年，尼采以優異的成績從瑙姆堡文科中學畢業，獲得歷史悠久的帕弗塔文科預備學校的獎學金。這是一所水準很高的教會學校，擁有優秀的人文主義教師，校紀甚嚴，學生們過著刻苦勤奮的斯巴達式生活。德國文化史上的許多著名人物，如克洛普斯托克、費希特、施萊格爾、蘭克，都曾在這裡就學。正是在這裡，尼采讀到了青年黑格爾派成員大衛·施特勞斯的名著

《耶穌傳》，對基督教的信仰悄悄瓦解了，使虔信的母親和姑母們大為驚恐。在所有的課程中，他最喜歡希臘課，常常讀古希臘文獻至深夜。他一生崇尚希臘精神，反對基督教精神，在這裡已經開了端倪。

如同一切有創造力的少年一樣，尼采的興趣決不局限於規定的課程。他和老朋友平德爾、克魯格組織了一個小團體，每人每月提交一篇作品，彼此交流和批評。他們還自籌經費，訂閱《音樂報》等報刊。在此期間，尼采的音樂趣味開始發生變化，從古典音樂轉向現代音樂，他漸漸喜歡華格納了。小團體的最後一筆經費，就用來購買了歌劇《特里斯坦和伊索爾德》的門票。

在文學方面，尼采的興趣從歌德轉向了浪漫派。他格外喜歡荷爾德林。在十七歲的一封信裡，他表現了對荷爾德林詩作的深刻理解。荷爾德林所表達的那種至深的憂鬱和對理想故土的懷念，那種對現代德國野蠻化的痛恨，那種終於導致精神崩潰的劇烈的內心衝突，引起了尼采的深深共鳴。他對荷爾德林發瘋前夕和瘋後的一些詩歌尤其心領神會，視為「德國詩歌藝術中的純美精品」。令人深思的是，這個激賞瘋詩人的青年，後來自己也瘋了。

回顧尼采的早年生活，最值得我們注意的是他的浪漫而又悲觀的氣質。他幾乎是一個天生的浪漫主義者和悲觀主義者。他後來喜歡叔本華哲學和華格納音樂，實出於天性之必然。當他著手建立自己的哲學時，他又猛烈地批判「浪漫悲觀主義」，其實是一種自我治療和自我克服。

一八六四年十月，尼采從預備學校畢業，進入波恩大學。結業時，他的各門課程均為優秀，唯有數學不及格。

現在，尼采二十歲了。這是人一生中對未來想得最多的年齡。尼采在波恩大學選修的是神學和古典語言學。讀神學是家裡的要求，其實尼采自己對於基督教的信仰早已動搖，所以，僅僅一個學期後，他便放棄了這個專業。至於讀古典語言學，則是他自己的選擇，因為他在中學時已產生了對希臘文獻的濃烈興趣，與此同時，他還試圖借古典語言學研究所必需的那套嚴格的考證工夫，來防衛自己的浪漫激情，求得心理的平衡。

入學後，尼采加入了學生團體（Franconia），他和別人一樣，似乎熱衷於擊劍、飲酒、聚會、跳舞、結交異性。可是，為時不久，他厭倦了這種喧鬧的社交生活，以一份得體的書面聲明退出了學生團體。沒有人理解他內心發生的事情，同學們只是覺得他孤傲，清高，怪僻，不講交情。這是尼采一生中爆發的第一次精神危機。人生決非一場消遣，他要為自己尋求一種更加真實的人生。自幼折磨著他的生命意義的問題，這時明確地呈現在他的意識中了，驅使他自覺地走上了苦苦求索、永不安寧的命運之路。

尼采的古典語言學老師李契爾是一位富於藝術氣質的學者，深受尼采敬重。李契爾也把尼采視為自己最得意的門生。波恩大學在古典語言學領域享有國際聲譽，人才濟濟。李契爾與另一位語言學者揚恩的學派衝突使尼采深感煩惱，因此，在第二學年，他便決定轉學到萊比錫大學。接著，李契爾也移教萊比錫。在李契爾建議下，尼采在萊比錫創建了一個語言學學會，並先後在學會中作關於泰奥格尼斯（西元前六世紀麥加拉詩人）和亞里斯多德的學術報告。這些論文作為獲獎論文刊印在《萊茵博物館》雜誌上。尼采在語言學界迅速聞名，用李契爾的話來說，成了「萊比錫青年語言學界的偶像」。

對古希臘文獻的研究，尤其是對第歐根尼．拉爾修作品的研究，喚醒了尼采的哲學興趣。但是，真正點燃尼采的哲學熱情的卻是叔本華。在萊比錫期間，他偶然地在一個舊書攤上購得了叔本華的《作為意志和表象的世界》一書，欣喜若狂，每日淩晨二時上床，六時起床，沉浸在這本書裡，心中充滿神經質的激動。後來他回憶說，當時他正孤立無助地經歷著某些痛苦的體驗，幾乎瀕於絕望，而叔本華的書就像一面巨大的鏡子，映現了世界、人生和他的心境。他覺得叔本華好像是專門為他寫了這本書一樣。

我們既已瞭解尼采的氣質和早年經歷，就完全可以理解叔本華哲學何以給他造成如此強烈的心靈震撼了。他很早就對人生發生了懷疑，生命意義的問題始終痛苦地折磨著他。人們渾渾噩噩生活著，對這個根本性問題無所用心，愈發使他感到孤獨。現在，他發現在他之前也有人受同一問題的折磨，並且用哲學的語言表達了對人生的同一悲觀看法，便頓有覓得知音之感。一時間，他成了叔本華的狂熱信徒。一八六七年秋，尼采在瑙姆堡服為期一年的兵役，這次服役因他騎馬負傷而提前結束。在炮聲隆隆中，他低呼著：「叔本華保佑！」叔本華竟成了他的上帝。

可是，這是怎樣一位上帝呵。基督教的上帝許人以靈魂永生，叔本華卻在尼采耳旁呵斥：生命毫無意義！捨棄人生吧！聽天由命吧！尼采畢竟還年輕，他悲觀，卻不厭世，這可悲的人生在他眼中依然充滿魅力，令人迷戀難舍。有趣的是，恰在尼采如醉如狂地沉湎在叔本華的悲觀哲學中的時候，他生平第一次墮入了情網，愛上了一位到萊比錫巡迴演出的女演員。他給她寄去了一首自己譜曲的歌，並附上熱烈的獻辭。理論上的悲觀主義終究扼殺不了青春的活力。不過，這個羞怯的大學生並不敢有進一步的行動，就像他以後的幾次戀愛一樣，他的初戀毫無結果。

尼采後來對叔本華的悲觀哲學採取了否定態度，但他始終讚賞叔本華真誠探討人生問題的勇氣。由於叔本華的影響，他更加自覺而明確地以生命意義問題為自己哲學思考的主題，這正是叔本華對他的影響的積極一面。在一八七四年寫的〈作為教育家的叔本華〉一文中，他如此談論叔本華：「他站在整幅生命之畫前面，解釋它的完整的意義，這便是他的偉大之處；而那些頭腦太機敏的人卻不能擺脫一種謬見，以為只要詳盡地研究畫這幅畫所用的顏色和材料，就已經在接近對畫意的解釋了……每一種偉大哲學作為整體始終只是說：這是生命之畫的全景，從中學知你的生命的意義吧。以及反過來：僅僅閱讀你的生命，從中理解普遍生命的象形文字吧。」[1] 對於哲學使命的這一信念，尼采是終身恪守的。正是為了對抗叔本華的、同時也是他自己的悲觀主義，他在日後建立了他的酒神哲學和強力意志學說。

在萊比錫期間，尼采與李契爾的另一名高足羅德結成了摯友。他們倆都才華橫溢，意氣風發，常常形影不離地一同去聽講座，引來同學們驚羨的目光，被稱為狄俄斯庫里（Dioscuri，希臘神話中卡斯托耳和波呂丟刻斯兩兄弟的合稱）。語言學的才賦，對希臘文化的理解，對現代的批判態度，對叔本華和華格納的喜愛，使他們達成了內心的默契。他們之間的熱烈友誼延續了十年左右，直到一八七六年羅德結婚，彼此才逐漸疏遠。一八八七年，兩人的友誼以破裂告終。究其原因，羅德終究是個學者型的人，而尼采卻是一個鄙視學者的人生探索者，畢竟志不同而道不合。

一八六八年秋，尼采在萊比錫華格納姐姐的家裡結識了他仰慕已久的音樂大師華格納，兩人久久地談論他們共同喜愛的叔本華哲學。事後，尼采寫信給羅德說：「啊，你可想見，聽他以

1〈作為教育家的叔本華〉3。KSA，第1卷，第356～357頁。

難以形容的熱情談論叔本華，說他感謝他，他是懂得音樂本質的唯一哲學家，這於我是何等的享受！」轉引自伊沃·弗蘭澤爾：《尼采》，一九八三年漢堡版，第三十一頁。叔本華一開始就是尼采與華格納之間的精神紐帶。後來，當尼采轉而否定叔本華之時，他與華格納的友誼也就宣告破裂了。

一八六九年二月，在李契爾的熱情推薦下，尼采受聘擔任瑞士巴塞爾大學古典語言學教授。萊比錫大學根據他業已發表的論文和大學教授資格，免試授予他博士學位。

五月，尼采到巴塞爾大學執教，他的就職講演〈荷馬和古典語言學〉博得了同事們的一片讚歎。這位年僅二十四歲的教授在校內外都大受歡迎。巴塞爾的上流社會向他打開大門，名門貴胄之家爭相邀請，尼采身穿新燕尾服，經常在舞會上露面。在人們心目中，他是一個受人尊敬、前程無量的青年學者。然而，為時不久，他的老毛病又犯了。社交生活使他感到厭煩。他對語言學研究的價值也產生了懷疑。就像過去否定神學一樣，現在他又要否定語言學了。他生來不是當學者的材料，不願意把自己的生命浪費在鑽故紙堆上。這顆不安的靈魂總是在尋找著什麼，凡是到手的都不是他所要尋找的東西。他預感到一種與眾不同的命運在向他召喚。

一八七〇年，普法戰爭爆發。八至十月，尼采在戰地擔任護理兵。正當全德國陷入「愛國主義的激動」之時，他懷著厭惡這場戰爭的心情，神游於古希臘的審美國度，醞釀了他的《悲劇的誕生》一書的基本思想。

一八七二年初，《悲劇的誕生》發表。這是尼采的第一部哲學著作，其中已經形成他一生的主要哲學思想。尼采哲學的主題是生命的意義問題，而他對這個問題的解答便是：靠藝術來拯救人生，賦予生命以一種審美的意義。這部著作所提出的日神和酒神兩個範疇，象徵著人的兩種基本的藝術衝動。日神衝動造成美的外觀的幻覺，使人執著人生。酒神衝動通過情緒的放縱造成個人解體、融入宇宙大我的體驗，使人超脫人生，從痛苦和毀滅中獲得悲劇性快感。尼采的結論是：「藝術是生命的最高使命和生命本來的形而上活動。」《尼采全集》第一卷，第十八頁。

這本書名義上研究的是古希臘的悲劇藝術，實際上卻是尼采借希臘藝術為題發揮自己的思想。他在為苦苦折磨他的生命意義問題尋求一個答案，並且已經顯示出與叔本華的悲觀哲學的根本分歧：叔本華全盤否定人生，他卻竭力借藝術肯定人生。在書中，他集中抨擊了始自蘇格拉底的科學主義人生態度，連帶也攻擊了基督教。書發表後，學術界和同事們保持冷冰冰的沉默，他們寄予厚望的這個青年學者竟然寫出這樣一部全然不合古典語言學學術傳統的著作，使他們感到驚訝和失望。連李契爾也保持沉默。幾個月後，青年學者維拉莫維茨發表長篇文章，對尼采的哲學觀點和語言學知識進行全面攻擊，起而捍衛古典語言學傳統。只有少數幾個朋友支持尼采，學術界卻一邊倒。尼采的學術威信掃地，一時間，學生們紛紛離開他，他的課堂裡只剩下了兩個聽眾。

在尼采的支持者中，華格納是最熱烈的一個。事實上，尼采寫作此書的動機之一是受了華格納音樂的鼓舞，他把希臘悲劇文化復興的希望寄託在華格納身上。尼采到巴塞爾的頭三年，是他與華格納的友誼的蜜月時期。當時，這位比尼采年長三十一歲的音樂大師與他的情婦（後來結婚）、李斯特的女兒柯西瑪正僑居瑞士盧塞恩湖畔的特里伯森。尼采成了他們府上的座上客，據有兩間專為他準備的房間，過從甚密。華格納正躊躇滿志，要大幹一番音樂革新事業，他把尼采的出現視為命運賜給他的最大恩惠，稱尼采是唯一懂得他的心願的人。《悲劇的誕生》一發表，他立即給尼采寫信說：「我還不曾讀過比你的書更精彩的東西！」他相信自己的事業獲得了最好的助手。尼采暫時也沉浸在對大師的幸福信仰之中。

《悲劇的誕生》所引起的猛烈批評並未動搖尼采的決心，他堅定地走上了自己的路。一八七二年二、三月間，他以〈論我們的文化設施的前途〉為題作了五次學術報告，集中批判了現代文化。其中指出：科學分工正在毀滅文化，新聞事業正在取代真正的文化事業。接著，從一八七二年到一八七六年，他又多次開前蘇格拉底哲學的講座。在尼采看來，體現在希臘悲劇和前蘇格拉底哲學中的文化與人生息息相關，而現代科學化商業化的文化卻遠離了人生的根本。這是他一生堅持不懈批判現代文化的基本出發點。

一八七三至一八七六年，尼采先後發表四篇長文，結集為《不合時宜的考察》一書。書的主題仍是文化批判。第一篇〈告白者和作家大衛．施特勞斯〉，以施特勞斯為例，批判了庸人型的學者。值得注意的是，書中第一次公開抨擊了普魯士的霸權主義，指出：普法戰爭雖以德國勝利告終，其險惡後果卻是使德國文化頹敗，「使德國精神為了『德意志帝國』的利益而遭失敗乃至取消」《尼采全集校勘學習版》第一卷，慕尼黑，一九八〇，第一百六十頁。。此後尼采一貫立足於文化的利益而批判強權政治，並且在德國陷入民族主義的政治狂熱之時自稱「最後一個反政治的德國人」。第二篇〈論歷史對於生命的利弊〉，指出生命因歷史的重負而患病了，呼籲解放生命，創造出一種新的文化。第三篇〈作為教育家的叔本華〉，抨擊哲學脫離人生，要求以叔本華為榜樣，真誠地探索人生問題。第四篇〈華格納在拜洛伊特〉，重點批判現代藝術。這篇文章名義上是替華格納音樂辯護，視為現代藝術的對立面，其實明揚暗抑，已經包含對華格納的批評。

文章寫於一八七五至一八七六年間。在此之前，尼采內心對華格納已經產生了隔閡。華格納是個十足的自我中心者，在他心目中，尼采只是命運安排來為他的藝術服務的。從一八七二年起，他移居拜洛伊特，熱衷於他的音樂會演的籌備工作。每次見面，他言必談會演，而對尼采試圖與他討論的哲學問題毫無興趣。這使自尊心極強的尼采深感壓抑，漸漸產生對抗心理。尼采開始有意疏遠華格納，多次謝絕其邀請。一八七六年夏，在德皇威廉一世支持下，第一屆華格納音樂會演在拜洛伊特隆重舉辦。會演前夕，尼采躲到附近一個林區，寫下《人性的，太人性的》一書的最早的筆記，該書包含有明顯批判華格納的內容。在尼采妹妹的請求下，尼采才在會演劇場露了一次面。他十分厭惡會演的鋪張場面，觀眾的庸俗捧場，華格納的戲子作風。此後，尼采與華格納僅偶然相遇一次，華格納興致勃勃地談論自己新劇本的構思，尼采卻極其冷淡，匆匆告別而去。一八七八年一月，華格納給尼采寄去一份表現基督教主題的《帕西法爾》劇本，尼采沒有一字回音。五月，尼采把《人性的，太人性的》一書寄給華格納夫婦。從此，互相不再有任何往來。

《人性的，太人性的》寫於一八七六至一八七九年，它是尼采用格言體寫作的第一部著作。在內容上，它也標誌著尼采思想上的重大轉折，開始批判形而上學（舊式本體論）包括《悲劇的誕生》中曾經提倡的「藝術形而上學」。後來，他仍強調酒神精神，但著眼點不是放在與宇宙本體的融合，而是放在以充沛的生命力（強力意志）來戰勝人生的苦難。

自一八七三年起，尼采的健康狀況開始惡化，患有嚴重的神經衰弱、胃病和眼病。到一八七九年，他才三十五歲，已悲歎自己「被死神包圍」了。其間，他一度渴望結婚，以求有人照料他，安度餘生。一八七六年三、四月間，他旅行於日內瓦湖畔，結識荷蘭少女瑪蒂爾德，分別時寫信求婚，遭婉言拒絕。他的一位忠實的女友梅森葆夫人（比尼采大二十八歲，先後與赫爾岑、華格納、羅曼．羅蘭有親密交往）也曾替他多方物色合適的對象，但終於沒有結果。迫於病痛，尼采於一八七九年五月提出辭呈，離開巴塞爾大學，從此踏上了沒有職業、沒有家室、沒有友伴的孤獨的漂泊之路。

❖

從一八七九年到一八八九年初，尼采輾轉在義大利、法國、瑞士、德國的一些城鎮之間，為他多病的身體尋找合適的氣候，在一地逗留不超過數月。他常在一個名叫西爾斯—瑪麗亞的山村度夏，在尼斯過冬。一開始是疾病驅使他易地而居，但是，一旦走出書齋，置身於大自然中，他發現這種萍蹤無定的生活原是最適合於他的本性的。他的大部分著作，包括《朝霞》（一八八〇—一八八一）、《快樂的科學》（一八八〇—一八八六）、《查拉圖斯特拉如是說》（一八八三—一八八五）、《善惡的彼岸》（一八八五—一八八六）、《道德的譜系》（一八八七）等，都是在十年漂泊中寫的。其中大多是格言體，是他浪跡四方的隨感的結集。在此期間，尼采形成了強力意志、永恆輪迴、超人、一切價值的重估等重要思想。

一八八二年四月，在梅森葆夫人和另一位朋友雷埃邀請下，尼采到羅馬旅行。在那裡，兩位朋友把一個富有魅力、極其聰慧的俄國少女莎樂美介紹給他，做他的學生。尼采深深墮入了情網，莎樂美也被尼采的獨特個性所吸引。兩人結伴到盧塞恩旅行，沿途，尼采向莎樂美娓娓敘述往事，回憶童年，講授哲學。但是，羞怯的性格使他不敢向莎樂美吐露衷曲，於是他懇請雷埃替他求婚。殊不知雷埃自己也愛上了莎樂美。莎樂美對這兩位追求者的求愛都沒有允諾。她尊敬和喜歡尼采，但只是把他看作自己的人生導師。尼采仍然癡戀著莎樂美，不得不克制自己，以師生之誼相處，兩人保持著友好的接觸。尼采的妹妹伊莉莎白卻對他們的友誼滿懷妒恨，惡意散佈流言蜚語，挑撥離間，使他們終於反目。僅僅五個月，尼采生涯中的這段幸福的小插曲就終結了。

由於尼采長期獨身和多病，借照料他的生活之機，伊莉莎白愈來愈深地進入了他的生活。但是，她根本不理解尼采。她對尼采與莎樂美的友誼的粗暴干預，一度導致兄妹關係破裂。重歸於好之後，彼此仍然經常發生摩擦。尼采在給朋友的信中不止一次地抱怨，他受不了她，和她在一起，他就會生病。尤其使他煩惱的是伊莉莎白與柏林臭名昭著的反猶分子福爾斯特的婚姻。在猶太人問題上，兄妹之間常常發生激烈的爭吵。尼采歷來對猶太人有高度評價，厭惡反猶運動。後來，伊莉莎白追隨福爾斯特到烏拉圭建立德國殖民村，事敗，福爾斯特自殺。此時尼采已患精神病，但他的名聲正在迅速增長，伊莉莎白覺得有機可趁，回到德國，壟斷了尼采著作的版權及全部手稿，以尼采的保護人和解釋尼采思想的權威自居，篡改手稿，捏造言論，曲解思想，不遺餘力地把尼采打扮成種族主義者和反猶太主義者。尼采思想後來遭到世界性誤解，他的妹妹負有重要責任。

作為一個思想家，尼采需要孤獨。然而，作為一個有血有肉的人，他又渴望人間的溫暖。也許沒有比尼采更孤獨的人了。他長年累月獨居，常常一連許多天找不到一個可以說說話的熟人。寂寞的歲月在他身上留下了明顯的痕跡，嚴重地摧殘了他的身心健康。一八八七年九月，他的分別了十四年的朋友多伊森夫婦到西爾斯─瑪麗亞看他，幾乎認不得他了：「這段時間裡，他發生了多大的變化！不復有從前的驕傲的舉止，靈巧的步伐，流暢的談話。他步履艱難，步態蹣跚，身子略微向一邊傾斜，說話明顯地變得遲鈍，時常停頓。」他指著天空，憂鬱地說：「親愛的朋友，當我積累我的思想時，我的頭頂上必須有藍天。」又把客人帶到懸崖邊一塊空地上，說：「我最愛躺在這裡，醞釀我最好的思想。」分手時，尼采把他們一直送到鄰村，噙著淚水訴說他的陰鬱的預感。

一八八八年，在瘋狂的前夜，尼采的創作欲突然高漲，一連寫出五本小冊子：《偶像的黃昏》，《華格納事件》，《尼采反對華格納》，《反基督》，《看哪，這人》。還寫了一組抒情詩〈酒神頌〉。其中有兩本是專門攻擊已於五年前去世的華格納的。有人認為，這是尼采精神失常的先兆。其實，尼采對華格納的批判是有明確的內容的，他把華格納當作浪漫悲觀主義的典型加以批判，認為華格納歌劇中的那種歇斯底里的激情，過度亢奮的敏感，對神經和官能的刺激，集中體現了時代的頹廢症。在與華格納決裂後，尼采曾經承認，他與華格納在血緣上是多麼相近。所以，對華格納的批判又是一種自我批判。尼采具有強烈的反省精神，他的理論似乎是對他的氣質的一種抗衡。他自己浪漫而悲觀，卻偏要批判浪漫悲觀主義。他自己體弱多病，卻偏要鼓吹強健的生命本能。他自己多愁善感，卻偏要鼓吹堅強不仁。這使他的哲學充滿複雜的矛盾，其實正是內心激烈衝突的反映。

一八八八年底和一八八九年初，尼采正寓居都靈。他的朋友們突然收到一批奇怪的信，署名「上帝」、「酒神」、「釘在十字架上的人」。信中的瘋言癲語卻也證明他至死仇恨德國的霸權主義和反猶主義：「我本人剛剛就建立反德聯盟一事擬定了致歐洲各宮廷的備忘錄。我想用一件鐵衣裹起這個『帝國』，煽動它打一場絕望的戰爭。在我尚未把那年輕的皇帝連同他的嘍囉擒拿到手之時，我沒有空。」「取締一切反猶分子。」一八八九年一月三日，尼采走到街上，看見一個馬車夫在殘暴地鞭打牲口，這個神經脆弱的哲學家就又哭又喊，撲上前去，抱住馬脖子，瘋了。數日後，他的朋友奧維貝克趕來都靈，把他帶回德國去。病歷記載：這個病人喜歡擁抱和親吻街上的任何一個行人。孤獨使他瘋狂，他終於在瘋狂中擺脫了孤獨。此後，尼采在精神的黑夜中苟延了十餘年無用的生命，於一九〇〇年八月二十五日在魏瑪與世長辭。

附二
尼采簡歷

1844 年 10 月 15 日生於德國勒肯一個牧師家庭。

1849 年父死。

1850 年全家遷居瑙姆堡。

1858 ～ 1864 年就學於帕弗達預科學校。

1864 ～ 1865 年在波恩大學修神學、古典語言學。

1865 ～ 1867 年在萊比錫大學修古典語言學。

1867 ～ 1868 年在瑙姆堡服兵役。

1868 ～ 1869 年復學萊比錫大學。

1869 ～ 1879 年任瑞士巴塞爾大學教授。

1879 年 5 月因病辭去教職。

1879 ～ 1889 年輾轉居住於義大利的威尼斯、都靈、熱內亞、墨西拿，法國的尼斯，瑞士的巴塞爾、盧塞恩等地。

1889 年 1 月在都靈發作精神病，其後終身不癒。

1890 ～ 1897 年在瑙姆堡，由母親護理。

1897 ～ 1900 年因母死，遷至魏瑪，由妹妹福爾斯特－尼采護理。

1900 年 8 月 25 日死於魏瑪。

附三
尼采主要著作

1870～1871年《悲劇的誕生》

1873年《不合時宜的考察》第一部:〈自白者和作家大衛·施特勞斯〉

1873～1874年《不合時宜的考察》第二部:〈歷史對於生命的利弊〉

1874年《不合時宜的考察》第三部:〈作為教育家的叔本華〉

1875～1876年《不合時宜的考察》第四部:〈華格納在拜洛伊特〉

1876～1879年《人性的,太人性的》

1880～1881年《朝霞》

1881～1882年《快樂的科學》(其中第五部於1886年續寫)

1883～1885年《查拉圖斯特拉如是說》

1885～1886年《善惡的彼岸》

1887年《道德的譜系》

1888年《華格納事件》

《偶像的黃昏》

《反基督徒》

《尼采反對華格納》

《看哪這人》

死後出版的著作:《強力意志》(1901年第一版,1906年第二版)。

後記

中國人介紹和研究尼采，自王國維始，已經有八十餘年的歷史了。事實上，中國的進步思想界，對於尼采的思想，一開始就有著較為公允的評價。最顯著的例子是魯迅和茅盾。魯迅在《文化偏至論》（一九〇七）中讚揚尼采「深思遐矚，見近世文明之偽與偏」，「尊個性而張精神」，以反對十九世紀文明「惟客觀之物質世界是趨」的通弊，可謂得尼采思想之精華。人們常說魯迅後期與尼采思想徹底決裂，此見大可商榷，其實魯迅對於尼采思想中的積極面始終是肯定的。茅盾在《尼采的學說》（一九二〇）中著重分析了尼采的道德論和超人說，認為「多少含有幾分真理」，「尼采的學說，誠然是駁雜不醇，有些地方很危險；然尼采仍不失為大哲人。」對尼采的評價較為冷靜而客觀，卻不失其公正。在翻譯方面，解放前已有梵澄、高寒等人譯出尼采的多種著作。遺憾的是，介紹和研究尼采的工作後來中斷了很久。而且，迄今為止，我們還沒有全面檢討尼采思想的有分量的學術著作。在新的歷史條件下，以馬克思主義觀點實事求是地研究尼采思想，當是我們的責任。

本書不敢自命是一部嚴格的學術著作，它充其量不過是閱讀尼采著作的箚記和感想的彙集。

由於長期以來全盤否定尼采的意見在我國學術界占據著支配地位，所以本書更多地論述尼采思想中的積極面，意在糾偏。尼采思想包含著複雜的矛盾，一部嚴格的學術著作理應作正反兩面的分析和正本清源的探討，這一工作只能留待來日了。

本書脫稿後曾請我的導師汝信同志過目，他認真閱讀了全部稿子，並且在原稿上作了二十幾條批語，提出了中肯的批評意見。他的意見，包括三類：一是指出我對尼采的某些評價偏高、欠當；二是指出若干事實上的出入；三是提出某些學術上的異議。根據他的意見，我對原稿作了一些修改。但是，由於時間倉促，所作修改不能盡如人意。深入研究和重新估價尼采思想是一件艱巨的工作，非一年半載所能完成。我願在我的導師指導之下，詳細占有材料，潛心研究，爭取在這項嚴肅的工作中真正取得發言權。

最後我要提一句，本書是在我的朋友方鳴催促下寫的，若沒有他的一番熱心，恐怕在很長時間內我還不會動筆。在這本書裡也凝聚了他的心血。

周國平

一九八五年五月

於中國社會科學院哲學研究所

尼采在世紀的轉折點上

作　者／周國平
責任編輯／賴曉玲
版　權／吳亭儀、翁靜如
行銷業務／闕睿甫、王瑜
總 編 輯／徐藍萍
總 經 理／彭之琬
發 行 人／何飛鵬
法律顧問／元禾法律事務所　王子文律師
出　版／商周出版
地址：台北市中山區104民生東路二段141號9樓
電話：(02) 2500-7008　傳真：(02)2500-7759
E-mail：bwp.service@cite.com.tw
發　行／英屬蓋曼群島商家庭傳媒股份有限公司城邦分公司
台北市中山區104民生東路二段141號2樓
書虫客服服務專線：02-2500-7718．02-2500-7719
24小時傳真服務：02-2500-1990．02-2500-1991
服務時間：週一至週五09:30-12:00．13:30-17:00
郵撥帳號：19863813　戶名：書虫股份有限公司
讀者服務信箱：service@readingclub.com.tw
城邦讀書花園：www.cite.com.tw
香港發行所／城邦（香港）出版集團有限公司
香港灣仔駱克道193號東超商業中心1樓
E-mail：hkcite@biznetvigator.com
電話：（852）25086231　傳真：（852）25789337
馬新發行所／城邦(馬新)出版集團
Cité (M) Sdn. Bhd.
41, Jalan Radin Anum, Bandar Baru Sri Petaling,
57000 Kuala Lumpur, Malaysia
電話：（603）9057-8822　傳真：（603）9057-6622
封面設計／張福海
排　版／極翔企業有限公司
印　刷／卡樂製版印刷事業有限公司
總 經 銷／聯合發行股份有限公司
地址／新北市231新店區寶橋路235巷6弄6號2樓
電話：（02）2917-8022
傳真：（02）2911-0053
■2018年02月09日初版　Printed in Taiwan
■2023年01月03日初版1.8刷
定價／380元
ISBN 978-986-477-403-6

國家圖書館出版品預行編目(CIP)資料

尼采在世紀的轉折點上／周國平作. -- 初版. -- 臺北市：商周出版：家庭傳媒城邦分公司發行, 2018.02
面；　公分

ISBN 978-986-477-403-6 (平裝)

1.尼采（Nietzsche, Friedrich Wilhelm, 1844-1900）
2.學術思想 3.哲學

147.66　　107000681